TRACY MARKS

SCHWIERIGE ASPEKTE

Tracy Marks

SCHWIERIGE ASPEKTE

Herausforderungen und Chancen

Verlag Hier & Jetzt

Deutsche Erstveröffentlichung
Hamburg 1990

Der deutschen Übersetzung liegt der Titel
«PLANETARY ASPECTS – From Conflict to Cooperation» zugrunde.
Dieses Buch erschien 1987 als
überarbeitete Neuauflage von
«How to Handle Your T-Square»
bei CRCS Publications, Sebastopol,
CA 955473, USA

Herausgeber: Wolfgang Bartolain, Hamburg
Übersetzung: Renate Vincenz, Norderstedt
Umschlag: Ein Motiv von Margarete Petersen, Netterndorf
Satz: Verlag Hier & Jetzt, Hamburg
Datenkonvertierung: FOTOSATZ J. Duscha, Berlin
Druck: Fuldaer Verlagsanstalt, Fulda
Astrologische Berechnungen/Zeichnungen mit
Programmen von ASTRON, K.W. Bonert, Hamburg

ISBN 3-926925-04-3

Inhalt

Einleitung

Ich bin ein Dichter, ein Sucher und ein Bekenner, verpflichtet zur Wahrheit und zur Aufrichtigkeit. Ich habe eine Mission, mag sie auch klein und begrenzt sein, anderen Suchern dabei zu helfen, die Welt zu verstehen und mit ihr fertig zu werden, und sei es nur durch die Bestätigung, daß sie nicht alleine sind.

— Hermann Hesse

Weil ich fest daran glaube, daß Quadrate und Oppositionen ein Hinweis auf Motivationen, mögliche Leistungen und Entwicklungen des Bewußtseins sind, habe ich dieses Buch geschrieben. Ich schrieb es für jene Menschen, die einen inneren Kampf mit widersprüchlichen, sich scheinbar gegenseitig ausschließenden Neigungen führen, was durch Quadrate und Oppositionen in ihrem Geburtshoroskop zum Ausdruck kommt. Durch alle Kapitel dieses Buches wende ich mich insbesondere an jene Leser, deren Horoskop ein T-Quadrat aufweist, eine Kombination von Planeten, Zeichen und Häusern, die auf eine ausgeprägte Stärke oder Überbetonung schließen läßt sowie auf Unausgewogenheit und einen Mangel bzw. eine Schwäche hinweist. Da aufgrund der ständig wechselnden Einflüsse von Progressionen und Transiten jeder Mensch zahlreiche Gelegenheiten findet, das T-Quadrat zu erleben, können die hier gegebenen Informationen auf jeden angewandt werden, gleichgültig, ob sich im Geburtshoroskop ein T-Quadrat findet oder nicht. Es ist auch für jeden Menschen von Bedeutung, dessen Horoskop zumindest ein Quadrat oder eine Opposition aufweist.

Diese Erörterung des T-Quadrats handelt im Grunde von den Konflikten und Harmonien, wie sie im Horoskop angedeutet werden, und von dem Prozeß der bewußten Nutzung von Quadraten, Oppositionen, Sextilen, Trigonen und Konjunktionen sowie von der Entwicklung jener Qualitäten der Planeten, Zeichen, Häuser und Aspekte, die vielleicht schwach ausgeprägt oder gar nicht vorhanden sind.

Jeder Planet und jedes Zeichen kann konstruktiv ausgedrückt werden, indem sein Ausdruck das Wissen um gegensätzliche oder widersprüchliche Planeten und Zeichen beinhaltet. Oppositionen können in eine Synthese gebracht und die Technik zur Auflösung der Oppositionen auch auf Quadrate und andere Aspekte oder planetarische Verbindungen angewandt werden. Ein Stellium, die Betonung eines Hauses oder eines Zeichens sowie ein Element oder eine Qualität, die besonders hervorgehoben sind, können wie ein Planet im Brennpunkt wirken. Ein Haus oder Zeichen in Opposition zu einem Stellium sowie ein fehlendes Element oder eine fehlende Qualität kann Probleme hervorrufen, die jenen des leeren Raumes im T-Quadrat ähneln. Deshalb können die Techniken, die wir hier zur Anwendung beim T-Quadrat vorschlagen, auch für andere Variablen des Horoskops angewandt werden.

Im letzten Kapitel dieses Buches, *»Ganz werden«*, erkläre ich einige Integrations-Techniken, die ich bereits früher vorgestellt habe, insbesondere jene Technik, die den einzelnen Planeten Ausdruck verleiht, als ob sie Persönlichkeiten wären, und ihnen erlaubt, miteinander ein Gespräch zu führen. Das schließt ein, daß sie sich gegenseitig beschimpfen, miteinander streiten, einander schmeicheln und gut zureden — bis zumindest bei einigen planetarischen Persönlichkeiten ein gewisses Maß an Zusammenarbeit erreicht ist. Jene Leser, die die astrologische Landkarte als einen Lebens-Plan der psychischen Energien erfahren möchten, bevor sie auf eher abstrakte Weise versuchen, die Dynamik und das Potential des Horoskops zu verstehen, sollten vielleicht den Abschnitt *»Ganz werden«* zuerst lesen. Dieses autobiographische Kapitel wurde ursprünglich nicht für dieses Buch geschrieben, sondern entstand spontan während des Monats meiner Saturn-Wiederkehr im Jahre 1979, als ich nach Beendigung des Buches die herrschende Energie meiner Planeten als lebendige Wesenheiten in mir selbst erfuhr. Als ich sie zum Leben erweckte und ihnen erlaubte, zu reden und miteinander ins Gespräch zu kommen, führte dieser Prozeß zu einer inneren Energieumwandlung, die ganz deutlich das Kräftespiel meines eigenen T-Quadrats veränderte und mich plötzlich in eine längere Entwicklungsperiode führte, die für mich sehr wesentlich war.

Die sieben Jahre nach dem Erscheinen der ursprünglichen Ausgabe dieses Buches, *»How to Handle Your T-Square«*, habe ich mich als Psychotherapeutin und klinische Sozialarbeiterin geschult, was mein Verstehen der menschlichen Psyche und der Prozesse psychischer Veränderungen vertiefte. Obwohl ich mit den hier dargelegten Konzepten grundsätzlich noch übereinstimme, hat sich mein Begriffsvermögen inzwischen natürlich weiterentwickelt. Aus diesem Grund entschloß ich mich, eine kurze Darstellung meiner gegenwärtigen Ansichten bezüglich der Schwierigkeiten zu geben, die ein T-Quadrat aufwirft.

Das T-Quadrat: Sieben Jahre später

In »*Das Gastmahl*« beschreibt Plato, wie die Götter ursprünglich den vollkommenen, androgynen Menschen schufen, der in sich selbst so vollendet war, daß es ihm an Anregung fehlte, woraufhin er die göttlichen Gesetze mißachtete, um menschliche Aufgaben zu erfüllen. Als Folge davon spalteten die Götter seine Natur in zwei Wesenheiten — männlich und weiblich —, von denen jede nun danach strebt, die fehlende Hälfte zu finden, um Vollkommenheit erfahren zu können.

Dieser Mythos erklärt deutlich die Ursache für die Anziehung zwischen den Geschlechtern und ist auch eine passende Metapher für die Unvollkommenheit, die ein Mensch mit einem T-Quadrat, der ewig auf der Suche nach dem Fehlenden ist, so gut kennt. Unvollständige Formen wirken wie Magneten; die unvollkommene Persönlichkeit zieht das Fehlende an und versucht auch, es in sich selbst zu erschaffen. Das fehlende Teil, das ihr helfen wird, das quälende Gefühl der Leere, das Gefühl, ausgesetzt und getrennt zu sein, zu lindern. Eine Person mit einem T-Quadrat kann sich auch zersplittert fühlen, als ob sie als Folge irgendeiner tiefsitzenden Unzulänglichkeit von Kräften, die außerhalb ihrer Kontrolle liegen, in viele Stücke gerissen worden wäre.

Quadrate und Oppositionen weisen auf bereits früh im Leben auftretende Spaltungen in der Persönlichkeit hin. Die betroffene Person erhält nicht die für sie angemessene Liebe und das sich im richtigen Verhältnis zur Frustration bewegende Einfühlungsvermögen. (Ein gewisses Ausmaß an Frustrationen ist für das Wachstum jedoch durchaus förderlich.) Das sich entwickelnde Selbst ist unfähig, sein Gefühl der Einheit zu bewahren und seine Fähigkeit zur Integration widersprüchlicher, oftmals machtvoller Triebe zu entfalten. Als Folge davon zerfällt es in einzelne Teile. Insbesondere das T-Quadrat läßt auf drei Spaltungen schließen und weist außerdem auf ein erschreckendes Gefühl der Leere hin. Diese Leere steht gewöhnlich mit einem frühen Trauma in Verbindung, das zur Zeit der Zersplitterung auftritt und in diesem besonderen Lebensbereich zu späteren Problemen und Unzulänglichkeiten führt. In der Zwischenzeit entwickeln die drei «Teil-Selbste», jedes für sich und ohne wechselseitige Beeinflussung, ihre eigenen spezifischen Verhaltensweisen und Ziele. Der erwachsene Mensch erfährt dann sein T-Quadrat als etwas, das ihn in drei verschiedene Richtungen zieht, die anscheinend ungeeignet sind, gleichzeitig nebeneinander zu bestehen. Dieses Muster wird oft noch durch das Verinnerlichen unterschiedlicher und oftmals widersprüchlicher Einstellungen und Handlungen der Eltern und des Umfeldes verstärkt. Ähnlich ergeht es auch einer Person mit dem «Großen Kreuz». Auch diese erfährt eine innere

Zersplitterung, aber anstatt mit einer dreifachen Spaltung, einem zwanghaften Trieb und einer Leere zu kämpfen, wird dieser Mensch von vier planetarischen Wesenheiten auseinandergerissen und fühlt sich oftmals wie gelähmt.

Weil das T-Quadrat und das Große Kreuz auf eine innere Spaltung hinweisen, können psychologische und spirituelle Methoden, die auf Integration oder auf Zusammenschluß unterschiedlicher Teile ausgerichtet sind, dabei helfen, den Leidensdruck etwas zu lindern, der das Wohlbefinden und wirksame Handlungen beeinträchtigt. In diesem Buch lege ich das Schwergewicht auf das, was ich einen *Teil*-Ansatz zur Heilung psychischer Spaltungen nennen möchte: die Anwendung spezieller Funktionen auf die Herrscher des leeren Raumes oder einen Planeten im Trigon. So kann der Konflikt gemildert und die Harmonie gefördert werden. Ein solcher Ansatz ist zweifellos hilfreich. Von meinem jetzigen günstigen Ausgangspunkt als Psychotherapeutin aus wende ich jedoch genauso häufig eine Methode an, die man als *ganzheitlich* bezeichnen könnte.

Was ist dieser ganzheitliche Ansatz? In erster Linie handelt es sich dabei um das Entdecken und Schaffen erfreulicher, liebevoller, einigender Erfahrungen, die alle Teile unseres Wesens umfassen und in denen sich unsere Konflikte buchstäblich aufzulösen scheinen. Durch solche Erfahrungen beginnt die vereinigende Wärme des Eros das verletzte Zentrum zu heilen, von dem die Spaltungen ursprünglich ausgingen. Je stärker die Ganzheit des Zentrums ist, desto umfassender werden wir, und desto besser sind wir in der Lage, unsere vielen Wesensteile zu lenken und zu integrieren. Wenn sich unser Zentrum entwickelt, treffen wir Lebensentscheidungen, die unser ganzes Wesen erfüllen und nicht nur einen Wesensteil auf Kosten des anderen zufriedenstellen. Psychotherapie kann im Idealfall eine liebende, vertrauensvolle Verbindung zum Therapeuten mit sich bringen, was dabei hilft, eine Fülle von *Ganzheits-Erfahrungen* zu schaffen, innerhalb derer die innere Einheit entstehen kann.

Es *ist* möglich, den kräftezehrenden Einfluß von Quadraten und Oppositionen zu überwinden und den Segen entschlossenen Handelns und des erleuchteten Bewußtseins zu erfahren. Aber wir müssen langsam, Schritt für Schritt, vorgehen, indem wir unser Verständnis vertiefen, während wir gleichzeitig lernen, in unserem Leben mehr Erfahrungen zu schaffen, die uns helfen, ganz zu werden.

Kapitel 1

Was ist ein T-Quadrat?

Wenige Merkmale eines Horoskops sind so bezeichnend wie die Konfiguration, die von Planeten in verschiedenen Aspekten zueinander gebildet werden. Von den fünf häufigsten Aspekt-Konfigurationen (das Stellium, das T-Quadrat, das Große Kreuz, das Große Trigon und das Yod) ist das T-Quadrat das alltäglichste. In etwa 40% aller Geburtshoroskope ist es enthalten. Das T-Quadrat weist nicht nur auf die grundlegenden Konflikte hin, die ein Mensch erfährt, sondern auch auf die Begabungen und persönlichen Eigenschaften, die er gerne entwickeln möchte, und die zu beträchtlichen Leistungen und zu großer Zufriedenheit führen können, wenn sie auf konstruktive Weise ausgedrückt werden.

Was ist ein T-Quadrat? Hast du eines in deinem Geburtshoroskop? Was bedeutet es? Wie kannst du es am besten ausdrücken? Wenn du kein T-Quadrat hast, was kannst du über diese Konfiguration lernen, das dich befähigt, die planetarischen Energien nutzbringender anzuwenden? Wie sollst du auf Transite und Progressionen reagieren, die aus einem Quadrat oder aus einer Opposition in deinem Horoskop ein T-Quadrat machen, so daß sie zu deinem Vorteil wirken? Wie kannst du dein Verständnis für andere Menschen in deinem Leben vertiefen, die T-Quadrat-Konfigurationen mitbringen? Wie kannst du ihnen helfen, ihre Energien wirksam zu kanalisieren?

Definition

Technisch gesehen sind an einem T-Quadrat drei oder mehr Planeten beteiligt. Zumindest zwei von ihnen stehen in Opposition zueinander, was bedeutet, daß sie annähernd 180 Grad auseinanderliegen, mit einem zulässigen Orbis von 8 Grad, womit der Bereich der Opposition auf 172 bis 180 Grad festgelegt ist. Einer dieser Planeten steht vielleicht in Konjunktion (innerhalb von 8 Grad) mit einem bzw. zwei anderen Planeten. Jeder der beteiligten Planeten muß jedoch ein Quadrat zu einem Planeten bilden — also einen Abstand von 90 Grad zu diesem aufweisen. Dieser Planet, der zur Opposition im Quadrat steht, wird der «Planet im Brennpunkt» genannt, und auch er hat einen zulässigen Orbis von 8 Grad. Das heißt, seine Position befindet sich innerhalb des Bereichs von 82 bis 98 Grad zwischen den Oppositions-Planeten. Der Planet im Brennpunkt kann, ebenso wie die beiden gegenüberliegenden Planeten, Teil einer Konjunktion sein.

In den meisten Fällen stehen die Oppositions-Planeten und der Planet im Brennpunkt in einem Zeichen, das dieselbe Qualität ausdrückt:

kardinal	Widder, Krebs, Waage, Steinbock;
fix	Stier, Löwe, Skorpion, Wassermann;
veränderlich	Zwillinge, Jungfrau, Schütze, Fische.

Zeichen und Haus gegenüber des Planeten im Brennpunkt sind für gewöhnlich leer. Wenn aber ein Planet dem Planeten im Brennpunkt gegenübersteht, ist die entstandene Konfiguration kein T-Quadrat, sondern ein Großes Kreuz.

Beispiel:

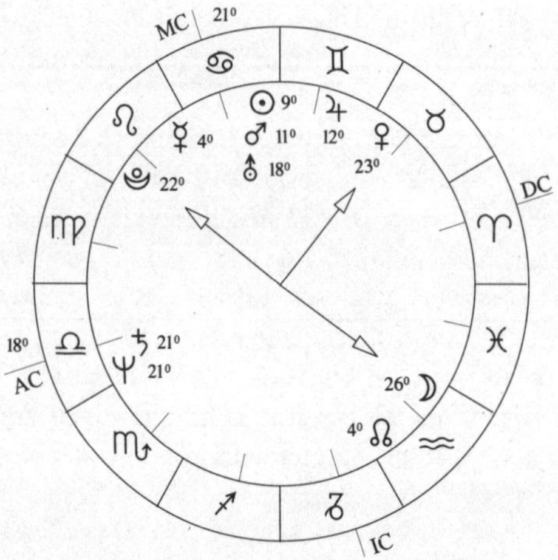

In diesem Beispiel eines *starken* T-Quadrats stehen Pluto und Mond in Opposition, und Venus ist der Planet im Brennpunkt. Die Pluto/Mond-Opposition hat einen Orbis von 4, und das Venus/Mond-Quadrat einen von 3 Grad. Alle drei an diesem T-Quadrat beteiligten Planeten stehen in fixen Zeichen. Venus, der Planet im Brennpunkt, steht im Stier im 8. Haus. Sie steht weder in Opposition zu einem Planeten, noch befindet sich ein Planet im Skorpion oder im 2. Haus. Die der Venus gegenüberliegende Gradposition, 22 Grad Skorpion, betrachten wir als den «leeren Raum» — den nicht besetzten Tierkreisgrad des T-Quadrats.

Variationen und Intensität

Ein T-Quadrat ist besonders stark, wenn es aus mehr als drei Planeten besteht, wenn alle diese Planeten innerhalb eines engen Orbis liegen (weniger als 3 Grad), wenn es einen oder mehrere genaue Aspekte beinhaltet (weniger als 1 Grad), oder wenn der Planet im Brennpunkt zu beiden Oppositions-Planeten in der Halbsumme steht. Das T-Quadrat ist schwach, wenn die Planeten in Zeichen unterschiedlicher Qualität stehen (z.B. Mars 27 Grad in den Fischen, Jupiter 0 Grad im Krebs und Sonne 2 Grad im Steinbock). Es ist schwach, wenn die Abweichungen mehr als 6 Grad betragen, oder wenn ein Planet in dem Zeichen steht, das dem Planeten im Brennpunkt gegenüberliegt und somit beinahe ein Quadrat oder eine Opposition zu einem der Planeten des T-Quadrats bildet. Befindet sich ein Planet in dem Zeichen gegenüber dem Planeten im Brennpunkt, so sollte er zumindest 15 Grad von der Opposition entfernt sein — andernfalls könnte diese Konfiguration die Eigenschaften eines Großen Kreuzes aufweisen oder sich als eine Kombination zwischen T-Quadrat und Großem Kreuz herausstellen.

Die Diagramme der folgenden Seiten veranschaulichen eine Reihe möglicher T-Quadrat-Verbindungen. Die meisten Varianten sind bereits beschrieben worden. Achtet bitte darauf, daß es sich um ein schwaches T-Quadrat handelt, wenn ein Planet des T-Quadrats zu einem anderen in einem Abstand von 8 bis 10 Grad steht und die anderen Aspekte dieses Planetenbildes einen Orbis von weniger als 8 Grad haben. Wenn das Quadrat zu einer Opposition auf die Achsen von AC/DC, MC/IC oder die Mondknotenachse fällt, kann sich die so gebildete Konfiguration abwechselnd als schwaches T-Quadrat oder als schwaches Großes Kreuz ausdrücken.

Allgemeine Bedeutung

Bei einem T-Quadrat handelt es sich um ein unausgewogenes, aber dynamisches Planetenbild. Die beiden Quadrate, an denen der Planet im Brennpunkt beteiligt ist, rufen Frustration und Spannung hervor, die sich auf den natürlichen, konstruktiven Ausdruck des Planeten, entsprechend seiner Haus- und Zeichenposition, störend auswirken. Es scheint, als würde dieser Planet durch die Opposition in zwei Richtungen gezerrt. Weil die Planeten der Opposition, ihre Zeichen und Häuser nicht integriert und unausgeglichen sind, stehen sie zueinander im Widerspruch. Dieser Konflikt verstärkt den Druck, den wir durch den Planeten im Brennpunkt erfahren. Die Versuche des Planeten im Brennpunkt, mit diesem Druck fertig zu werden, um sein Gleichgewicht wiederzugewinnen und sich selbst frei auszudrücken, hat eine machtvolle Energie-Freisetzung zur Folge (oftmals auf zwanghafte, verschwenderische oder übertriebene Art und Weise) und ist der Anlaß zum Handeln.

Das T-Quadrat fordert zum Handeln auf. Da es aus einer eigenen Motivationsquelle schöpft, weist es auf ein beträchtliches Leistungspotential hin. Die Art dieser Leistungen bezieht sich für gewöhnlich auf das Wesen des Planeten im Brennpunkt, sein Zeichen und Haus und auf die Aspekte, an denen er innerhalb des Geburtshoroskops beteiligt ist.

Ein Mensch mit einem T-Quadrat verschwendet häufig beträchtliche Energie damit, den Planeten im Brennpunkt überzubetonen, ohne den anderen Seiten seiner Persönlichkeit die angemessene Aufmerksamkeit zu schenken. Das Zeichen und Haus, das dem Planeten im Brennpunkt gegenüberliegt, speziell der Bereich, der häufig als der «leere Raum» bezeichnet wird, zeigt die Lücken oder Unzulänglichkeiten in der persönlichen Entwicklung des Menschen an. Es handelt sich dabei um Qualitäten und Lebensbereiche, die ihn — sofern sie entwickelt werden — befähigen, seinen Planeten im Brennpunkt auf eine gemäßigte, ausgewogene und konstruktive Art und Weise auszudrücken.

Manchmal entzieht sich der Mensch mit einem T-Quadrat den Problemen, die durch den Planeten im Brennpunkt hervorgerufen werden, indem er Zeichen und Haus des leeren Raumes besonders nachdrücklich betont. Er tendiert zu sehr in eine Richtung, bis ihn die Probleme dort überwältigen. Dann schaltet er völlig um und neigt sich zu sehr in die entgegengesetzte Richtung — ohne viel Verständnis für die wahre Bedeutung des dort angesprochenen Zeichens und Hauses. Diese Tendenz, zwanghaft von einem Extrem ins andere zu fallen, wirkt sich gewöhnlich nicht zu seinem Vorteil aus, denn die Entwicklung des leeren Raumes und der konstruktive Ausdruck des Planeten im Brennpunkt sind miteinander verbunden und müssen gleichzeitig erreicht werden.

T-QUADRAT-BEISPIELE

Achtet auf die Grade und Zeichen, die von den Radix-Planeten eingenommen werden.

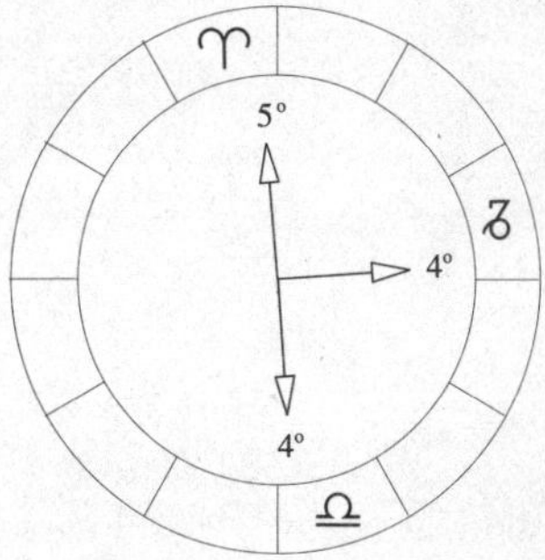

Ein *sehr starkes* T-Quadrat, da die Aspekte so gut wie exakt sind.

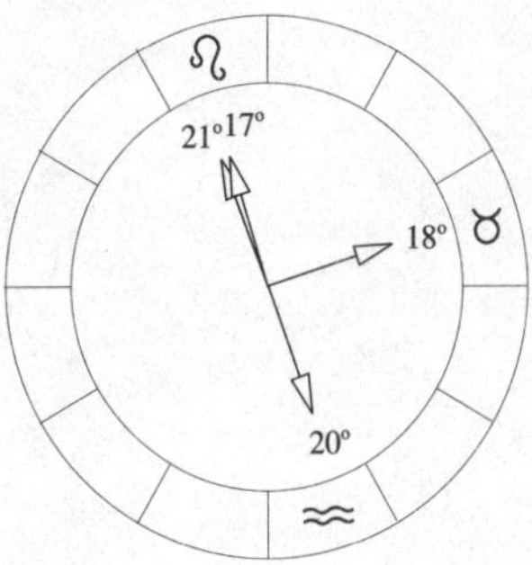

Ein *sehr starkes* T-Quadrat. Nur wenig Orbis zwischen den Aspekten, und die Konjunktion gibt dem Planetenbild noch zusätzliches Gewicht.

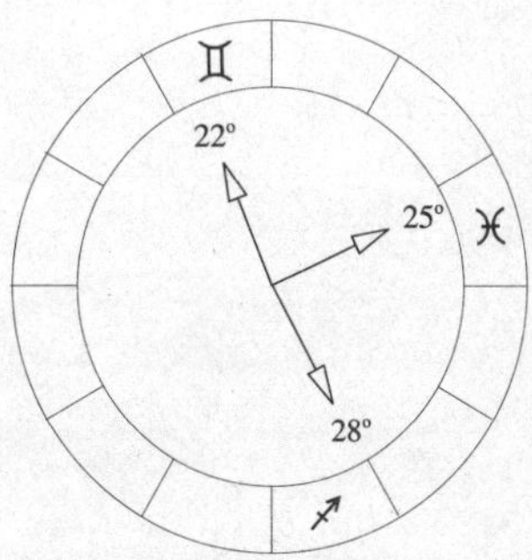

Ein *sehr starkes* T-Quadrat. Wenn auch der Orbis der Opposition 6 Grad beträgt, so steht der Planet im Brennpunkt jedoch in der genauen Halbsumme zu den Oppositions-Planeten.

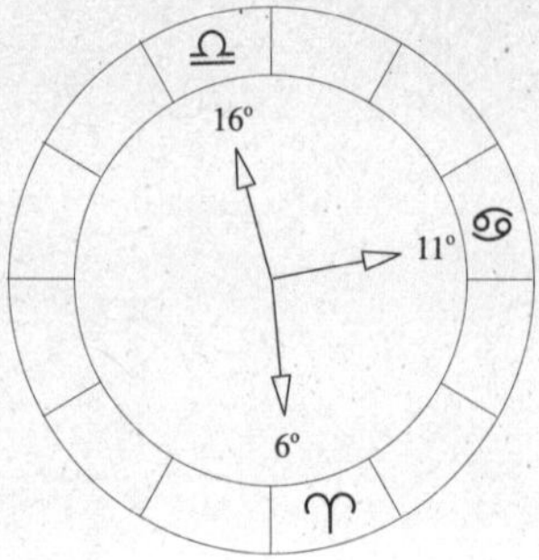

Ein *starkes* T-Quadrat. Eigentlich ist die Opposition außerhalb des zulässigen Orbis. Da jedoch der Planet im Brennpunkt in der Halbsumme zu den Oppositions-Planeten steht, wird die Konfiguration gestärkt.

Ein *starkes* T-Quadrat. Das genaue Quadrat und die Halbsumme bei 6 Grad in den Zwillingen verstärken die Konfiguration.

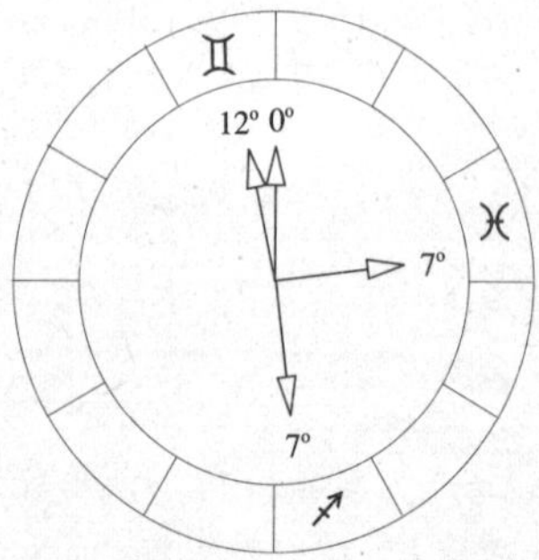

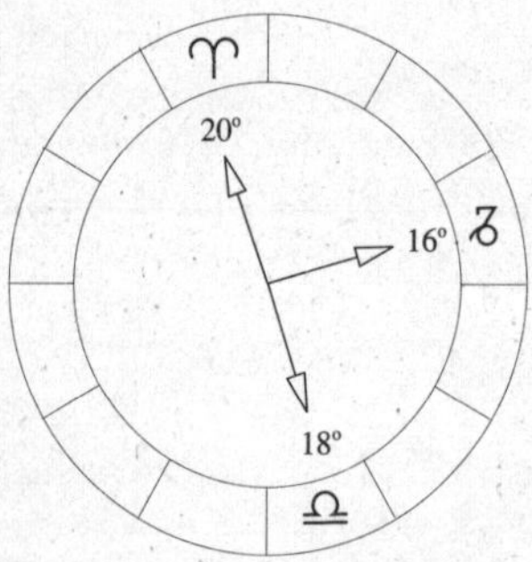

Ein *starkes* T-Quadrat. Durchschnittlicher Orbis etwa 3 Grad.

Ein T-Quadrat *mittlerer* Stärke. Durchschnittlicher Orbis etwa 5 Grad.

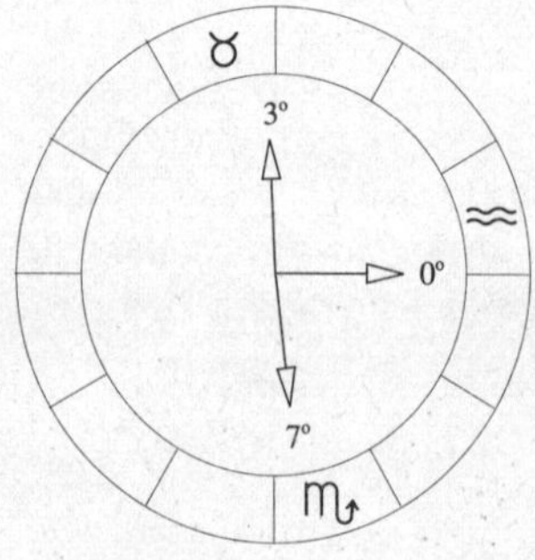

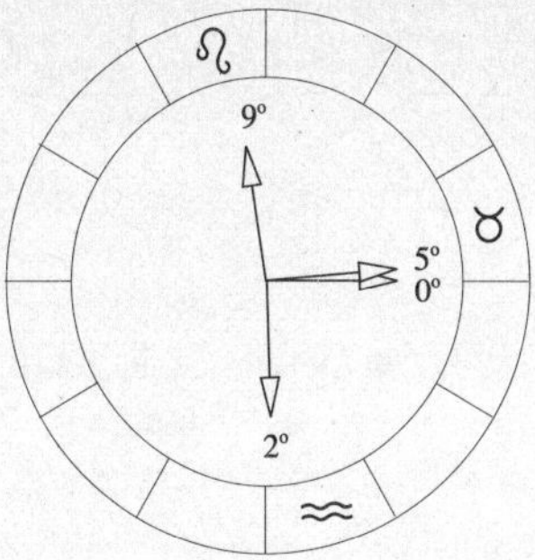

Ein T-Quadrat *mittlerer* Stärke. Kein enger Orbis, doch gibt die Konjunktion mit dem Planeten im Brennpunkt der Konfiguration zusätzliches Gewicht.

Ein T-Quadrat *mittlerer* Stärke. In dem Oppositions-Zeichen zum Planeten im Brennpunkt steht ein Planet. Er ist jedoch mehr als 20 Grad davon entfernt, ein Quadrat oder eine Opposition zu irgendeinem Planeten des T-Quadrats zu bilden.

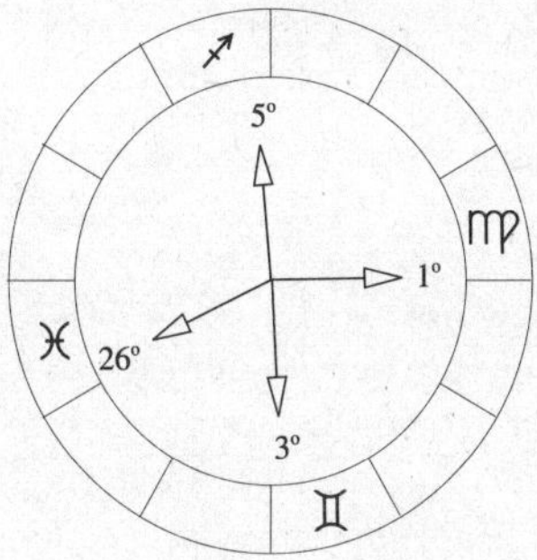

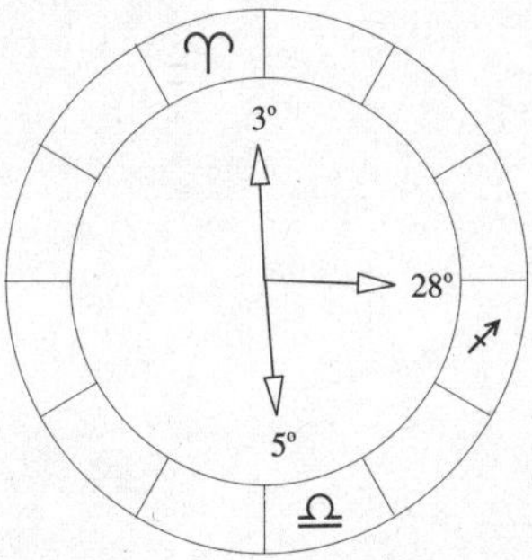

Ein *schwaches* T-Quadrat. Der Planet im Brennpunkt steht in einem veränderlichen und nicht wie die anderen beteiligten Planeten in einem kardinalen Zeichen.

Ein *schwaches* T-Quadrat. Das Löwe/Skorpion-Quadrat liegt eigentlich schon außerhalb des zulässigen Orbis.

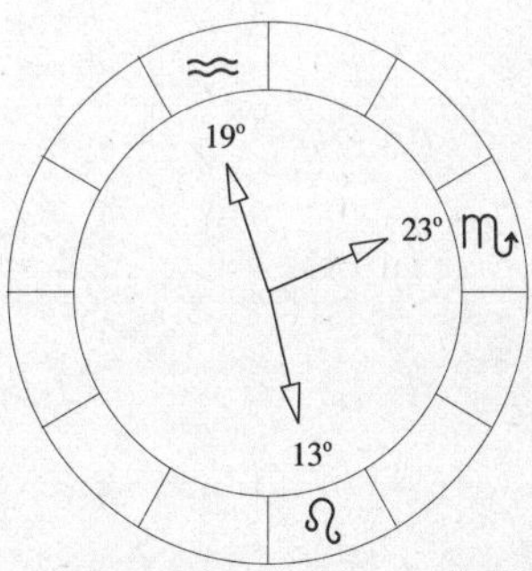

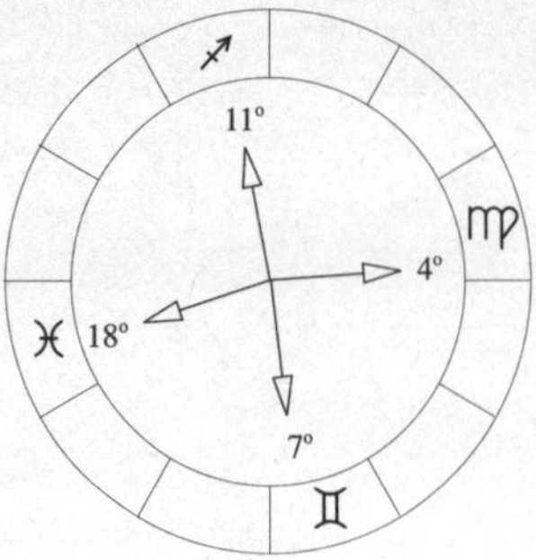

Ein *schwaches* T-Quadrat. In dem Zeichen, das dem Planeten im Brennpunkt gegenüberliegt, befindet sich ein Planet, welcher ein schwaches Quadrat zu einem Planeten des T-Quadrats bildet. Dieses Planetenbild ist eine Kombination zwischen einem schwachen T-Quadrat und einem schwachen Großen Kreuz.

Ein *schwaches* T-Quadrat. Technisch gesehen ist der Orbis zu groß. Dennoch: Zwei der Quadrate sind beinahe exakt, und die Halbsumme zwischen den beiden beteiligten Planeten in den Zwillingen bei 12 Grad weicht nur um 1 Grad von der Halbsumme der Oppositions-Planeten bei 11 Grad in den Zwillingen ab.

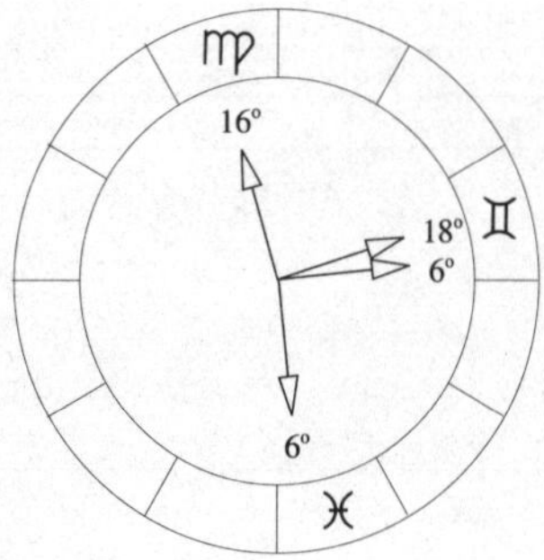

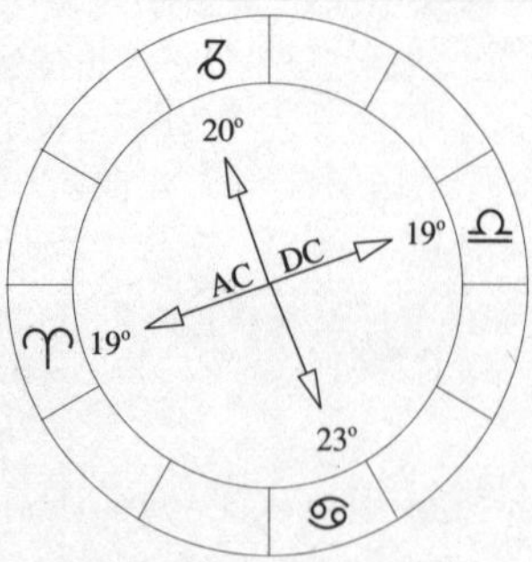

Ein *sehr schwaches* T-Quadrat. Die Opposition bildet Quadrate zur AC/DC-Achse. Diese Konfiguration würde abwechselnd als schwaches T-Quadrat und als schwaches Großes Kreuz wirken.

Beachtenswertes

Wenn wir ein T-Quadrat interpretieren, sollten die folgenden Punkte in Betracht gezogen werden:

1. **Die drei Qualitäten.** Ist das T-Quadrat kardinal, fix oder veränderlich? Weisen alle beteiligten Planeten die gleiche Qualität auf? Die Stellung des T-Quadrats kennzeichnet die Art und Weise, wie seine Energie erfahren und ausgedrückt wird. Kardinale T-Quadrate haben die größte Dynamik, sind am aktivsten und am stärksten krisenorientiert; fixe T-Quadrate sind die machtvollsten, entschlossensten und eigenwilligsten; die veränderlichen T-Quadrate sind die ruhelosesten, zerstreutesten und wankelmütigsten.

2. **Der Planet im Brennpunkt,** seine direkte oder rückläufige Bewegung, sein Zeichen und Haus und das Haus oder die Häuser, die er im Geburtshoroskop regiert. (Diese Häuser werden ebenfalls durch die mit dem T-Quadrat einhergehende Spannung und Motivation erfahren.) Der Planet im Brennpunkt kann der das ganze Horoskop beherrschende Planet sein — und die Quelle eines Großteils der Energie einer Person. *Diese Energie muß weise angewandt werden.* Ein Geheimnis der wirksamen Nutzung des T-Quadrats besteht darin zu lernen, den Planeten im Brennpunkt positiv und eindeutig auszudrücken, anstatt von der durch ihn verkörperten Spannung zu zwanghaftem Handeln, Übertreibungen und Überkompensation getrieben zu werden.

3. **Die Planeten der Opposition,** ihre direkt- oder rückläufige Bewegung, ihre Zeichen und Häuser, und die Häuser, die sie im Geburtshoroskop regieren. Jeder dieser Planeten trägt zum Ausdruck des Planeten im Brennpunkt bei, indem er seine Arbeitsweise stört oder ihn anspornt, sich auf eine möglichst vorteilhafte Weise auszudrücken.

4. **Die Art der Opposition und der Quadrate,** die das T-Quadrat bilden. Wie gut vertragen sich die Planeten untereinander? Wie arbeiten sie zusammen? Wie eng — und deshalb wie stark — ist der Aspekt? Die exaktesten Aspekte zeigen sowohl die stärkste Belastung an, die durch das T-Quadrat erlebt wird, als auch die Hilfsmittel, um diesen Druck zu mildern.

5. **Der leere Raum des T-Quadrats** — jener Bereich des Zeichens und Hauses, der dem Planeten im Brennpunkt gegenüberliegt. Wenn es (durch Konjunktion) zwei Planeten im Brennpunkt gibt, ist der leere Gradbereich in der zweiten Halbsumme der beiden Planeten im Brenn-

punkt (liegt der ersten Halbsumme 180 Grad gegenüber) zu beachten. Der leere Raum muß bewußt auf positive Weise entwickelt werden, so daß es die Person mit dem T-Quadrat nicht nötig hat, zum Ausgleich für ihre Unzulänglichkeiten dem Planeten im Brennpunkt noch mehr ungelenkte Energie zuzuführen, und damit sie nicht vor den Spannungen des Planeten im Brennpunkt zurückweicht, indem sie wieder den negativsten Äußerungen des leeren Raumes anheimfällt. Das Sabische Symbol für den Gradbereich des leeren Raumes ist oft der Schlüssel zu jener Eigenschaft, die am dringendsten entwickelt werden muß.

6. **Der Zeichen-Herrscher des leeren Raumes** und seine Position (Zeichen und Haus) im Geburtshoroskop (Ist dies z.B. Krebs, so herrscht der Mond). Dieser Planet ist oft der Schlüssel dafür, *wie* dieses Zeichen am leichtesten ausgedrückt werden kann. Da das Zeichen des leeren Raumes bereits indirekt in dem Haus Ausdruck findet, in dem sein Herrscher steht, kann sein Einfluß auf andere Bereiche des Horoskops angewandt werden — besonders in bezug auf das leere Haus. Ist der Herrscher selbst einer der Planeten des T-Quadrats, ist es besonders wichtig, ihn auf konstruktive Weise zum Ausdruck zu bringen.

7. **Trigone und Sextile** zwischen Planeten des T-Quadrats und Planeten außerhalb dieser Konfiguration. Diese Trigone und Sextile können zu Kanälen des konstruktiven Ausdrucks der Energie werden, die das T-Quadrat freisetzt. Sie können aber auch dazu dienen, dem Konflikt auszuweichen — besonders dann, wenn ein Großes Trigon mit dem T-Quadrat verbunden ist. In diesem Fall stellt der Verbindungsplanet nicht nur eine Möglichkeit zur Flucht dar, sondern ist auch ein Mittel, um die Energie dieses Großen Trigons zu nutzen. Trigone oder Sextile zum Planeten im Brennpunkt sind äußerst wichtig. Ein gradgenaues Trigon oder Sextil ist so etwas wie ein alchimistisches Mittel, das uns bei der Transformation der unkonzentrierten Energien des T-Quadrats in schöpferische, produktive Handlungen hilft.

8. **Günstige, unbedeutendere Aspekte** (z.B. das Quintil, das Halbsextil und das Nonagon (ein Winkel von 40 oder 320 Grad), die zu Planeten des T-Quadrats gebildet werden, besonders zum Planeten im Brennpunkt. Diese kleineren Aspekte sind nur dann bedeutsame Kanäle, wenn sie so gut wie exakt (weniger als 1 Grad Orbis) sind oder wenn nur wenige Trigone oder Sextile zu den Planeten des T-Quadrats bestehen.

9. **Jedes direkte Halbsummen-Muster,** das mit den Planeten des T-Quadrats in Verbindung steht, besonders wenn es sich um den Planeten im Brennpunkt handelt. Z.B.: Der Planet im Brennpunkt ist Mars im Löwen

auf 16 Grad, Merkur steht in den Zwillingen auf 8 Grad und Saturn in der Waage auf 24 Grad. Dann steht Mars in der Halbsumme von Merkur/Saturn, denn seine Position befindet sich 68 Grad hinter Merkur und 68 Grad vor Saturn. Steht der Planet im Brennpunkt in der Halbsumme von zwei Planeten, die nicht an dem T-Quadrat beteiligt sind, dann wird die Halbsumme dem Planeten im Brennpunkt dabei helfen — sofern wir es lernen, diese Planeten gemeinsam harmonisch auszudrücken —, erfolgreicher zu wirken.

10. **Ein Planet in der Halbsumme der beteiligten Quadrate.** Z.B.: Jupiter als Planet im Brennpunkt steht auf 24 Grad Waage und bildet ein Quadrat zu Saturn auf 22 Grad Krebs. Ein Planet auf 8 Grad Jungfrau oder 8 Grad Fische steht dann genau in der Halbsumme von Jupiter/Saturn. Dieser Planet kann bei der harmonischen Integration der Quadrat-Planeten eine Hilfe sein.

Von den oben angeführten Umständen, die zu erwägen sind, kommt wahrscheinlich den folgenden Punkten die größte Bedeutung zu:

— Die drei Qualitäten (Kreuze);
— die Art der am T-Quadrat beteiligten Quadrate und Oppositionen;
— die Natur des Planeten im Brennpunkt und des leeren Raumes;
— die günstigen Aspekte (besonders Trigone und Sextile), die zum T-Quadrat in Beziehung stehen.

Diese Punkte verdienen besondere Aufmerksamkeit und sollten ausführlich betrachtet werden.

Drei Qualitäten

Menschen, deren T-Quadrat in kardinale Zeichen fällt, sind die aktivsten aller T-Quadrat-Typen. Sie neigen am häufigsten dazu, sich in Krisensituationen auf ihre persönlichen Aktivitäten, ihr häusliches Leben und ihre Familie, ihre Liebesbeziehungen oder ihre beruflichen Verpflichtungen zu stürzen. Stets geneigt, dem nachzujagen, was sie wollen (es sei denn, daß Widder den leeren Raum besetzt), verwickeln sie sich völlig in ihre Lebensprobleme, wachsen und gedeihen an Aufregung und Herausforderungen. Oft sollten sie — wie die Widder-Menschen — die positiven Waage-Qualitäten entwickeln: Ausgeglichenheit, Mäßigkeit, bewußte Wahrnehmung der anderen Menschen, die Dinge im rechten Verhältnis sehen sowie Urteilsvermögen und Kompromißbereitschaft.

Menschen, deren T-Quadrat in fixe Zeichen fällt, legen eine beträchtliche Willensstärke an den Tag und zeigen konzentrierte Macht und Entschlossenheit, besonders wenn es um die Erfüllung ihrer eigenen Wünsche geht. Sie bauen ihre Energie langsam auf und setzen sie dann auf machtvolle Weise frei, wie ein Lastwagen, der langsam einen steilen Berg hinauffährt und dann auf der anderen Seite hinunterrast. Zielorientiert und beharrlich halten sie stur und nachdrücklich an ihren Prinzipien fest, lehnen Kompromisse ab und sträuben sich gegen jeden Versuch anderer Menschen, ihre Energieäußerungen zu kontrollieren. Es kann für sie von Vorteil sein, wenn sie für ihre Energien, die durch enttäuschtes Verlangen geschaffen werden, ein konstruktives Betätigungsfeld finden. Auch eine Neufestsetzung von Wertmaßstäben kann nützlich sein, um den Wünschen und Bedürfnissen anderer Menschen gegenüber sensibler zu werden.

Menschen, deren T-Quadrat in veränderliche Zeichen fällt, sind für gewöhnlich allzu anpassungsfähig, wankelmütig, ruhelos, vielseitig und wendig. Sie sind sehr an Ideen und persönlichen Beziehungen interessiert und davon beeinflußt. Ihre nervöse mentale Energie und ihre Beeinflußbarkeit veranlassen sie dazu, ihre Energien zu vergeuden, indem sie auf oberflächliche Weise einer Vielzahl von unterschiedlichen Interessen nachgehen oder von einer persönlichen Beziehung zur anderen flattern. Da sie sich ihren veränderten Umständen so leicht anpassen, machen sie oft einen unschlüssigen und willensschwachen Eindruck. Wie eine Gruppe von Wasserskiläufern in Formation müssen diese Menschen in ihrer Beziehung zu anderen eine gewisse Ausgewogenheit pflegen. Oft gelingt dies, wenn sie ein Ziel oder eine Aufgabe finden, die sie innerlich zentriert und davor bewahrt, in zu viele Richtungen gezogen zu werden.

Quadrate und Oppositionen

Jedes T-Quadrat besteht aus mindestens zwei Quadraten. Diese weisen, wie alle Quadrate, auf einen inneren Spannungszustand hin, der durch zwei widersprüchliche Teile unseres Wesens hervorgerufen wird, und der eine Frustration schafft, die nur durch Aktivität aufgelöst werden kann. Deshalb ist diese Frustration oder Behinderung der Ursprung von Motivation und der Anstoß zur Erlangung einer bestimmten und konstruktiven Art des Selbstausdrucks. Die jeweiligen Tätigkeiten bringen jedoch nur dann Befriedigung, wenn sie die Energien von beiden an dem Quadrat beteiligten Planeten mitsamt der angesprochenen Zeichen und Häuser ausdrücken.

Wenn man ein Quadrat oder eine Opposition deuten will, muß sowohl das Wesen der Planeten und ihre Verträglichkeit untereinander als auch die Art der Zeichen und die Genauigkeit des Aspektes in Betracht gezogen werden. Ein Aspekt, der zeitlich erst später (nach der Geburt) exakt wird, ist gewöhnlich stärker als ein Aspekt, der bereits vor der Geburt exakt war — besonders wenn nur äußere Planeten beteiligt sind. Wahrscheinlich wird ein Aspekt dann irgendwann im Leben durch Progression exakt werden.

Oppositionen sind für den Betroffenen im allgemeinen komplizierter als Quadrate. Da beide Planeten einer T-Quadrat-Opposition auf den Planeten im Brennpunkt Druck ausüben, sollte die Bedeutung der Opposition ausführlich erwogen werden. Eine Opposition kennzeichnet, wie das T-Quadrat als ganzes, eine Unausgewogenheit. Zwei Teile in uns, die durch Planeten, Zeichen und Häuser charakterisiert werden, die an der Opposition beteiligt sind, stehen nicht nur disharmonisch zueinander, sondern ziehen uns in zwei gänzlich unterschiedliche Richtungen. Das kann zur Folge haben, daß eine oder mehrere unterschiedliche Möglichkeiten eintreten, von denen wir einige hier anführen:

1. Ein Mensch kann sich zerrissen und gelähmt fühlen, weil ein Großteil seiner Energie in ein inneres Tauziehen verwickelt ist. Da er beide Seiten in sich gleichermaßen schätzt und nicht weiß, wie er sie integrieren soll, ist er vielleicht unfähig, sich zu entscheiden und zu handeln.

2. Vielleicht ist er unschlüssig und schwankt, ob er dem einen oder dem anderen Teil seines Wesens Ausdruck verleihen soll. Für eine Minute, eine Stunde, einen Tag oder sogar ein Jahr kann der eine Teil die Oberhand gewinnen — bis sich das Gewicht verlagert und die andere Seite die Herrschaft übernimmt.

3. Er kann aufgrund seiner Unfähigkeit, einen Teil in sich zu akzeptieren, diesen Teil auf eine andere Person projizieren und ihn als Eigenschaft dieses anderen Menschen ansehen, anstatt diesen Teil als eine Dimension seines eigenen Wesens anzuerkennen. Dieses Unvermögen, beide Seiten in sich zu erfahren, kann in bezug auf andere Menschen zu einem Gefühl der Entfremdung führen. Da der Betroffene mit den Menschen, auf die er seine unerwünschten Eigenschaften projiziert, uneins ist, kann er es häufig erleben, daß seine persönlichen Beziehungen zerbrechen oder daß es zur Trennung kommt.

4. Ein Mensch kann sich sogar dafür entscheiden, mit solchen Menschen in Beziehung zu treten, die eine Seite seiner Opposition ausdrücken

(vielleicht deshalb, weil es eine Seite ihrer eigenen Opposition ist). Mit ihnen kann er ganz offen den Kampf über die Bühne gehen lassen, der sich in Wirklichkeit in seiner eigenen Psyche abspielt.

5. Es kann sein, daß der Betroffene eine Seite in sich völlig verleugnet, und diese dazu zwingt, völlig unbewußt und auf zwanghafte Weise zu wirken. Diese Ausdrucksform einer Opposition tritt wahrscheinlich immer dann in Erscheinung, wenn eine Seite der Opposition stärker ist — weil es sich um einen Planeten in seinem eigenen Zeichen oder Haus handelt, weil er genau auf einem Achsenpunkt steht (AC, DC, MC, IC), oder weil er Teil einer Konjunktion oder einer Reihe von Konjunktionen ist. Verleugnung befreit uns nicht von der unerwünschten Eigenschaft, sondern verstärkt sie eher. Wie C. G. Jung so treffend schrieb: *»Du wirst immer zu dem, was du am meisten bekämpfst.«*

6. Der Betroffene kann einen Teil von sich als gut und den anderen als schlecht erleben, und ständig danach streben, den schlechten Teil in seinem Ausdruck zu beherrschen. Das geschieht besonders leicht dann, wenn es sich um eine Opposition handelt, bei der ein relativ bewußter oder mentaler Planet (Sonne, Merkur, Jupiter oder Saturn) einem relativ unbewußten, emotionalen Planeten gegenübersteht (Mond, Venus, Mars, Uranus, Neptun oder Pluto). In diesem Fall wird der bewußte oder mentale Planet seine Bedürfnisse wahrscheinlich in Form von «Geboten» äußern (z.B. Sonne in der Jungfrau im 10. Haus: »*Du sollst* einige Nächte dieser Woche im Büro verbringen und deinen Bericht fertigstellen«) — und er wird versuchen, den unbewußten, emotionalen Planeten zu beherrschen, was in Form einer nörgelnden Wunschäußerung erlebt wird (z.B. Mond in den Fischen im 4. Haus: »Aber ich möchte früh genug zu Hause sein, um ein gemütliches Abendessen mit meiner Familie zu haben«). Wenn ein Mensch den ersten Teil auf Kosten des zweiten befriedigt, kann er das Gefühl haben, alles zu meistern, aber sein Leben erscheint ihm vielleicht leer und bedeutungslos. Wenn er den zweiten Teil auf Kosten des ersten befriedigt, erfährt er vielleicht emotionale Befriedigung, aber er fühlt sich wahrscheinlich auch ängstlich und ohne Halt.

Ist eine Polarität der Opposition durch den Planeten oder das Zeichen mit dem 12. Haus verbunden, wird dies für gewöhnlich als negativ angesehen. Wenn zum Beispiel der Mond im 12. Haus in den Zwillingen steht und entweder Krebs oder Merkur Teil der Opposition sind, wird es wahrscheinlich nicht leicht sein, die Krebs- oder Merkur-Polarität zu verstehen und anzunehmen oder ihren bewußten Ausdruck zuzulassen.

Eine Opposition muß nicht zu unserem Nachteil wirken. Die Position der Planeten in einem 180-Grad-Abstand kann einen Menschen dazu befähigen, sein Bewußtsein derart zu erweitern, daß er die Zweideutigkeit und den Kampf der entgegengesetzten Kräfte zulassen und ertragen kann. Diese Bewußtseinserweiterung kann zu größerer Objektivität führen und zu einer Sichtweise, die erforderlich ist, um einen bedeutungsvollen Kompromiß oder eine Synthese zwischen den beiden Teilen der Psyche und den beiden Lebensbereichen zu schaffen. Sobald wir jene Teile in uns, die auf andere projiziert wurden, bejahen und uns zu ihnen bekennen, werden unsere Beziehungen einfacher, die Zusammenarbeit wird besser und es gibt weniger Entfremdung.

Der Planet im Brennpunkt

In einem T-Quadrat handelt der Planet im Brennpunkt häufig wie ein Diktator; er möchte über alle anderen Planeten, aus denen sich die Persönlichkeit zusammensetzt, herrschen. Über die Quadrate übt die Opposition auf den Planeten im Brennpunkt Druck aus; daher verfügt er über beträchtliche Energie. Frustrationen und Streß, die der Ursprung dieses Energieüberschusses sind, können jedoch dazu führen, daß der Planet im Brennpunkt auf eine unkontrollierte, zwanghafte Weise ausbricht. Oft scheint er nicht zu halten zu sein und handelt allein im Eigeninteresse, anstatt mit den anderen Planeten des Horoskops zusammenzuarbeiten.

Die Energie, die durch den Planeten im Brennpunkt freigesetzt wird, kann die nötige Motivation bringen, um eine Begabung oder eine persönliche Eigenschaft bis zum Äußersten zu entwickeln und sie auf nutzbringende Weise praktisch anzuwenden. Diese vollendete Fähigkeit kann nicht nur durch das Haus ausgedrückt werden, in dem der Planet steht, bzw. durch das Haus/die Häuser, die er im Horoskop regiert, sondern in jedem Lebensbereich, besonders hinsichtlich der beruflichen Laufbahn und in den persönlichen Beziehungen. Dieses Talent oder diese Fertigkeit wird jedoch oft auf übertriebene Weise entwickelt und ausgedrückt, und zwar auf Kosten anderer Teile der Persönlichkeit, besonders jener Bereiche, auf die der leere Raum im T-Quadrat hinweist. Solange der Planet im Brennpunkt nicht in der Lage ist, das Bewußtsein dieses leeren Zeichens und Hauses zu erkennen und in sich aufzunehmen, und solange er die Bedürfnisse der anderen Planeten des T-Quadrats und des restlichen Horoskops nicht bewußt einschließen und miteinander verbinden kann, wird er wahrscheinlich keine echte Befriedigung bringen.

Eine Tugend wird gewöhnlich zum Laster, wenn sie zu weit getrieben wird. Eine Überentwicklung der Venus-Eigenschaften von Liebe und Hingabe kann dazu führen, daß man sich an eine andere Person verliert; eine Überentwicklung der saturnischen Verantwortlichkeit und dem Streben nach Leistung kann zu emotionalen Entbehrungen und Depressionen führen; eine Überentwicklung der Inspiration und Spiritualität Neptuns kann uns unpraktisch und chaotisch machen und uns daran hindern, in der materiellen Welt erfolgreich zu arbeiten.

Die Stärke des Planeten im Brennpunkt im Verhältnis zu den anderen Planeten des Horoskops hängt von mehreren Faktoren ab. Wenn einer oder mehrere der folgenden Punkte zutreffen, dann ist der Planet im Brennpunkt wahrscheinlich besonders stark und möglicherweise überhaupt der beherrschende Planet des ganzen Horoskops. Ist der Planet: 1. in seinem eigenen Zeichen, 2. in seinem eigenen Haus, 3.in enger Konjunktion zu einem Winkel, 4. stationär oder 5. in der Halbsumme (+/- 1 Grad) der beiden Oppositions-Planeten. Wenn die Aspekte innerhalb des T-Quadrats beinahe exakt sind, wenn viele Aspekte (mindestens fünf) zum Planeten im Brennpunkt gebildet werden oder wenn der Planet im Brennpunkt in der Halbsumme zwischen einigen Planeten-Kombinationen des Horoskops steht, ist sein Einfluß besonders verstärkt. Gibt es infolge einer Konjunktion zwei Planeten im Brennpunkt, beherrschen wahrscheinlich diese beiden das Horoskop. Wie bei allen Konjunktionen werden diese Planeten ihre Energien gemeinsam, auf konzentrierte Weise, ausdrücken.

Bei der Interpretation eines Planeten im Brennpunkt, seines Zeichens, seines Hauses und des Hauses/der Häuser, die er im Geburtshoroskop regiert, muß all das in die Betrachtung miteinbezogen werden. Das Zeichen weist darauf hin, auf welche Weise ein Planet seine Energien zum Ausdruck bringt — impulsiv, anregend, schnell und aktiv, wenn er im Widder steht; gefühlvoll, sich selbst schützend, fürsorglich und möglicherweise zu anhänglich im Krebs.

Das Haus zeigt den Lebensbereich an, den der Planet am häufigsten beeinflußt. Der Ausdruck des Planeten im Brennpunkt beeinflußt auch das Haus/die Häuser des Geburtshoroskops, die von ihm regiert werden, besonders dann, wenn sich in diesem Haus keine anderen Planeten befinden. Es kommt oft vor, daß Menschen, wenn sie in der Lage sind, die vielen Probleme zu lösen, die sie im Haus des Planeten im Brennpunkt erfahren, ab diesem Zeitpunkt erheblichen Druck im Bereich des Hauses/der Häuser erleben, deren Herrscher der Planet im Brennpunkt ist. Dann müssen sie ihre Aufmerksamkeit diesem Lebensbereich zuwenden, bis sie die Probleme gelöst haben, die sich hier manifestieren. Wenn ein Planet bei der Geburt rückläufig ist, zeigt dies an, daß sich Energie nach innen richtet. Diese Energie wird oft erst ganz spät im Leben ausgedrückt (wenn, bzw. falls, dieser Planet durch die Progression direktläufig wird), und sie kann sich auf einer unbewußten Ebene manifestieren, wodurch sie psychische oder physische Probleme schafft, die schwer zu diagnostizieren und zu überwinden sind.[1] Normalerweise schwächt ein rückläufiger Planet den Einfluß eines T-Quadrats, denn er gibt unserer Motivation für ein Freisetzen von Energie durch konkrete Handlungen keinen Antrieb. Jene Jahre, in denen ein Planet im Brennpunkt durch Progression stationär wird, sind oftmals die bedeutungsvollsten Lebensjahre eines Menschen, und zwar durch die Transformation, die im Ausdruck dieses Planeten eintritt. In dem Kapitel 6 dieses Buches, in dem es um Transite und Progressionen geht, werden wir dieses Phänomen noch genauer besprechen.

Gelegentlich tritt in einem Horoskop eine Situation auf, die den Betrachter verblüfft: Der Planet im Brennpunkt ist der Herrscher des leeren Raumes. Nehmen wir an, der Planet im Brennpunkt ist Merkur im Schützen und daher auch der Herrscher des leeren Zeichens Zwillinge. Diese Situation ist nicht so komplex, wie sie auf den ersten Blick erscheinen mag, sie schafft eine zusätzliche Verbindung zwischen dem Planeten im Brennpunkt und dem leeren Raum und weist darauf hin, wie wichtig es ist, die Energie des Planeten im Brennpunkt konstruktiv auszudrücken — und zwar sowohl im Zeichen und Haus des Brennpunktes als auch in Übereinstimmung mit dem Zeichen und Haus des leeren Raumes.

Ein Planet im Brennpunkt kann auf außerordentlich negative oder positive Weise ausgedrückt werden. Im nächsten Kapitel, das alle Positionen des Planeten im Brennpunkt interpretiert, werden diese negativen und positiven Äußerungen genau beschrieben.

Der leere Raum

Der leere Raum des T-Quadrats weist auf einen Mangel oder ein «Loch» in der Persönlichkeit hin, besonders wenn sein Zeichen oder Haus von keinem Planeten besetzt ist. Für gewöhnlich fühlt sich ein Mensch hilflos und unsicher, wenn er versucht, die Energien einzusetzen, die dem Zeichen des leeren Raumes in seinem T-Quadrat entsprechen, oder wenn er versucht, sich auf den Lebensbereich zu konzentrieren, den das betreffende Haus anzeigt. Der leere Raum des T-Quadrats gleicht in vielerlei Hinsicht dem Fehlen eines Elements. In beiden Fällen ist sich ein Mensch vielleicht eines persönlichen Mangels oder eines unausgewogenen Lebensstils bewußt, den er möglicherweise dadurch überkompensiert, daß er zu stark und zwanghaft danach strebt, die betreffende Energie und/oder den Lebensbereich auszudrücken. Das Streben an sich ist wünschenswert. Doch ohne wirkliches Verständnis für seine Unzulänglichkeit und dafür, wie das fehlende Zeichen, Haus oder Element ausgebildet und gefördert werden kann, und ohne den Versuch, diese Facette des Seins auf eine integrierte und ausgewogene Weise zu entwickeln, gelingt es dem Menschen für gewöhnlich nicht, seine Unzulänglichkeit zu überwinden. Höchstwahrscheinlich versucht er, das Problem zu erledigen, indem er vor den Konflikten flieht, die durch den Planeten im Brennpunkt verkörpert werden, anstatt zu versuchen, sie aktiv zu lösen.

Das Zeichen des leeren Raumes zeigt die Eigenschaften an, die es zu entwickeln gilt; das Haus gibt einen Hinweis auf den Lebensbereich, in dem sie ausgedrückt werden müssen. Ist das Zeichen des leeren Raumes eingeschlossen, sein Herrscher rückläufig oder wird es vom 12. Haus angeschnitten, wird ein Mensch im Verstehen der Bedeutung des leeren Raumes und in seinem Ausdruck nach außen besondere Schwierigkeiten erfahren. Der Herrscher dieses Zeichens weist darauf hin, wie und in welchem Lebensbereich diese Eigenschaften bereits ausgedrückt werden. Wenn ein Mensch die planetarische Funktion des Herrschers des leeren Raumes entwickelt und versteht, indem es ihm bewußt wird, auf welche Weise dieser Planet im Geburtshoroskop (Zeichen und Haus) wirkt, kann er oftmals lernen, den Einfluß dieses Planeten auf andere Lebensbereiche anzuwenden, und besonders auf den Bereich, den der leere Raum anzeigt.

Das Sabische Symbol für den Grad des leeren Raumes (derselbe Grad, auf dem sich der Planet im Brennpunkt befindet — nur im gegenüberliegenden Zeichen) liefert uns oft einen Schlüssel dafür, welche Seite unserer Persönlichkeit entwickelt werden muß. (Beachte bei der Anwendung des Sabischen Symbols, daß 16 Grad O Minuten als 16 Grad angesehen wird, während 16 Grad 1 Minute bereits 17 Grad sind.) Im Falle einer Konjunktion mit dem Planeten im Brennpunkt ist jener Grad ausschlaggebend, der der Halbsumme zwischen den beiden Planeten entspricht, obwohl auch die den einzelnen Planeten im Brennpunkt gegenüberliegenden Grade in die Überlegung miteinbezogen werden sollten.[2] Die Anwendung Sabischer Symbole sowie anderer Techniken für die Arbeit mit dem T-Quadrat wird in Kapitel 8 dieses Buches ausführlicher besprochen.

Der leere Raum des T-Quadrats kann ohne den Einsatz des Planeten im Brennpunkt nicht erfolgreich entwickelt werden. Eine Möglichkeit, das T-Quadrat zu meistern, besteht darin, zu lernen, dem Planeten im Brennpunkt auf konstruktive Weise Ausdruck zu verleihen, und zwar in Übereinstimmung mit Zeichen und Haus des leeren Raumes.

Die Dynamik des T-Quadrats

Es ist unmöglich, ein völliges Verständnis für die Aspekte zu erlangen, die von Planeten außerhalb des T-Quadrats zu jenen innerhalb dieser Konfiguration gebildet werden, solange das Kräftespiel zwischen den veränderlichen Größen des T-Quadrats, wie es in den vorangegangenen Seiten beschrieben wurde, nicht genau verstanden worden ist: *Das Quadrat, die Opposition, der Planet im Brennpunkt und der leere Raum.* Die Energie des T-Quadrats scheint in zwei Richtungen zu wirken:

— von den Oppositions-Planeten durch die Quadrate zum leeren Raum,

— vom Planeten im Brennpunkt aus durch die Quadrate auf die Opposition.

Im ersten Fall erfährt der Mensch beträchtliche Spannungen, weil er sich durch die Oppositions-Planeten in zwei Richtungen gezogen fühlt, oder er kämpft mit Schwierigkeiten in seinen persönlichen Beziehungen. In einem Zustand der Lähmung sieht er als einzigen Weg zur Freisetzung seiner Energie, sich über den Planeten im Brennpunkt von seiner Spannung zu befreien, indem er, entsprechend dessen Zeichen und Haus, kraftvoll handelt. Da sein Verhalten dabei für gewöhnlich übertrieben ausfällt und in diesem Lebensbereich verheerend wirkt, versucht er, diesem neuerlichen Konflikt durch eine Flucht in Zeichen und Haus des leeren Raumes zu entkommen. In diesem Fall löst er weder die Opposition auf, noch macht er sich die Energie des Planeten im Brennpunkt erfolgreich zunutze, und wahrscheinlich wird er auch sein leeres Zeichen und Haus nicht konstruktiv entwickeln. Erst wenn er nicht mehr vor jedem neuen Problem davonläuft, wird er fähig sein, in der Bewältigung seines T-Quadrat-Dilemmas Fortschritte zu machen. Dann kann er sich statt dessen dafür entscheiden, seine Mitte wiederzugewinnen, sich mit jedem Problem auseinanderzusetzen und die Spannung, die er erfährt, in konstruktives Handeln zu übertragen. Die beschriebene Dynamik ist gewöhnlich am machtvollsten, wenn es mehrere Oppositionen gibt, oder wenn die Opposition der genaueste Aspekt des T-Quadrats ist.

Im zweiten Fall bringt ein Mensch seinen Planeten im Brennpunkt auf übertriebene und/oder zwanghafte Weise zum Ausdruck und schafft dadurch — entsprechend dem Wesen des Planeten, seines Zeichens und Hauses — Konflikte. Dieser Extremismus bringt die Dinge in einen unausgewogenen Zustand, wodurch das Ungleichgewicht, das die Opposition bereits anzeigt, noch verstärkt wird. Die Opposition wird dann zum Hauptproblem, indem sie sich auf eine ständig wechselnde Art und Weise ausdrückt: in Form von Projektion oder Verleugnung einer der Energien, indem die Energien lahmgelegt werden, oder als Trennung oder Entfremdung in unseren Beziehungen. Möglicherweise kann das Dilemma der Opposition den Menschen dazu führen, von seinem Leben Abstand zu gewinnen, die Mitte wiederzugewinnen und die erforderliche Bewußtheit zu erlangen, um die beiden widerstreitenden Teile in sich selbst zur Synthese zu bringen. Wenn die Opposition verwandelt ist, kann der Planet im Brennpunkt auf kontrolliertere, ausgewogenere und konstruktivere Weise ausgedrückt werden.

Diese Dynamik des Quadrats wird eher in jenen Fällen vorherrschen, wo die Quadrate einen genaueren Winkel bilden als die Opposition oder wenn es mehr als zwei Planeten im Brennpunkt gibt, oder wenn die Wirkung des Planeten im Brennpunkt besonders machtvoll ist, weil er in seinem eigenen Zeichen oder Haus steht bzw. stationär ist.

Günstige Aspekte

Am hilfreichsten in der Unterstützung der Integration und des schöpferischen Ausdrucks des T-Quadrats sind vielleicht die Trigone, Sextile und andere günstige Aspekte zwischen Planeten des T-Quadrats und anderen Planeten im Horoskop. Es gibt da verschiedene Situationen. Betrachten wir das folgende Beispiel:

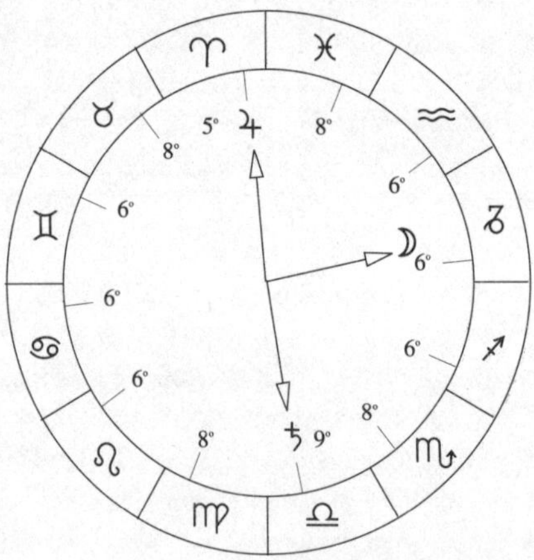

Für dieses Beispiel und in jedem anderen T-Quadrat gilt folgendes:

1. Ein Planet kann zum Planeten im Brennpunkt im *Trigon* stehen, und vielleicht im Halbsextil zu einem Oppositions-Planeten, während er zu dem anderen Planeten im Quinkunx (150 Grad) steht. Im obigen Beispiel könnte ein Planet seine Position nahe 6 Grad Stier oder 8 Grad Jungfrau einnehmen.

2. Ein Planet kann zum Planeten im Brennpunkt ein *Sextil* bilden und vielleicht ein Halbsextil zu einem der Oppositions-Planeten, während er zu dem anderen Planeten in einem Quinkunx-Winkel steht. Im obigen Beispiel könnte der betreffende Planet seine Position nahe 8 Grad Skorpion oder 6 Grad Fische haben.

3. Ein Planet kann im *Trigon* zu einem Planeten der Opposition und häufig auch zu dem anderen Planeten im Sextil stehen (oder umgekehrt) und sich gleichzeitig zum Planeten im Brennpunkt im *Quinkunx* befinden. In diesem Beispiel könnte der Planet dann nahe 6 Grad Zwillinge oder 6 Grad Löwe sein.

4. Ein Planet kann zu den Planeten der Opposition im *Trigon* bzw. im *Sextil* (und umgekehrt) stehen und gleichzeitig ein Halbsextil zum Planeten im Brennpunkt bilden. In diesem Fall könnte der aspektierende Planet seine Position etwa auf 6 Grad Schütze oder 6 Grad Wassermann haben.

In manchen Fällen kann ein Planet des T-Quadrats ein Trigon oder Sextil zu einem anderen Planeten bilden, ohne daß die anderen Planeten des T-Quadrats davon berührt werden. Dies ist gut möglich aufgrund der unterschiedlichen Orben: Der des Trigons ist größer als der des Sextils oder Quinkunx, diese wiederum sind größer als der des Halbsextils. Dieser Fall tritt auch ein, wenn der Orbis des aspektierenden Planeten zu den anderen Planeten des T-Quadrats zu groß ist — bis auf den einen, zu dem er einen Aspekt bildet. Im obigen Beispiel würde ein Planet auf 14 Grad Wassermann ein Trigon zu Saturn bilden, jedoch weder ein Sextil zu Jupiter, noch ein Halbsextil zum Mond. Die Gradposition liegt nicht nur bedeutend höher als jene von Jupiter und Mond, sie befindet sich auch außerhalb des Orbis-Bereiches, der üblicherweise für Halbsextile (2 Grad) und für Sextile (4 Grad) verwendet wird. Ein Planet, der zu einem der Planeten eines T-Quadrats im Trigon steht, ohne die anderen Planeten zu aspektieren, kann für die Kanalisierung der Energie dieses T-Quadrats hilfreich sein, wird jedoch nicht annähernd jene Bedeutung haben, wie ein Planet, der zu allen drei T-Quadrat-Planeten Aspekte bildet.

Natürlich sollten Aspekte zum Planeten im Brennpunkt, besonders Trigone, als äußerst machtvoll angesehen werden. Die Bedeutung eines aspektierenden Planeten hängt jedoch nicht nur von der Anzahl der Aspekte zu den Planeten des T-Quadrats ab, sondern auch davon, welcher Art die Aspekte sind (Trigone sind am stärksten, gefolgt von Sextilen, den Quinkunx-Winkeln und zuletzt den Halbsextilen) und auch davon, wie exakt sie sind.

Ein Trigon *(120 Grad, bei einem Orbis von 6-8 Grad)* zeigt einen ungehinderten Energiefluß von einem Planeten zu einem anderen, wobei sich beide

Planeten auf natürliche Weise harmonisch und oftmals gewohnheitsmäßig ausdrücken können. Ein Trigon zu einem Planeten des T-Quadrats kann als Ausweg für dessen Problematik dienen, es kann auch ein konstruktives Betätigungsfeld bieten, um einige der Frustrationen loszuwerden, die innerhalb des T-Quadrats entstehen. Das Betätigungsfeld kann bestimmt werden, indem man den betreffenden aspektierenden Planeten im Hinblick auf seine Natur, sein Zeichen und sein Haus deutet, und gleichzeitig auch den entsprechenden Aspekt interpretiert, den er zum T-Quadrat bildet, sowie seine Wirkungsweise in bezug zum Planeten des T-Quadrats untersucht.

Ein Sextil *(60 Grad, bei einem Orbis von 4 Grad)* weist auf ein «Ventil» hin, das kreativer und mentaler wirkt als das Trigon, doch dabei etwas mehr Anstrengung erfordert. Die Quadrate innerhalb des T-Quadrats können den nötigen Antrieb bringen.

Ein Halbsextil *(30 Grad, bei einem Orbis von 2 Grad)* wirkt wie ein schwaches Sextil und erfordert einen noch größeren Energieaufwand. Es wird schwieriger zum Ausdruck gebracht, weil es für gewöhnlich zwischen solchen Zeichen entsteht, die nicht so leicht integriert werden können.

Ein Quinkunx *(150 Grad, bei einem Orbis von 4 Grad)* ist der am wenigsten harmonische dieser vier Aspekte. Das Quinkunx weist auf Energien hin, die in Unordnung geraten sind und zu unbewußter Spannung führen. Was sich als schwer zu diagnostizierende physische oder psychische Probleme manifestiert, oder, auf etwas vorteilhaftere Weise, in Form künstlerischer Fähigkeiten. Dieser Aspekt kann nur schwer auf jene offene und aktive Weise ausgedrückt werden, die bei einem T-Quadrat erforderlich ist. Das kann dazu führen, daß ein Planet, der zum Planeten im Brennpunkt ein Trigon bildet, zwar ein äußerst wirkungsvolles Ventil für das T-Quadrat schafft, während gleichzeitig das Quinkunx zu einem der Oppositions-Planeten auf seine Weise wieder Probleme hervorruft, mit denen man sich auseinandersetzen muß.

Von den vier Aspektmustern, die wir zu Anfang beschrieben haben, ist Nummer 4 wohl das einfachste: Ein Planet, der zu einem der Planeten der Opposition ein Trigon bildet, während er zum anderen Oppositions-Planeten im Sextil und zum Planeten im Brennpunkt im Halbsextil steht. Dieser Planet ist nur dann machtvoll, wenn sich das Halbsextil innerhalb des Orbis von 2 Grad befindet und von der Person nutzbar gemacht werden kann.

Abgesehen von den bereits angeführten Aspekten verdienen noch drei andere kleine Aspekte besondere Erwähnung:

Das Quintil, Halbquadrat und Eineinhalbquadrat. Ein **Quintil** *(72 Grad, 2 Grad Orbis)* zu einem T-Quadrat ist nur dann von Bedeutung, wenn zu diesem fast keine (oder nur schwache) Trigone oder Sextile in Beziehung stehen. Das Quintil weist auf die Fähigkeit hin, verschiedene Energien auf höchst einzigartige und kreative Weise in Übereinstimmung zu bringen. Häufig geschieht dies, indem Bewußtseinsebenen erschlossen werden, die nicht leicht zugänglich sind. Obwohl ein Quintil schwer zu verstehen und auszudrücken ist, kann es höchstwahrscheinlich aktiviert werden, wenn es einen Planeten im Brennpunkt betrifft, der weder Trigone noch Sextile aufweist. Ein solches T-Quadrat wird oftmals eine Spannung erzeugen, die den Menschen in einen Bewußtseinszustand hineindrängt, der zwar belastend ist, jedoch auch das Bewußtsein erweitert, verborgene Talente zum Vorschein bringt und den kreativen Selbst-Ausdruck anregt. Das **Halbquadrat** *(45 Grad, bei einem Orbis von 2 Grad)* und das **Eineinhalbquadrat** *(135 Grad, bei einem Orbis von 2 Grad)* werden normalerweise nicht als günstige Aspekte betrachtet. Der erstere weist auf eine aktive Spannung hin, ähnlich dem Quadrat, jedoch schwächer und mehr unbewußt; er ist sowohl eine Quelle des Konfliktes als auch der Motivation. Der letztere zeigt auch Konflikte an, jedoch eher jene Art von Konflikt oder Spannung, die *aus* der Handlung resultiert, als solche, die *zur* Handlung führt. Das Eineinhalbquadrat ist, wie das Quinkunx, eine Stufe zwischen der Erleichterung des Trigons und dem gespaltenen, aber wachen Bewußtsein der Opposition.

Ein Planet kann auf ein T-Quadrat einwirken, indem er sowohl ein Halbquadrat zum Planeten im Brennpunkt als auch ein Halbquadrat zu einem Oppositions-Planeten bildet und gleichzeitig zum anderen Oppositions-Planeten im Eineinhalbquadrat steht. Oder er kann sich außerhalb des T-Quadrats befinden, ein Halbquadrat zu einem der Oppositions-Planeten und ein Eineinhalbquadrat zum anderen Oppositions-Planeten und zum Planeten im Brennpunkt bilden. Obwohl ein Planet in jeder dieser Positionen den Druck erhöht, den wir durch das T-Quadrat erfahren, bietet er auch ein zusätzliches dynamisches Betätigungsfeld zur Freisetzung von Energie. Planeten, die im Geburtshoroskop oder im Transit an einem dieser Punkte ihren Standort haben, können eine wirksame Quelle der Transformation sein. Oftmals bringen sie neue Gelegenheiten in unser Leben, die es uns ermöglichen, die Energien zu nutzen und viele der Probleme zu lösen, die durch das T-Quadrat angezeigt sind.

Kombinierte Aspektfiguren

Gelegentlich enthält das Horoskop einer Person nicht nur ein T-Quadrat, sondern noch eine andere Aspekt-Konfiguration, an der ein Planet des T-Quadrats beteiligt ist. (Leser, die mit dem «Stellium», dem «Großen Trigon» oder dem «Yod» nicht vertraut sind, sollten im Anhang nachschlagen, der Material über diese Konstellationen enthält, das ursprünglich in dem Buch von Tracy Marks *»The Art of Chart Interpretation«* veröffentlicht wurde.)[3]

Zwei Quinkunx-Aspekte, die mit einem Planeten des T-Quadrats ein *Yod* bilden (was auch *«der Finger Gottes»* genannt wird), schaffen einen bedeutsamen Doppel-Aspekt. Falls der Planet im Brennpunkt des T-Quadrats auch beim Yod als Planet im Brennpunkt steht, erscheint der leere Raum des Yod (die Gradzahl zwischen den beiden Planeten im Sextil) im selben Bereich, wie der leere Raum des T-Quadrats. Das Yod wird — wie das T-Quadrat — auf Transite reagieren, die in seinen Einflußbereich treten. Da das Yod normalerweise transformative Erfahrungen mit sich bringt, die ein gewisses Gefühl für unsere Lebensaufgabe zur Folge haben, kann die Kombination von T-Quadrat und Yod, wenn sie ausgelöst wird, zu zielbewußten und kreativen Leistungen führen, die ihren Ausdruck in Übereinstimmung mit dem Wesen des Planeten im Brennpunkt oder mit Planeten beider Konfigurationen finden.

Eine Konfiguration des *Großen Trigons* mit dem T-Quadrat ist ebenfalls dynamisch, kann jedoch die betreffende Person zu leicht dahin bringen, sich in das Große Trigon zu flüchten und in Gewohnheitsmuster zu verfallen:

übersteigerte Aktivität	Großes Feuer-Trigon;
zwanghaftes Arbeiten oder Geldverdienen	Großes Erd-Trigon;
unaufhörliches Intellektualisieren	Großes Luft-Trigon;
übertriebene, jedoch geheimgehaltene Gefühlsduselei	Großes Wasser-Trigon.

In seiner positivsten Ausdrucksform kann das Große Trigon dem T-Quadrat seine praktische, aktive, intellektuelle und austauschfähige oder emotionale Leichtigkeit verleihen. Das ermöglicht dem Menschen mit diesem Aspekt, in seinem Kampf mit den Problemen des T-Quadrats sich an diesen Energien aufzurichten und dabei zu lernen, sich auf produktive Weise einzubringen.

Eine Kombination von T-Quadrat und *Stellium* ist auch machtvoll, kann jedoch die schwierigste aller Aspekt-Kombinationen sein, weil die Ausdrucksweise einer Reihe von Planeten mit der T-Quadrat-Opposition vereint werden muß. Befindet sich ein Oppositions-Planet in einem Stellium, wird es wahrscheinlich einen beherrschenden und für gewöhnlich gewaltsamen Einfluß auf den anderen Oppositions-Planeten des T-Quadrats ausüben. Ein Stellium beim Planeten im Brennpunkt hat normalerweise eine große Anzahl von Quadraten zur Folge, die wiederum integriert und auf eine aktive und offene Weise ausgedrückt werden müssen. Diese Stellium/T-Quadrat-Kombination schafft ein Energie-Kraftwerk und kann zu schweren Spannungen führen, die die Funktionsfähigkeit der Persönlichkeit völlig unterminieren oder diese zu außerordentlich ich-bezogenem und wirkungsvollem Handeln bringen. Hier ist besonders die mangelnde Entwicklung des leeren Raumes ein Problem, denn die Planeten am Brennpunkt, ihre Zeichen und Häuser sind zu einem außerordentlich hohen Grad überbetont.

Positive/negative Ausdrucksform

Im schlimmsten Fall kann der Aspekt des T-Quadrats ernsthafte psychische Probleme anzeigen. Er kann auf die Tendenz hinweisen, eine Seite unserer Persönlichkeit auf Kosten aller anderer Seiten zu entwickeln. Das kann eine Neurose oder einen Komplex bedeuten, vielleicht in Form einer Zwangsvorstellung, die einen Menschen so sehr beherrscht, daß er sich wie besessen, versklavt oder außer Kontrolle fühlt. Die Intensität der Spannung, die durch das T-Quadrat erzeugt wird, kann eine Situation «rasender Umwälzungen» schaffen, eine nervöse Störung, die vielleicht zu einem Dauerzustand von Krisen und Ängsten führt. Das Wesen der Störung wird gewöhnlich durch die Position des Planeten im Brennpunkt angezeigt, obwohl seine Problematik durch die Schwierigkeiten, die im Bereich des leeren Zeichens und Hauses auftreten, verhüllt werden kann.

Andererseits ist die durch das T-Quadrat freigesetzte Energie auch die Quelle der Stärke und des Leistungspotentials des Betroffenen. Wird eine Seite der Persönlichkeit überentwickelt, so kann das auf eine klare Meinung in einer Richtung oder auf die Fähigkeit hinweisen, sich zu spezialisieren und bemerkenswerte Fertigkeiten oder Eigenschaften zu entwickeln, deren Bedeutung mit der Position des Planeten im Brennpunkt in Beziehung steht. Die Spannung kann eine Quelle der Motivation und des Antriebs sein, die einen Menschen in die Lage versetzt, sich in vollem Umfang zu entwickeln; sie kann sogar die nötige Motivation bieten, um das T-Quadrat auf eine ausgewogenere und integrativere Weise auszudrücken.

Das T-Quadrat ist der häufigste Aspekt in den Horoskopen erfolgreicher Menschen. Normalerweise zeigt der Planet im Brennpunkt an, wo ihre Talente und Fähigkeiten liegen. Je genauer das T-Quadrat ist und je extremer es wirkt, um so eher erfährt ein Mensch beides: den schweren psychischen Spannungszustand und die Möglichkeit zur Vollendung.

Jeder, dessen Geburtshoroskop ein T-Quadrat aufweist, muß für sich selbst folgende Entscheidung treffen: Ist es wichtiger, das Ziel des Planeten im Brennpunkt zu erreichen und die Befriedigung zu erfahren, die eine Erfüllung dieser Aufgabe mit sich bringt, obwohl sie möglicherweise auf Kosten meiner Gesundheit, meiner Beziehungen oder meiner inneren Ruhe geht? Oder ist es weiser, eher Ausgewogenheit und Mäßigkeit statt Macht und Größe anzustreben, indem ich mich weniger darauf konzentriere, das Potential des Planeten im Brennpunkt zu entwickeln, sondern mich stärker der Überwindung persönlicher Schwächen widme und dadurch meine Fähigkeit entwickele, ein voll integriertes und abgerundetes Leben zu führen?

Vielleicht ist beides möglich, so daß ein Mensch, der zwanghaft dazu getrieben wird, seine Spannungen in einem bestimmten Lebensbereich freizusetzen, weniger Befriedigung erfährt und weniger Bedeutung erlangt als eine voll integrierte Persönlichkeit, die auch aktiv, produktiv und sehr bestimmt handelt.

Kapitel 2

Planeten im Brennpunkt

Obwohl die folgenden Erklärungen die positiven und negativen Ausdrucksweisen der Planeten im Brennpunkt betreffen, können sie dir auch dabei helfen zu verstehen, wie du die anderen Planeten deines T-Quadrats und alle übrigen Planeten in deinem Horoskop ausdrücken kannst. Wenn wir verstehen, wie der Herrscher des leeren Raumes (Zeichens) sich auf positive Weise manifestiert, kann uns das besonders dabei helfen, die Energien dieses Planeten nutzbringend auszudrücken und seinen Einfluß auf jenen Lebensbereich anzuwenden, der durch den leeren Raum bezeichnet wird.

Die positiven und negativen Interpretationen in diesem Kapitel sind extreme Auslegungen. Nur wenige Menschen werden einen ihrer Planeten in dieser Art Schwarzweißmalerei ausdrücken. Du wirst wahrscheinlich entdecken, daß du einige der destruktiven Eigenschaften deines Planeten im Brennpunkt oder anderer stark gestellter Planeten zum Ausdruck bringst, und dabei bist, dich schrittweise auf ihre konstruktiveren Eigenschaften einzustimmen.

Da diese Interpretationen keinerlei Bezug zu den Zeichen und Häusern herstellen, mußt du jede Auslegung entsprechend abwandeln, indem du die Haus- und Zeichenposition des betreffenden Planeten in Betracht ziehst. Zum Beispiel kann Venus als Planet im Brennpunkt deine Liebesbeziehungen und/oder deine Einstellung zu Geld und Besitz beeinflussen; welche der beiden Bedeutungen wahrscheinlich vorherrscht, zeigt die Stellung der Venus entweder im Stier oder in der Waage bzw. im 2. oder im 7. Haus an. Wenn die Venus jedoch in den Fischen im 9. Haus steht, muß die Deutung der Venus modifiziert werden, indem der Einfluß der Fische auf den Lebensbereich des 9. Hauses in die Betrachtung miteinbezogen wird. Behalte jedoch in Erinnerung, daß der Planet im Brennpunkt so mächtig ist, daß sich sein Einfluß möglicherweise über alle Häuser erstreckt und er dadurch auf deine ganze Arbeit und sämtliche Beziehungen einwirken kann.

Wenn ein Planet stark angegriffen ist und du keinen bewußten Versuch unternimmst, seine positive Ausdrucksform zu verstehen und zu pflegen, wirst du diesen Planeten wahrscheinlich auf negative Weise zum Ausdruck bringen. Dieser negative Ausdruck kann daraus entstehen, daß wir diesem Planeten eine zwanghafte, unbewußte oder übertriebene Wirkungsweise einräumen oder daß wir es versäumen, seinen Ausdruck mit dem Bewußtsein der anderen Teile unseres Selbstes zu vereinigen.

Deine Fähigkeit, die positiven Dimensionen eines Planeten auszudrücken, wird davon abhängen, wie gut die vielen Teile deines Wesens integriert sind und welche Ausgewogenheit du erreicht hast. Du kannst damit beginnen, diese Ausgewogenheit und Integration zu entwickeln, indem du Selbsterkenntnis pflegst und versuchst, die Dinge im richtigen Verhältnis zu sehen. Außerdem kannst du ständig bewußt darauf achten, wie du deine Energien einsetzt und versuchen, stets auf konstruktive Weise und in Übereinstimmung mit deinen höchsten Prinzipien und Idealen zu handeln. Um ein ausgewogenes Leben zu führen, mußt du vor allem den dringenden Wunsch haben, alle Teile deines Wesens in Einklang zu bringen statt die flüchtigen Freuden zu erfahren, die ein Leben voller Gegensätze kennzeichnen.

Die positive Ausdrucksform eines Planeten beinhaltet das Wissen um dessen Gegenpol. Eine wirksame und letztlich konstruktive Äußerung deines Ärgers (Mars) ist wahrscheinlich kein Wutausbruch, in dem du über die Gefühle eines Menschen, den du liebst, rücksichtslos hinwegtrampelst und dabei das Band des Vertrauens in eurer Beziehung bedrohst; eher ist es eine entschlossene und konzentrierte Äußerung deiner Gefühle, die auch den Standpunkt der anderen Person in Betracht zieht sowie deinen Wunsch, eine Beziehung aufrechtzuerhalten, die für beide Seiten befriedigend ist (Venus). Diese Venus/Mars-Polarität ist eine von fünf allgemein anerkannten planetarischen Polaritäten, die des weiteren Sonne/Mond, Mond/Saturn, Merkur/Jupiter und Jupiter/Saturn umfassen. Da die zehn Planeten nicht eindeutig in fünf sich gegenseitig ausschließende Polaritäts-Gruppen unterteilt werden können, ist es möglich, daß der Gegenpol eines Planeten nicht ein anderer Planet ist, sondern vielmehr eine Kombination planetarischer Einflüsse. Oftmals können jedoch nützliche Polaritäten durch die Betrachtung der Herrscher der gegenüberliegenden Zeichen gefunden werden (z.B. Merkur und Jupiter als Herrscher der Zwillinge und des Schützen); vielleicht geben auch die Herrscher von benachbarten Zeichen wertvolle Hinweise (z.B. Sonne und Mond, die Löwe und Krebs regieren).

Ist der Planet im Brennpunkt oder ein anderer Planet deines Horoskops rückläufig, wird er für gewöhnlich auf eine introvertierte oder unbewußte Weise wirken; die offenere Ausdrucksform dieses Planeten wird sich wahrscheinlich erst zeigen, wenn der Planet in der Progression wieder direktläufig wird. In Kapitel 6 dieses Buches, in dem es um den Einfluß von Transiten und

Progressionen auf das T-Quadrat geht, wird dieses Phänomen noch einer genaueren Betrachtung unterzogen.

Sonne

Der Wille ist die eigentliche Tätigkeit des Selbstes, welche über der Vielfalt an Trieben, innerem Drängen, von Verlangen und Wünschen steht. Der Wille ist wie der Leiter eines Orchesters.

— Roberto Assagioli

Du wirst das Ego niemals töten. Du wirst nur feststellen, daß es in einem größeren Haus lebt, als du dachtest.

— Stanley Keleman

Negativer Ausdruck

Wenn die Sonne in deinem T-Quadrat der Planet im Brennpunkt ist, wirst du wahrscheinlich Ego-Probleme erfahren, die aus einer konfliktbeladenen Beziehung mit deinem Vater stammen. Weil du dir deiner Identität nicht sicher und über deinen Selbstausdruck im Zweifel bist, mußt du dir und anderen deine Wichtigkeit beweisen. Das ohnmächtige Gefühl der Hilflosigkeit und Bedeutungslosigkeit kann jedoch dazu führen, daß du deine Unabhängigkeit, Macht und Bedeutung allzu laut geltend machst.

Als selbsternannte Berühmtheit kannst du dich in gesellschaftlichen Situationen unbehaglich fühlen, wenn du nicht im Zentrum der Aufmerksamkeit stehst, andere Leute beeindruckst und ihre Anerkennung findest. In Beziehungen stärkst du vielleicht dein Ego, indem du sicherstellst, daß du eine Kontroll-Position innehast, die dich befähigt zu herrschen und die andere Person ständig in Anspruch zu nehmen. Was du auch tust, du neigst auf eindrucksvolle und manchmal prahlerische Weise zur Selbstdarstellung, um gesehen und anerkannt zu werden — und damit deine kreativen Talente größere Aufmerksamkeit gewinnen. Obwohl du stolz und egozentrisch bist und dazu tendierst, dich wie ein König oder eine Königin zu benehmen und die anderen Menschen als deine Untertanen zu behandeln, bleibt dein Identitätsgefühl unsicher. Hast du kein Publikum und bist du nicht die Nummer Eins, weißt du nicht, wer du bist. Der Druck, den du in deinen Versuchen erfährst, dich selbst zu bestätigen und die Anerkennung anderer zu erlangen, kann deine Gesundheit beeinträchtigen und zu Erkrankungen des Herzens, der Milz oder der oberen Wirbelsäule führen.

Positiver Ausdruck

Wenn du die positiven Energien deiner Sonne im Brennpunkt anzapfst, wirst du ein starkes und begründetes Identitätsbewußtsein entwickeln. Dein Selbstvertrauen wird nicht der Rolle, die du spielst, oder der Reaktion deiner Zuhörer entspringen, sondern aus deiner Verbindung mit deiner eigenen Mitte kommen. Du wirst zentriert und mit dem inneren Selbst, das jenseits des Egos liegt, in Kontakt und mit dem universellen Willen verbunden sein, der den persönlichen Willen einschließt. Als Folge davon bist du fähig, dich mit anderen Menschen zu identifizieren, dich auszudrücken und zu bestätigen, ohne dich den anderen aufzudrängen. Du wirst einen schöpferischen Beitrag zur Gesellschaft leisten, der nicht nur dein Selbstwertgefühl anhebt, sondern auch das Leben anderer Menschen bereichert. Ausdrucksstark und schöpferisch bist du auch in der Lage, den Selbstausdruck und die Kreativität anderer Menschen zu unterstützen. Du wirst es genießen, eine Hauptrolle zu spielen, und bist fähig, auf herzliche und verständnisvolle Weise zuzuhören.

Da du fähig bist, von deinen eigenen inneren Energiequellen für deinen Solar-Plexus und dein Herz Gebrauch zu machen, wirst du über eine große Vitalität verfügen und Wärme sowie aufrichtige Zuneigung ausstrahlen. Du wirst stolz sein, doch dein Stolz wird durch Bescheidenheit gemildert, denn du weißt, daß das Licht, welches in dir scheint, nicht aus dir kommt, sondern nur der Funke eines größeren Lichtes ist, das durch jeden hindurchscheinen kann.

Beruflich wirst du wahrscheinlich in einer Management- oder Verwaltungsposition erfolgreich tätig sein. Du kannst aber auch in einer Beschäftigung Erfüllung finden, die mit Kindern, Unterhaltung oder den Künsten zu tun hat. Als Führungspersönlichkeit bist du gut geeignet, andere zu beaufsichtigen oder für sie zu sorgen, da du das Geltungsbedürfnis anderer Menschen so feinfühlend berücksichtigst wie dein eigenes. Du wirst in der Lage sein zu führen, ohne zu herrschen, weil du fähig bist, dich selbst zu beherrschen. Du kannst dein eigenes planetarisches Orchester dirigieren und dich und andere mit seiner heiteren und ausdrucksvollen Musik erfreuen.

Mond

Wenn das persönliche Leben intensiv gelebt wird, trägt es dich über das Persönliche hinaus.
— *Anaïs Nin*

Die nährende Person befaßt sich mit ihren unerfüllten Bedürfnissen selber, anstatt andere damit zu belasten.
— *Dr. Jerry Greenwald*

Der einzige Weg festzuhalten, ist loszulassen.
— *Melissa Leifer*

Negativer Ausdruck

Wenn der Mond in deinem T-Quadrat der Planet im Brennpunkt ist, erfährst du emotionale Probleme, die aus einem frühen Konflikt mit deiner Mutter stammen und die dazu führen, daß du dich an irgendein äußeres Sicherheitsmodell klammerst — deine Beziehungen zu Frauen, zu deiner Familie oder an dein Zuhause. Vielleicht gehst du sehr unselbständige Beziehungen mit Menschen ein, die bereit sind, die Mutterrolle zu übernehmen und für dich zu sorgen, oder du wirst selbst eine «Supermutter», so sehr darauf erpicht, gebraucht zu werden, daß du die Bedürfnisse anderer Menschen überreichlich erfüllst und sie mit deiner übertriebenen Fürsorge erstickst. Ob du nun ein Mann oder eine Frau bist, deine Beziehungen zu Frauen sind der Ursprung vieler Konflikte, nicht nur, weil du ihnen so große Bedeutung beimißt, sondern auch, weil du von Frauen erwartest, daß sie die emotionale Leere füllen, die du mit deiner eigenen Mutter erfahren hast.

Du bist äußerst gefühlsbetont, häufig schwankenden Gefühlen ausgeliefert, die manches Mal dein Bewußtsein beherrschen können, so daß du dich schwach und passiv fühlst. Überempfindlich gegenüber den Reaktionen anderer Menschen, hast du die Neigung, die harmlosesten Gesten und Bemerkungen persönlich zu nehmen. Du fühlst dich verletzt und zurückgewiesen, wenn du nicht die Reaktion erhältst, nach der du so sehr verlangst, und du ziehst dich dann in ein Schneckenhaus zurück, aus dem dich niemand mehr herausholen kann. So stammen viele deiner Probleme aus deiner Unfähigkeit, das kindliche Verlangen nach der Sicherheit des Mutterschoßes und nach dem Schutz einer Beziehung oder des Familienlebens aufzugeben, die bedingungslose Liebe und völlige Sicherheit vor den Unsicherheiten der Welt garantieren. Verhaltensmuster, die aus der Kindheit stammen, alte Gewohnheiten und schmerzliche Erinnerungen, die scheinbar ein eigenes Leben führen, bedrohen deinen Freiheitswillen und deine Fähigkeit, als verantwortlicher und vernünftiger erwachsener Mensch zu wirken.

Deine emotionale Unsicherheit kann zu Verdauungsstörungen oder zu Erkrankungen der Lymphdrüsen führen. Wenn du eine Frau bist, kannst du Probleme mit deiner Gebärmutter oder mit deinen Brüsten haben.

Positiver Ausdruck

Wenn du dir den positiven Ausdruck des Mondes im Brennpunkt erschlossen hast, wirst du die erforderliche Objektivität entwickeln, um deine frühkindlichen Konditionierungen zu verstehen; du wirst fähig sein, aus deinem immensen Reservoir emotionaler Energie die erforderliche Motivation zu beziehen, um jene Verhaltensmuster umzuwandeln, die nicht länger zweckmäßig sind. Deine Beziehungen zu Frauen, dein Familienleben und dein Zuhause werden noch immer einen hohen Stellenwert für dich haben, du erwartest jedoch nicht, daß sie alle deine emotionalen Bedürfnisse erfüllen oder daß sie dir jene Art von Sicherheit bieten, die nur du selbst dir geben kannst. Du wirst gelernt haben, das Kind in dir zu achten, zu hegen und zu pflegen sowie dich selbst zu versorgen, wie es deine Eltern möglicherweise nicht vermochten. Anstatt die Bedürfnisse deines unglücklichen inneren Kindes zu verleugnen oder es zu sehr zu verwöhnen, kannst du zärtlich, aber bestimmt mit ihm umgehen, so daß es fähig wird, zu einem gesunden, emotional erfüllten Erwachsenen zu werden.

Deine Geschicklichkeit im Umgang mit Emotionen wird dich befähigen, auf die Gefühle anderer Menschen sensibel zu reagieren, indem du dich in ihre Probleme einfühlst und sie gleichzeitig zur Selbständigkeit ermutigst und ihnen nicht erlaubst, zu sehr von dir abhängig zu werden. Durch deine Fähigkeit, aus den reichen Grundlagen deines Unterbewußtseins zu schöpfen und in dir selbst eine Zuflucht zu finden, wirst du jene Menschen in deinem Leben sehr zu schätzen wissen, die in Zeiten großer Not bereit sind, sich um dich zu kümmern; du wirst dir jedoch nicht erlauben, dich an sie zu klammern oder in kindliche Verhaltensweisen zurückzufallen, damit sie dich vor dir selber retten.

Da du in der Abwicklung deiner emotionalen und häuslichen Angelegenheiten so geschickt bist, könntest du in Berufen, die einen Fürsorge-Aspekt haben, Befriedigung finden (z.B. durch eine beratende Tätigkeit, in der Kinderbetreuung, als Pflegerin oder Haushälterin sowie im Immobilienbereich, in der Landwirtschaft oder in der Gastronomie). Welchen Beruf du auch wählst, du wirst fähig sein, auf einer sensitiven und persönlichen Stufe mit den Menschen in Verbindung zu treten, indem du ihre Bedürfnisse erfüllst und imstande bist, emotionale Unterstützung zu geben und zu empfangen.

Merkur

Das Denken wirkt innerhalb seiner Grenzen und aus sich selbst heraus, es kann die Hölle zum Himmel und den Himmel zur Hölle machen.
— John Milton

Wahres Wissen kommt nicht aus dem Intellekt, sondern aus dem unmittelbaren Kontakt... Wissen hängt vom Dasein ab.
— Gurdjieff

Negativer Ausdruck

Ist Merkur der Planet im Brennpunkt deines T-Quadrats, wirst du deine Energien wahrscheinlich weit verstreuen, indem du dich auf oberflächliche Weise mit zu vielen Interessengebieten befaßt oder mit zu vielen Menschen Austausch pflegst. In einer Überreaktion auf die Anregungen deiner Umgebung bist du ruhelos, flatterst hierhin und dorthin in dem krampfhaften Versuch, nervöse Energie loszuwerden. Manchmal vertiefst du dich in unbedeutende Probleme oder Angelegenheiten und verlierst in deiner Detailbesessenheit das Gefühl für das richtige Verhältnis. Vielleicht vergeudest du viele Stunden mit nutzlosen Gesprächen, indem du ununterbrochen über die kleinen Dinge deines alltäglichen Lebens plapperst und dich oftmals auf deine Sorgen, Ängste und Gesundheitsprobleme übertrieben konzentrierst. Deine Gesundheit kann tatsächlich der Ursprung mancher Belastung sein, denn du leidest vielleicht an nervösen Störungen, Atmungsproblemen oder Krankheiten, die die Beweglichkeit deiner Schultern oder Arme beeinträchtigen.

Dein Verstand hungert nach Wissen, doch du neigst dazu, Banales und Nebensächliches zu sammeln, weil dein Lernansatz oberflächlich und planlos ist; du nimmst wahllos einzelne Fakten in dich auf, ohne dich um ihre Bedeutung oder ihren Zusammenhang zu kümmern, und hast kaum das Bedürfnis, dir selbst Gedanken darüber zu machen und deine eigenen Lösungen darzulegen. Du intellektualisierst, rationalisierst, kritisierst und analysierst ständig und bist unfähig, das Geplapper in deinem Denken abzustellen und die innere Stille zu genießen, deine eigenen Gefühle zu erleben oder einen anderen Menschen ruhig anzuhören. Dein Perfektionismus, verbunden mit deinem Hang, dich von Worten und Gedanken mitreißen zu lassen, führt oft dazu, daß du dir und anderen ständig negative Botschaften übermittelst.

Du kannst dich von deinen persönlichen Beziehungen getrennt fühlen, da du unfähig bist, mit dir selbst oder mit anderen auf nonverbalen Ebenen in Verbindung zu treten oder eine andere Person voll zu erleben und anzunehmen. Oft versuchst du eine Verbindung herzustellen, indem du anderen Menschen hilfst, denn aufgrund deiner Schwierigkeiten, auf einer gleichberechtigten Ebene eine Verbindung einzugehen, drückst du dich auf eine liebenswürdige oder unterwürfige Weise aus.

Positiver Ausdruck

Wenn du den Merkur im Brennpunkt einmal gemeistert hast, wirst du fähig sein, die zahlreichen Einzelheiten deines Alltagslebens rationell abzuwickeln und richtig einzuschätzen, ohne in ihnen zu versinken; du kannst ein Gefühl für die richtigen Verhältnisse entwickeln, Prioritäten setzen und deiner Existenz einen Sinn geben und dadurch in der Lage sein, alles seinen rechten Platz zuzuweisen. Deine Fähigkeit, dich mit unterschiedlichen Menschen auszutauschen, deine breitgefächerten praktischen Fähigkeiten und der Umfang deines Wissens werden zu einer Vielseitigkeit beitragen, der es nicht an Tiefe mangelt, da du die erforderliche geistige Disziplin besitzt, um dich jeweils nur auf ein Ding zur selben Zeit zu konzentrieren und fachliches Können darin entwickelst, bevor du zum nächsten weitergehst.

Im Bewußtsein deiner reichlich vorhandenen nervösen Energie wirst du gerne meditieren oder dich öfter ausruhen, um dein Denken von den Giften zu reinigen, die sich angesammelt haben. Du wirst dich auf die Realität einstimmen, die hinter deinen Worten und Gedanken liegt und anderen Menschen ruhig zuhören. Körperliche Aktivität, ein Verständnis für die Beziehung zwischen Geist und Körper, der Wille, dich gesund zu erhalten und die Empfänglichkeit für deine eigenen Gefühle und die Gefühle anderer Menschen werden in deine geistigen Funktionen Klarheit und Tiefe bringen. Die Fähigkeit, mit dem Strom deiner Erfahrung zu fließen und dich sowie andere anzunehmen, anstatt zum Sklaven eines perfektionistischen Maßstabes zu werden, wird es dir ermöglichen, in deinem täglichen Austausch mit anderen wirkliche Kontakte zu knüpfen. Da die Qualität deiner Kontakte tief und befriedigend sein wird, hast du es nicht nötig, dich in dem krampfhaften Versuch innerlich zu zersplittern, mit immer mehr Menschen in Verbindung zu kommen. Du wirst anderen gegenüber hilfsbereit sein und ihnen Gefälligkeiten erweisen, ohne jedoch allzu entgegenkommend zu sein oder dich ausnutzen zu lassen.

Die bewußte Aufmerksamkeit, die du deinen mentalen Prozessen widmest, wird es ermöglichen, die negativen Botschaften, die du dir selbst gibst, auszumerzen, so daß Körper und Geist auf eine gesunde und konstruktive Weise arbeiten können. Durch dein entspanntes, klares und positives Denkvermögen wirst du geistig rege und aufmerksam sein und aus deinem Umfeld jene Anregungen aufnehmen, die sachdienlich sind, und du wirst die Fakten auf eine Weise ordnen, die für dich bedeutungsvoll ist. Du wirst dich nicht nur durch einen gesunden Menschenverstand und die Fähigkeit, Details richtig einzuordnen, auszeichnen, sondern auch in der Lage sein, immer wieder deine Fähigkeiten zur Problemlösung, deine manuelle Geschicklichkeit und deine Leistungsfähigkeit in der Erledigung von Alltagspflichten zu beweisen. Da dein positiv funktionierender Merkur die Fähigkeiten, zu sprechen und zu schreiben, steigert und dein Bedürfnis zur Anwendung und Verbesserung deiner sprachlichen Begabung erhöht, wirst du ausgezeichnet und geläufig sprechen und schreiben können. Du kannst große Befriedigung finden, wenn du einen kommunikationsbezogenen Beruf ausübst, wie z.B. Verleger, Schriftsteller, Lehrer, Reporter, Bibliothekar, Maschinenschreiber oder Drucker. Oder du wählst aufgrund deiner Bedürfnisse, anderen Menschen zu helfen, und wegen deines Interesses an einer gesunden Geist-Körper-Funktion einen Beruf im Gesundheitswesen.

Venus

Lieben zu lernen … ist für das Individuum ein hoher Anreiz zu reifen, etwas in sich selbst zu werden… denn was wäre eine Verbindung zwischen ungeläuterten und unfertigen Menschen?
— Rainer Maria Rilke

Um nach Werten zu streben, muß der Mensch sich auch für würdig erachten, sich an ihnen zu erfreuen.
— Nathaniel Branden

Die Schwierigkeit in der Liebe ist, daß so viele Menschen dich so sehen, wie du dich selber einschätzt.
— anonym

Wo keine Liebe ist, gib Liebe, und du wirst Liebe finden.
— Hl. Johannes

Negativer Ausdruck

Mit Venus als Planet im Brennpunkt deines T-Quadrats konzentrierst du dich in übertriebener Weise auf persönliche Beziehungen und auf die Liebe, die du von anderen Menschen erhältst — oder nicht erhältst. Du würdest eher eine Beziehung eingehen, die dich nicht erfüllt oder in einer solchen bleiben, als alleine zu sein. Vielleicht flatterst du sogar von einem Partner zum anderen, stets auf der Suche nach jemandem, der dir die Liebe gibt, die du dir selbst nicht geben kannst. Da du deinen eigenen Wert nicht erkennst, oder weil du dich viel mehr darum kümmerst, ob du geliebt wirst, als um die Pflege deines eigenen echten Liebesempfindens für andere, schaffst du für gewöhnlich unausgewogene und unbefriedigende Beziehungen mit Menschen, die du nicht schätzt und die dich nicht schätzen. Was soll dir schließlich an jemandem liegen, der blind genug ist, dich gern zu haben, wenn du glaubst, daß du nichts anderes verdienst, als Menschen, die deine Wertlosigkeit erkennen und unfähig sind, dich zu lieben und dich noch unbefriedigter zurücklassen?

Deine Venus gibt dir die Fähigkeit, liebend, selbstlos und hingebungsvoll zu erscheinen, doch ist dieses äußere Bild für gewöhnlich bloß falscher Schein und verhüllt nur deine Angst vor dem Alleinsein und dein Bestreben, die Zuneigung der anderen zu gewinnen. Mit deiner Fähigkeit, alles zu sein, was andere Menschen von dir erwarten, übertreibst du das Bestreben, Liebe zu gewinnen, indem du immer charmant, gefällig und entgegenkommend bist und stets Meinungsverschiedenheiten und Auseinandersetzungen vermeidest. «Frieden um jeden Preis» ist dein Wahlspruch, und du bist eher bereit, den Preis einer oberflächlichen Beziehung zu bezahlen, als die Illusion von Harmonie, die du mit anderen erlebst, zu gefährden.

Da du nicht fähig bist, in deinen Beziehungen volle Befriedigung zu finden, erlebst du wahrscheinlich Zeiten, in denen du vergnügungssüchtig bist und wo du in materiellen Besitztümern, Nahrung oder einer Vielzahl sinnlicher Genüsse schwelgst. Gierig frönst du deinen Gelüsten und wartest untätig darauf, daß alle guten Dinge des Lebens auf dich zukommen. Du drückst dich vor der Anstrengung, das anzustreben, was du für wertvoll erachtest oder selbst so weit zu reifen, daß du solche Menschen, Besitztümer und erfreuliche Erlebnisse anziehst, an denen du wirklich Gefallen findest. Deine verweichlichte Lebenseinstellung kann dich körperlich schwächen und für Krankheiten im Bereich des Halses, der Drüsen oder der weiblichen Sexualorgane anfällig machen.

Du neigst dazu, eitel und oberflächlich zu sein und dich allzusehr um dein körperliches Erscheinungsbild und dein äußeres Verhalten zu kümmern. Obwohl du Interesse für die schönen Künste hast, kann dich deine Neigung zur Bequemlichkeit und Zügellosigkeit davon abhalten, künstlerische Interessen und Fähigkeiten zu entwickeln.

Positiver Ausdruck

Wenn du lernst, die Venus auf konstruktive Weise auszudrücken, bist du weniger geneigt, die Liebe außerhalb zu suchen, denn du wirst dich selbst lieben. Die Fähigkeit, deine eigene innere Schönheit zu erleben und die Freuden deiner eigenen Gesellschaft zu genießen, ermöglicht es dir, persönliche Beziehungen zu bereichern und anderen zu gefallen, indem du einfach du selbst bist statt eine Widerspiegelung ihrer eigenen Wünsche und Bedürfnisse. Da du in dir selbst Erfüllung findest, kannst du anderen Menschen auf einer umfassenden und gleichwertigen Ebene begegnen. Die Liebe und Zuneigung, die du ausdrückst, wird echt und aufrichtig sein, weil du fähig bist, das Schöne in einem anderen Menschen zu erkennen und weil dein Hauptmotiv nicht ist, Liebe zu empfangen, sondern aus deiner ganzen inneren Fülle zu geben.

Obwohl Beziehungen äußerst bedeutungsvoll für dich sind, werden sie nicht deine einzige Quelle der Zufriedenheit sein, da du gelernt haben wirst, ein ausgewogenes Leben zu führen, das die Freuden von Arbeit, menschlicher Gesellschaft, Alleinsein und Freizeitbeschäftigungen umfaßt. Indem du dir in Beziehungsangelegenheiten deiner Wertvorstellungen bewußt bist, wirst du bei angehenden Freundschaften und Partnerschaften sorgfältig deine Wahl treffen. Weil du nicht begierig nach menschlichem Kontakt bist oder das dringende Bedürfnis hast, jedem, den du triffst, zu gefallen, wirst du es vermeiden, unbefriedigende oder zerstörerische Beziehungen mit Menschen einzugehen, die du nicht schätzt und die dich nicht schätzen.

Die Venus im Brennpunkt wird deine Fähigkeit unterstützen, dir der Bedürfnisse anderer Menschen bewußt zu sein, dich auf einfühlsame Weise auszudrücken, leicht mit anderen zusammenzuarbeiten und ruhige, angenehme Wechselbeziehungen zu pflegen. Der Seelenfriede, den du in dir selbst findest und die Entspannung und innere Ruhe, die du mit anderen erlebst, werden keine oberflächliche Harmonie darstellen, welche die Realität menschlicher Konflikte verleugnet, da du nötigenfalls fähig sein wirst, dich zu behaupten und dich mit einem anderen Menschen auf diplomatische und einfühlsame Weise auseinanderzusetzen. Dein Einfühlungsvermögen und das Interesse, das du anderen Menschen entgegenbringst, wird dir sowohl im Beruf als auch im privaten Bereich eine Hilfe sein und kann dich dazu veranlassen, deine Fähigkeiten für eine beratende Tätigkeit oder für Public-Relations-Arbeit zu entwickeln.

Obwohl deine Venus oft wie ein Magnet wirken wird, der Menschen und Erfahrungen an dich heranzieht, die deine Bedürfnisse erfüllen können, wirst du nicht untätig darauf warten, bis das Leben zu dir kommt. Du wirst deine künstlerischen Interessen pflegen und dich kreativ ausdrücken, sei es für deine persönliche Befriedigung oder als Beruf. Du nimmst nicht nur das Schöne einer Umgebung wahr, sondern unternimmst auch Anstrengungen, selbst einen Beitrag zu dieser Schönheit zu leisten — vielleicht, indem du deine persönliche Erscheinung besonders pflegst oder durch Gartengestaltung, das Betreuen von Zimmerpflanzen oder indem du etwas schön gestaltest, schmückst oder verzierst.

Die positiv wirkende Venus wird es dir auch ermöglichen, sinnliche Freuden und materielle Besitztümer zu genießen, ohne dich zügellos Saufereien oder Festgelagen hinzugeben oder dich auf erniedrigende sexuelle Begegnungen einzulassen, nur um Befriedigung zu erfahren. Du wirst deine eigene Erwerbstätigkeit entwickeln und deine finanziellen Mittel in Übereinstimmung mit einem Wertsystem verwalten, in dem das Geld nicht um seiner selbst geschätzt wird, sondern eher wegen der Art von Erfahrungen, die es in dein Leben bringen kann. Durch deine Fähigkeit, das zu schätzen, was du hast, bist du nicht einem Hunger nach mehr Besitz ausgeliefert; da du in dir selbst Erfüllung findest, bist du in der Lage, an Menschen und materiellen Gütern Gefallen zu finden, ohne sie unbedingt besitzen zu müssen.

Mars

Frage dich immer: »Was will ich?« — die anderen wichtigen Fragen werden folgen.

— Sam Keen

Du mußt es lernen, jeder Handlung einen Wert beizumessen, da du zu kurze Zeit hier bist, um Zeuge ihrer Wunder zu sein... Das Geheimnis des Tuns liegt im Wissen, wann man ***nichts tun*** *soll.*

— Carlos Castaneda

Negativer Ausdruck

Wenn Mars der Planet im Brennpunkt deines T-Quadrats ist, bist du zu sehr um die Befriedigung eigener Wünsche bemüht, ohne dir der Gefühle, Wünsche und Standpunkte anderer Menschen bewußt zu sein — oft beachtest du diese gar nicht. So willst du deinen eigenen Weg gehen und bist auch bereit, Auseinandersetzungen zu provozieren, um damit durchzukommen. In Beziehungen bist du oftmals leidenschaftlich und draufgängerisch und neigst dazu, die andere Person zu zwingen, sich deinen Wünschen zu unterwerfen;

im schlimmsten Fall kannst du grausam und sogar gewalttätig sein. Da du leicht beleidigt bist und die Anregung durch eine Diskussion oder einen Kampf genießt, bist du im Umgang mit anderen Menschen oftmals aggressiv und streitlustig und vielleicht unfähig oder nicht bereit, deine sanfte Seite zu zeigen oder dich auf eine warme und herzliche Beziehung einzulassen.

Schwierigkeiten im Umgang mit der Vereitelung deiner Wünsche führen dazu, daß du für gewöhnlich deren unmittelbare Befriedigung anstrebst. Sexualität hat wahrscheinlich große Bedeutung für dich, da sie eine Freisetzung deiner Energien und die erregende Erfahrung ermöglicht, nach der du dich sehnst. Deine Tendenz, die eigene Befriedigung in den Mittelpunkt zu stellen, kann zur Folge haben, daß du möglicherweise ein wenig einfühlsamer Sexualpartner bist. Deine übermäßige Betonung der sexuellen und physischen Seite des Daseins kann Ängste hervorrufen, die deine Sexualfunktion stören.

Mars als Planet im Brennpunkt weist auch darauf hin, daß du ein hyperaktives und manchmal auch verrücktes Leben führst. Da du durch Taten wächst, stürzt du dich manchmal ziemlich unüberlegt in neue Aktivitäten. Das Fehlen einer bestimmten Richtung und die Neigung, ein neues Projekt zu beginnen, bevor das alte beendet ist, führt oft dazu, daß du dich zu sehr aufsplitterst und dabei Energie verschwendest, die auf produktive Weise eingesetzt werden könnte. Deine Tendenz, jedem Impuls zu folgen und ohne Hemmung oder Selbstbeherrschung zu handeln, kann zu leichtsinnigem Verhalten und zu Unfällen führen oder zu häufigen Streitgesprächen und Auseinandersetzungen mit anderen.

Dein undisziplinierter Lebensstil kann auch deine körperlichen Funktionen beeinträchtigen und möglicherweise zu Verbrennungen, Entzündungen, Fieber oder übermäßig starken Blutungen führen. Außerdem kommt es unter Umständen zu Problemen mit der Ausscheidung oder zu Erkrankungen der Arterien, der Muskulatur, der Nebennierendrüsen oder der männlichen Geschlechtsorgane.

Positiver Ausdruck

Sobald du gelernt hast, deine Mars-Energie konstruktiv auszudrücken, wirst du dir deiner Werte und Prioritäten bewußt und handelst so, daß deine tiefsten Wünsche erfüllt werden, anstatt zuzulassen, daß du ein Sklave deiner plötzlichen Regungen wirst. Tatkräftig, aus eigenem Beweggrund, begeistert und unternehmungslustig wirst du dich voll in Aktivitäten vertiefen, die mit deinem Hauptziel in Einklang stehen. Du überlegst, bevor du dich in ein neues Abenteuer stürzt, das verheerende Folgen haben könnte. Du bist jetzt fähig, die Spannung zu ertragen, die entsteht, wenn die sofortige Befriedigung deiner Bedürfnisse nicht möglich ist, indem du diese unterdrückte Energie in gesunde, körperliche Aktivität ableitest.

Du bist in der Lage, die meisten deiner Vorhaben auch zu beenden, da deine Neigung nicht mehr so groß ist, jedes Projekt anzufangen, das dir gefällt. Außerdem wirst du Geduld und Zielbewußtsein entwickelt haben und um die völlige Zufriedenheit und die Freisetzung von Energie wissen, die aus der Beendigung eines Vorhabens resultiert, das mehr verlangt als einen momentanen Energieaufwand. Dein Wissen um die Notwendigkeit der unmittelbaren Befriedigung deiner Bedürfnisse bewahrt dich gleichzeitig davor, dich auf zu viele Aktivitäten einzulassen, die ausdauernder Leistungen während eines längeren Zeitraumes bedürfen. Du wirst sowohl kurzfristige Arbeiten als auch Tätigkeiten, die sich über einen längeren Zeitraum erstrecken, in dein Leben einbauen können. Dein Leben bleibt auch aufregend, wenn du gelernt hast, deine Energien zu mäßigen und zu kontrollieren, weil du das machst, was dir wirklich wichtig ist und du die Erfüllung vieler Fertigkeiten erleben wirst.

Dein Mars befähigt dich, nach dem zu streben, was du in deinem Leben erreichen willst, während du gleichzeitig die Zufriedenheit einer eigenen persönlichen Beziehung zu schätzen weißt und das Wohlbefinden anderer Menschen in Betracht ziehst. In deiner Selbstbehauptung wirst du direkt und manchmal ungestüm sein, aber auch deine Wirkung auf andere erspüren und bereit sein, ihren Standpunkt ernsthaft zu berücksichtigen. Du weißt, daß du durch Nachgeben in kleinen Dingen kaum etwas verlierst und daß sich gelegentliche Kompromisse innerhalb deiner Beziehungen in Wechselseitigkeit entwickeln, die es dir ermöglichen, die meisten deiner Wünsche zu erfüllen. Indem du auf die Bedürfnisse deines Sexualpartners eingehst, entdeckst du, daß du damit deine eigene Befriedigung erhöhst und auch dein Partner dadurch veranlaßt wird, deine Wünsche zu erfüllen.

Da der Mars dir die Kraft gibt, dich leicht durchzusetzen und dich an dem befreienden Gefühl physischer Aktivität zu erfreuen, wirst du vielleicht einen Beruf wählen, der auch manuelle Arbeit mit sich bringt oder mit Technik, Maschinenbau, Sport, Polizeidienst oder Verkauf zu tun hat.

Jupiter

Der Mensch besteht durch seinen Glauben. Das, was er glaubt, ist er. — *Bhagavad Gita*

Nichts ist schließlich heilig, außer der Reinheit deiner eigenen Seele. — *Ralph Waldo Emerson*

Nicht wieviel wir erhalten, sondern was wir davon verinnerlichen, ist für unser Wachstum von Wert.
— *Swami Rudrananda*

Unser Wachstum wirkt auf die anderen Menschen um uns nicht vernichtend, es spornt sie an, dasselbe zu tun.
— *Anaïs Nin*

Der Mensch wird aus der Tiefe von seinen Trieben vorwärts gedrängt, von seinem Suchen nach dem Sinn wird er jedoch in die Höhe gezogen.
— *Victor Frankl*

Negativer Ausdruck

Ist Jupiter der Planet im Brennpunkt deines T-Quadrats, kann es sein, daß du ein wenig zu selbstsicher und stolz bist und dazu neigst, dich zu sehr auszubreiten und zu verpflichten, weil du so sehr von deiner Fähigkeit überzeugt bist, das Unmögliche erreichen zu können. Dein blinder Optimismus und deine unbekümmerte und leichtfertige Haltung kann auch dazu führen, daß du in Angelegenheiten, die die Zukunft betreffen, ein schlechtes Urteilsvermögen beweist. Zu oft übersiehst du die unmittelbaren Tatsachen und wendest deine Aufmerksamkeit Zukunftsplänen und Träumen zu, die so lange unerfüllbar sind, wie du dich nicht mit den naheliegenden Angelegenheiten auseinandergesetzt hast. Vielleicht bist du auch ständig auf Reisen, nicht nur zu deinem Vergnügen, sondern auch, um der Beschäftigung mit den Alltagsproblemen zu entgehen.

Körperlich kann deine übersteigerte Lebensweise Gewichtszunahme und Lebererkrankungen zur Folge haben. Psychisch führt dein Mangel an Mäßigkeit dazu, daß du von deinen Erlebnissen, Aktivitäten und Beziehungen fortgerissen wirst. Häufig zügellos, faul und extravagant, neigst du dazu, Qualität durch Quantität zu ersetzen und so lange angenehme Erlebnisse in dich aufzunehmen, bis du damit vollgestopft bist. In gleicher Weise erwartest du viel von anderen Menschen, indem du verlangst, daß sie deine Bedürfnisse erfüllen und deine unersättlichen Gelüste befriedigen. Du bist zwar sowohl ein Gebender als auch ein Nehmender, doch ist dein Geben oft zwanghaft, verwöhnend oder gönnerhaft; du bläst dein Ego auf, indem du Gunstbezeigungen über die Menschen ausschüttest, die du vielleicht als minderwertig ansiehst, oder die du für unfähig hältst, ihren eigenen Bedürfnissen gerecht zu werden.

Der Jupiter im Brennpunkt weist darauf hin, daß deine rastlose Suche nach Antworten dich zum ewigen Studenten machen kann, zum Forscher, der immer außerhalb seiner selbst sucht oder zu jemandem, der in seinem Streben nie lange genug innehält, um das, was er gelernt hat, wirklich anzuwenden. Du kannst aber auch zum Besserwisser werden, der zu jeder Frage eine Antwort besitzt und sich als Lebenskünstler aus jeder Lage herauswindet.

Vielleicht verkündest du als selbsternannter Heilslehrer auf dogmatische und selbstgerechte Weise die Wahrheiten, die du erkannt hast, machst jedoch selbst kaum den Versuch, nach deinen eigenen Erkenntnissen zu leben.

Positiver Ausdruck

Wenn du erst gelernt hast, den Jupiter auf harmonische Weise auszudrücken, wird dein Selbstvertrauen aus der Fähigkeit entspringen, mit deinem inneren Lehrer verbunden zu sein und die Einsichten, die du durch Erfahrung oder Studium gewonnen hast, in jedem Lebensbereich anzuwenden. Du läßt es nicht zu, daß die Höhen der Erkenntnis, die du gelegentlich erreichst, dein Ich aufgeblasen und hochmütig machen, denn du weißt, daß diese Höhen stets allen zugänglich sind und bleibst dir bescheiden dessen bewußt, was du alles noch nicht verstehst. Durch deine Fähigkeit, andere an deinem Überfluß teilhaben zu lassen, wirst du deren Leben bereichern und ihnen helfen, aus der Quelle ihrer eigenen Weisheit zu schöpfen, anstatt sich bei Inspiration und Führung auf dich zu verlassen. Auch wenn du dich an deine eigenen Wahrheiten hältst, wirst du anderen die Freiheit zugestehen, ihrer selbstentdeckten Wahrheit zu folgen, und du wirst ihre Erkenntnisse respektieren — ob sie nun mit deinen eigenen übereinstimmen oder nicht.

Jupiter wird dich befähigen, innerhalb gewisser Grenzen zu wirken, die du — soweit möglich — selbst für dich festlegst, denn du kennst die innere Freiheit, die daraus resultiert, daß man sich einem Ziel verpflichtet, an das man wirklich glaubt. Du folgst jedoch nicht blindlings irgendeinem Pfad, der vor dir auftaucht, sondern wirst jede Möglichkeit sorgfältig untersuchen und nur jene in die Tat umsetzen, die mit deiner inneren Stimme im Einklang stehen. Du verstehst, daß Wachstum nicht endlose Produktivität bzw. Fruchtbarkeit darstellt — wie bei der Krankheit Krebs, die auf unkontrollierbare Weise sämtliche Zellen verschlingt, die sich in ihrer Reichweite befinden. Du wirst wissen, daß die Qualität deines Interesses oder deiner inneren Anteilnahme am einzelnen Erlebnis wichtiger ist als eine große Anzahl von Erlebnissen und daß jedes «Ja», das du zu einer Möglichkeit sagst, gleichzeitig das «Nein» zur jeweiligen Alternative sein muß. Du wirst ein Studierender und Suchender sein, aber statt ein Leben endloser Wanderschaft zu führen, gestehst du dir auf deiner Reise ein paar Ruheplätze zu — Zeiten der Anpassung, Momente oder Monate der Ruhe, in denen du die Freiheit hast, zu *finden* und die Freuden des Findens zu erfahren.

Deine Lebenseinstellung ist dann positiv und optimistisch, nicht weil du dem Leiden gegenüber empfindungslos bist oder weil du keine Not kennst, sondern weil du in dir und in anderen den Schmerz erfahren hast und weißt, daß auch die schwierigsten Umstände zu einem tieferen Verstehen und zu konstruktivem Handeln führen können. Dein begründeter Optimismus ermöglicht es dir, nach neuen Erfahrungen zu greifen, ohne zu weit zu gehen oder leere Versprechungen zu machen; du bist dir deiner eigenen Grenzen bewußt und kennst die Grenzen der anderen, doch wirst du trotzdem deinen Glauben an die Zukunft und in die menschliche Natur aufrechterhalten. Du wirst Reichtum und Fülle anziehen — und zwar spirituell, emotional, intellektuell und materiell —, bis zu der Höhe, mit der du im Einklang stehst, und in dem Maße, wie du von deinem eigenen inneren Überfluß gibst.

Beruflich fühlst du dich vielleicht zu Beschäftigungen hingezogen, die mit Psychologie, Gesetzen, Publizistik, Erziehung oder Religion zu tun haben. Du kannst in jeder Arbeit Befriedigung finden, die es dir ermöglicht zu lehren, zu reisen und zu beraten. Du kannst auch in einer Stellung arbeiten, die mit Werbung zu tun hat. Was immer du tust, du wirst den Wunsch haben, auf großzügige, beschützende und weise Art anderen etwas zu geben, ihre Entwicklung zu fördern und gleichzeitig deine eigenen Fähigkeiten und Einsichten zu erweitern.

Saturn

Wo Liebe fehlt, wird Arbeit ein Ersatz dafür; wo Arbeit fehlt, wird Liebe zum Betäubungsmittel.
— *Alice Lyttens*

Um einen Menschen zu lieben, muß ich einen anderen außer acht lassen. Um einem Weg zu folgen, muß ich einen anderen unerforscht lassen.
— *Sam Keen*

Keine wichtige Aufgabe, der unser Herz sich mit aufrichtiger Hingabe zuwendet, wird unvollendet bleiben.
— *Lama Govinda*

Sei dir selbst das Licht. Sei dir selbst eine Zuflucht. Suche nicht Schutz bei irgend jemandem, außer bei dir selbst.
— *Upanischaden*

Negativer Ausdruck

Wenn Saturn in deinem T-Quadrat der Planet im Brennpunkt ist, kannst du Zeiten der Depression erleben, die das Ergebnis deiner negativen Einstellungen und der harten Anforderungen sind, die du an dich stellst. Vielleicht fühlst du dich oft von Angst, Sorge, Einsamkeit, Furcht und Schuld überwältigt. Pessimistische Neigungen können dich dazu veranlassen, dich in dich selbst zurückzuziehen, wobei du deine Gefühle einer strengen Kontrolle unterwirfst und dich unaufhörlich zur Arbeit antreibst, in der Hoffnung, wenigstens in deinen Leistungen Befriedigung zu erfahren. Da du aber so perfektionistisch bist, kannst du die eigenen Erwartungen vielleicht gar nicht erfüllen. Höchstwahrscheinlich hat dich die spannungsreiche Beziehung zu deinem Vater dazu getrieben, ihm zu beweisen, daß du erfolgreich sein kannst. Da du jedoch mit dir selbst nicht zufrieden bist, kann dich auch der größte Erfolg kaum glücklich machen.

Obwohl du in der Lage bist, auch die schwierigsten Aufgaben zu erledigen, kann dein Verlangen nach der Bemeisterung deines Gefühlslebens und deiner äußeren Situation dazu führen, daß du mit anderen genauso unbarmherzig und rücksichtslos umgehst wie mit dir selbst. Du versuchst andere zu beherrschen, bist ihren Gefühlen und Bedürfnissen gegenüber wenig einfühlsam und nicht bereit, diesen zu genügen. Vielleicht bist du ein «workaholic» und begrenzt deine Lebensbereiche auf die Gebiete Arbeit und materielle Sicherheit und versagst dir die Freuden enger, persönlicher Beziehungen und kreativer Freizeit.

Du bist in deinen Beziehungen übervorsichtig und bleibst für dich, weil du vor der Intimität Angst hast. Trotz deiner Neigung, dich auf einige wenige Menschen zu konzentrieren und eher Langzeitverpflichtungen einzugehen statt eine Unzahl von Bekanntschaften zu pflegen, sind dir in persönlichen Verbindungen Sicherheit und Ordnung wichtiger als Tiefe und Fülle. Das Ergebnis ist, daß du ständig unzufrieden bist; du fühlst dich vernachlässigt und unausgefüllt und wendest dich noch stärker deiner Arbeit zu, die jedoch nicht all deinen Bedürfnissen gerecht werden kann. Je stärker du deine Einschränkungen empfindest, desto melancholischer wirst du und desto mehr zweifelst du an deiner Fähigkeit, Liebe zu geben und zu erhalten oder inneren Frieden zu erfahren.

Deine starre Lebensweise kann sich auch auf der physischen Ebene manifestieren, indem sie Probleme mit deinem Rücken schafft oder Schwierigkeiten mit der Haut, den Knien, den Gelenken oder den Zähnen.

Positiver Ausdruck

Hast du Saturn im Brennpunkt gemeistert, wirst du sorgfältig und fleißig arbeiten und dich an deinen Leistungen erfreuen, ohne dem Bedürfnis unterworfen zu sein, Erfolg zu haben und diesen Erfolg auch zu demonstrieren. Da du mit deinem Gewissen im Einklang bist und deine tiefsten Werte kennst, wirst du dein Leben nach einem klar umrissenen Prioritäten-System gestalten. Du sorgst dann dafür, daß jeder Berg, den du erklimmst, die Anstrengung wert ist und daß der Weg zur Verwirklichung deiner beruflichen Ziele dir Erfüllung bringt und dein übriges Leben bereichert anstatt es zu beeinträchtigen.

Ebenso wirst du deine laufende Arbeit und die übernommenen Aufgaben und Verpflichtungen als befreiend und stabilisierend zugleich erleben, denn sie verschaffen dir bleibende Befriedigung und machen dich frei, deine Energie in solche Aufgaben zu investieren, die dir wichtig sind. Du bist dann fähig, dich jeder dieser Arbeiten zielstrebig zu widmen und wirst dich nicht von anderen Möglichkeiten ablenken lassen. Du beweist Geduld, Konzentrationsfähigkeit und einen ausgeprägten Sinn für die Wahl des richtigen Zeitpunktes, wenn du mutig jedem Hindernis entgegentrittst und bis zur Beendigung der Arbeit beharrlich daran festhältst. Du bist nicht bereit, dich von Aufgaben oder Strukturen versklaven zu lassen, die für dich bedeutungslos geworden sind; du bist fähig, dich von solchen äußerlichen Sicherheitsquellen loszureißen, da du in dir selbst eine starke Grundlage errichtet hast.

Als autonomer und an sich selbst arbeitender Erwachsener wirst du gute Kenntnisse haben, praktisch und realistisch sein und dich, wenn nötig, den äußeren Umständen anpassen können, ohne jedoch einem der Gipfel, die du in der äußeren Welt erklimmst, einen Vorrang einzuräumen gegenüber deinem Aufstieg auf den «inneren Everest». Die größte Herausforderung wird deine eigene Entwicklung sein; du wirst stolz darauf sein, daß du es gelernt hast, mit Angst, Schuld, Einsamkeit und Furcht fertigzuwerden, anstatt diese Gefühle zu unterdrücken oder dich von ihnen überwältigen zu lassen. Du entdeckst dann, daß durch die ständige Verbindung mit deinen Gefühlen tatsächlich die Kontrolle über dein Leben zunimmt. Indem du eigenes Leid weder verleugnest, noch zuläßt, daß es dich vergiftet, wirst du daraus lernen und dem Schmerz anderer gegenüber sensibler werden.

In seiner besten Ausdrucksweise wird Saturn dich befähigen, auf behutsame und selektive Weise enge und verbindliche Beziehungen einzugehen und in dem Bewußtsein an der Lösung zwischenmenschlicher Konflikte zu arbeiten, daß sich die Bande einer Beziehung weit mehr festigen, wenn die einzelnen Probleme gelöst wurden.

Du wirst herausfinden, daß die Fähigkeit, eigene Schwächen und Verletzlichkeiten zu zeigen, größere Stärke braucht, als sie zu verstecken; du lernst, daß du mit einem anderen Menschen physisch, emotional, intellektuell und spirituell eng in Berührung treten kannst, ohne dich selbst zu verlieren. Sogar die Beziehung zu deinem Vater wird sich verbessern, da du seinen Standpunkt respektieren kannst, ohne seinen Erwartungen entsprechen zu müssen.

Da du jetzt gemäß deinen eigenen hohen, aber realistischen, Erwartungen lebst, kannst du deine Unzulänglichkeiten akzeptieren und dir die eigenen Fehler vergeben, in dem sicheren Bewußtsein, daß du ein wertvoller Mensch bist, der auf aktive Weise versucht, ein erfülltes, sinnvolles, vielseitiges und ausgewogenes Leben zu führen.

Du wirst dich zu einem Beruf im kaufmännischen, Verwaltungs- oder Immobilienbereich hingezogen fühlen oder zu einer anderen Beschäftigung, die Verantwortung mit sich bringt, wo selbständiges Arbeiten möglich ist und du die Befriedigung erfährst, die in der erfolgreichen Bewältigung der täglichen Anforderungen liegt.

Uranus

Das höchste, das vollkommenste, größte Gesetz des Handelns ist, die Wahrheit deines eigenen höchsten und innersten Seins zu erkennen und in ihr zu leben — und keinem anderen äußeren Maßstab zu folgen.
— Mahatma Gandhi

Jeder, der ein Mensch sein möchte, muß ein Nonkonformist sein... Erteile dir selber die Absolution, und du wirst die Zustimmung der ganzen Welt haben.
— Ralph Waldo Emerson

Wenn ein Mann mit seinen Kameraden nicht Schritt hält, liegt es vielleicht daran, daß er einem anderen Trommler folgt. Laß ihn nach der Musik ausschreiten, die er hört — in welchem Takt und wie weit entfernt auch immer. *— Henry David Thoreau*

Ich sage dir: Man muß immer das Chaos in sich haben, um einen tanzenden Stern hervorzubringen.
— Friedrich Nietzsche

Erreiche eine Grenze, und geh' darüber hinaus; erreiche eine weitere Grenze, und geh' darüber hinaus. Unsere einzige Sicherheit ist unsere Fähigkeit zur Veränderung. *— John Lilly*

Negativer Ausdruck

Ist Uranus der Planet im Brennpunkt deines T-Quadrats, fühlst du dich zu solchen Menschen, Aktivitäten und Umständen hingezogen, die unkonventionell, aufregend und häufig zerstörend sind. Da du Aufregung herbeisehnst, handelst du oft auf extreme Weise, indem du plötzliche und manchmal unerklärliche Änderungen in deinem Leben herbeiführst, die dich und deine Beziehungen aus dem Gleichgewicht bringen. Diese verrückte Lebensweise kann sogar deine Körperfunktionen beeinflussen und zu nervösen Störungen, Krämpfen oder Anfällen führen, die eine Widerspiegelung deiner psychischen Labilität sind. Du wirst durch das Bedürfnis, dich von anderen zu unterscheiden, motiviert. Als Ergebnis davon meidest du normales

Verhalten und verfolgst und pflegst einen Lebensstil, den viele Menschen als exzentrisch ansehen würden.

Wenn Rot die Modefarbe der Saison ist, trägst du Grün; wenn Grün aktuell ist, trägst du Rot. Du rebellierst nicht nur, weil du durch deine Widerspenstigkeit andere schockieren kannst und dabei deine Überzeugung aufrecht erhältst, daß du durch deine Originalität irgendwie etwas Besseres bist als alle anderen. Du bist ein Mensch, der nach seinen eigenen Gesetzen leben muß, doch weil du dein Leben damit verbracht hast, das Gegenteil dessen zu verkörpern, was die anderen Leute von dir erwarteten, hast du die Gesetze deines eigenen Wesens nicht entdeckt. Als Folge davon folgst du deinen Impulsen und nennst das Freiheit, widersetzt dich allen Regeln oder Beschränkungen, die deinen Willen stören und handelst oft auf unvorhergesehene, unverantwortliche und unzuverlässige Weise. Aber diese Zügellosigkeit, die du als Freiheit ansiehst, beeinträchtigt die Freiheit anderer; deine sprunghafte und unberechenbare Handlungsweise bringt ihr Gleichgewicht durcheinander und stört ihre Versuche, innere Stabilität und Richtung aufrechtzuerhalten.

Da du dich gegen Beschränkungen jeder Art auflehnst, bist du unfähig, dich einem Menschen oder einer Tätigkeit zu widmen, die du schätzt. Anforderungen, die andere Menschen an deine Zeit und Energie stellen, kannst du nicht ertragen, und nur wenige Menschen werden dein eigentümliches Verhalten tolerieren. Als Folge davon kannst du an persönlichen Beziehungen uninteressiert bleiben, viele Wechsel oder Trennungen erleben und/oder dich mit Menschen einlassen, die wie du entschlossen sind, keine Verpflichtungen einzugehen. Oftmals fühlst du dich von den Menschen um dich herum entfremdet.

Du behauptest, ein Menschenfreund zu sein, doch liebst du weder dich selbst noch die Menschheit. Deine fantastische Natur gibt dir die Neigung, dich mit radikalen Ideen zu beschäftigen und in Angelegenheiten verwickelt zu werden, die nicht nur unnütz und rein theoretisch sind, sondern auch zur Aufhebung und Zerstörung der bestehenden Ordnung führen statt in konstruktive und dauerhafte Veränderungen zu münden.

Positiver Ausdruck

Wenn du gelernt hast, die positiven Seiten deines Uranus im Brennpunkt auszudrücken, wirst du ein Individualist sein, der in der Lage ist, seinen eigenen und einzigartigen Weg zu verfolgen, während er gleichzeitig die Bedürfnisse anderer respektiert und dauerhafte Beziehungen eingeht. In der Unabhängigkeit wie auch im Angewiesensein auf den anderen wirst du erkennen, wie andere Menschen zu deinem Wohlergehen beitragen können; du wirst auch selbst Lust haben, ihnen in ihrer Selbstverwirklichung zu helfen. Da du mit den Verflechtungen, die zwischen dir und anderen bestehen, in Kontakt bist, bist du ein Menschenfreund, der nicht nur für die Rechte der Armen oder Unterdrückten eintritt, sondern auch in persönlichen Beziehungen Güte, Toleranz und Wärme zeigt.

Du genießt es, anders zu sein als die Menschen in deiner Umgebung, aber dir ist bekannt, daß die Verpflichtung zum «anders sein» genauso beschränkend ist wie jede Anpassung. Bleibst du mit den Gesetzen deines inneren Wesens in Verbindung, steht es dir frei, dich je nach Lage der Dinge entweder deiner Umgebung anzupassen oder dir deinen eigenen Weg zu suchen. Wenn du rebellieren mußt, wirst du dich gegen die Ungerechtigkeit der Gesellschaft auflehnen, indem du zeigst, welch ein bewußter, entwickelter, sensibler und fähiger Mensch du werden konntest, trotz aller Hindernisse auf deinem selbstgewählten Pfad.

Uranus gibt dir die Neigung, ein origineller Denker zu sein, der experimentierfreudig ist und sich mutig neuen Ideen öffnet, während er gleichzeitig die Nützlichkeit der alten Ideen und der bestehenden Strukturen zu schätzen weiß. Von Natur aus menschenfreundlich, wirst du ein Fürsprecher von psychologischen und sozialen Reformen sein. Du wirst Veränderungen unterstützen und dich jener Idee oder Bewegung verschreiben, die am konstruktivsten und praktischsten ist, aber du versuchst nicht, das Alte niederzureißen, ohne den Willen oder die Fähigkeit zu haben, es durch etwas Besseres zu ersetzen. Ob du nun Psychologe, Astrologe, Erfinder, Wissenschaftler oder Techniker bist, deine Hauptaufgabe wird es sein, andere aufzurütteln und ihnen etwas bewußt zu machen; du wirst Gedankenstrukturen und Verhaltensmuster zerstören, die in deiner Umgebung wirken, aber nur dann, wenn du das menschliche Bewußtsein zu Veränderungen inspirieren kannst, die wesentlich größere Freiheit bringen.

Als jemand, der sich für Veränderungen einsetzt, nimmst du auch in deinem eigenen Leben Veränderungen vor, aber nur, nachdem du dich davon überzeugt hast, daß die alten Muster zerstört oder wieder bewußt gemacht werden müssen, damit du deine Entwicklung auch weiterhin fördern kannst. Dein vorrangiges Objekt für Veränderungen ist dein inneres Selbst, weil du dir völlig bewußt bist, daß die einzige wirklich erfolgreiche Revolution in uns selbst stattfindet. Du wirst in der Lage sein, den Mächten, die dich behindern, frontal entgegenzutreten und dein Bewußtsein weit genug auszudehnen, um neue Verständigungsmöglichkeiten und Handlungsweisen zur Entfaltung zu bringen.

Durch die ständigen Anregungen deiner eigenen Psyche und deines Umfeldes bist du offen für die blitzartigen intuitiven Einsichten, die dich befähigen, über die Gegensätze und Widersprüche deines Lebens hinauszugehen, wobei du die universellen Gesetze erfährst und mit ihnen in Kontakt bleibst. Du wirst sorgfältig darauf achten, deinen eigenen kleinen Willen nicht mit dem universalen Willen zu verwechseln, indem du es zuläßt, daß deine Eingebungen in Zeit und Wirklichkeit erprobt werden. Die Gesetze, denen du gehorchst, werden dein Gefühl für innere Freiheit erweitern; ebenso wirst du verstehen, daß die Strukturen, Begrenzungen und Verpflichtungen, die wir selbst gewählt haben und in denen unser Weg sich an den größeren Weg anpaßt, der für uns angelegt wurde, auch befreiend sind. Weil du spirituelle und psychische Freiheit erleben kannst, mußt du nicht immer dein Freiheitsbedürfnis geltend machen und deinen Willen dem der anderen Menschen entgegenstellen. Da dein Wille das Wissen um den Willen anderer Menschen einschließt, wirst du dessen Erfüllung genausoviel Aufmerksamkeit widmen wie deinem eigenen.

Uranus, der Planet der Veränderungen, wird dich lehren, mit den unerwarteten Situationen deines Lebens fertig zu werden und darauf zu vertrauen, daß die neue Entwicklung, die deine bisherige Lebensweise zerstört, zur rechten Zeit enthüllen wird, welches Ziel sie hat und wo ihre Vorzüge liegen. Da du dich an deine eigenen inneren Grundlagen hälst statt an irgendwelche äußeren Sicherheiten, wirst du dich nicht selbst verlieren, wenn du Beziehungen, Arbeitsstellen oder Besitztümer hinter dir läßt, die einstmals bedeutungsvoll für dich waren. Du weißt, daß deine Sicherheit letztlich in der Anerkennung deiner Unsicherheit liegt und bist bereit, mit Veränderungen in deinem persönlichen Leben fertig zu werden, die zeitweise deine Grundfesten erschüttern können; du öffnest auch dein Bewußtsein für neue Erkenntnisse und neue Vorgehensweisen.

Neptun

Erst wenn wir verloren sind, ... beginnen wir uns selbst zu finden.
— *Henry David Thoreau*

Halte nie ein Ideal im Bereich der Vorstellung zurück, wenn es in die Wirklichkeit gebracht werden kann.
— *Swami Rudrananda*

Immer, wenn du denkst, daß du Heilung brauchst, heile jemand anders... Wann immer du verwirrt bist und dir Sorgen machst, hör auf zu denken: »Wo habe ich es versäumt, etwas zu geben.«
— *Micio Kushi*

Im Menschen ist die Seele des Ganzen; die weisheitsvolle Stille, die allumfassende Schönheit, mit der jeder Teil und jedes Teilchen gleichermaßen in Beziehung steht; das ewige Eine... Nur durch die Einsicht dieser Weisheit kann das Horoskop der Zeitalter gedeutet werden, ... können wir verstehen, was es sagt.
— *Ralph Waldo Emerson*

Negativer Ausdruck

Wenn Neptun in deinem T-Quadrat der Planet im Brennpunkt ist, verlierst du dich häufig in einer selbstgeschaffenen Traumwelt. Du läßt dich von unrealistischen Erwartungen mitreißen und fliehst so vor der «anstrengenden» Wirklichkeit. Du suchst lieber in Phantasien über einen Idealzustand Zufriedenheit und vermeidest den Versuch, ihn zu verwirklichen. Du treibst auf passive Weise durchs Leben und absorbierst dabei die Gedanken und Gefühle anderer Menschen, ohne sie durch deine eigene Psyche zu filtern. Da du mehr Eindrücke in dich aufnimmst, als du verarbeiten kannst, bist du überempfindlich. Du lebst in einem ständigen Nebel, unfähig, klar zu denken, zwischen Phantasie und Wirklichkeit zu unterscheiden oder deine Gedanken und Gefühle von denen der anderen Menschen zu trennen. Als Folge davon fühlst du dich oftmals gelähmt und unfähig zu entschiedenem Handeln. Dein Mangel an Klarheit über dich selbst führt dazu, daß du dich und andere täuschst, indem du dich nicht geradeheraus und manchmal sogar unehrlich ausdrückst, weil du dein eigenes Denken und dein Herz nicht kennst.

Diese Passivität, die du oft erlebst, kann dazu führen, daß du alkohol- oder medikamentenabhängig wirst oder dich blindlings einer Bewegung anschließt, die an deine Gefühle appelliert. Möglicherweise neigst du dazu, schmarotzerhafte Beziehungen einzugehen, in denen du ergeben und fügsam bist und es sogar zuläßt, daß du ausgenutzt wirst, während du dir gleichzeitig vormachst, daß ihr ineinander aufgeht. Du kannst dir selbst eine Opferrolle auferlegen, indem du dich zu sehr einer Stellung, einem Problem oder einer Person widmest, um deine Selbstlosigkeit zu beweisen. In einer engen, vertrauten Beziehung kann es sein, daß du dich in das verliebst, was du für das Potential deines schwachen oder leidenden Geliebten hältst — du bist dann enttäuscht und verbittert, wenn deine Hilfe unerwünscht ist oder es sich herausstellt, daß der betreffende Mensch doch nicht dem Idealbild entspricht, das du dir vorgestellt hattest.

Ein angegriffener Neptun kann auch deine Gesundheit beeinflussen, was sowohl zu einer Überempfindlichkeit gegenüber bestimmten Nahrungsmitteln und Medikamenten als auch zu psychosomatischen Krankheiten führen kann, die mit konventionellen Hilfsmitteln weder diagnostiziert noch geheilt werden können. Möglicherweise besteht auch eine Anfälligkeit für Leberleiden oder Lähmungen.

Positiver Ausdruck

Hast du gelernt, die höchsten Dimensionen des Neptuns im Brennpunkt auszudrücken, wirst du wissen, daß du den Nebel vertreiben kannst, der dich oft umgibt — indem du dich in dein Zentrum zurückziehst und dich mit dem Ursprung deines inneren Lichtes verbindest. Als geborener Mystiker meditierst du häufig, wobei du Augenblicke des Einsseins und der Harmonie mit dem Universum erlebst, Momente der Erleuchtung, die deinen Glauben vertiefen und dich in die Lage versetzen, andere auf inspirierende und heilende Weise zu beeinflussen. Du wirst fähig sein, selbst in den ganz irdischen Einzelheiten deines Lebens Anregung zu finden, weil du eine Spiritualität pflegen kannst, die dein Alltagsleben durchdringt und nicht getrennt davon existiert. Wenn die Spiritualität nicht dein Weg ist, wirst du in sozialen Dienstleistungen oder in den Künsten dein Ziel finden. Indem du Armen, Kranken oder sorgenbeladenen Menschen hilfst, kannst du dem Ruf nach dem Dienst an der Menschheit folgen. Durch Musik, Literatur, Film oder Fotografie kannst du deine schöpferischen Energien kanalisieren und in vollendete Kunstwerke einbringen statt zuzulassen, daß diese Energien nicht ausgedrückt werden und sich auf deine Psyche zerstörerisch auswirken.

Diese visionären Fähigkeiten werden es dir ermöglichen, die Kraft deiner Imagination für dich und andere nutzbringend anzuwenden, indem du lebendige und positive Gedankenformen schaffst, welche die Ereignisse der Außenwelt auf konstruktive Weise beeinflussen. Anstatt das Opfer deiner ungehemmten Gedankenflüge zu sein, wirst du jede Vision oder Ausrichtung im Lichte der Wirklichkeit prüfen, indem du sorgfältig in Erwägung ziehst, was sie für dich bedeutet, welche Opfer sie verlangt und in welchem Verhältnis Zweck und Mittel zueinander stehen. Du wirst jede Strömung sorgfältig abschätzen, bevor du dich ihr überläßt, jede Beziehung untersuchen, bevor du dich emotional einbringst und jede Tätigkeit oder Idee überprüfen, bevor du eine Verpflichtung eingehst. Wenn du dich nur solchen Wegen widmest, die mit deiner inneren Vision übereinstimmen und praktisch anwendbar sind, kannst du jene Ideale in die Wirklichkeit umsetzen, die dich und andere emotional, physisch, intellektuell und spirituell bereichern. Dein Leben wird sinnerfüllt sein, weil du ein Ziel verwirklichst, das über deine Person hinausgeht.

In deinen persönlichen und beruflichen Beziehungen wirst du andere anerkennen und ihnen gegenüber empfänglich und mitfühlend sein, ohne dich in Abhängigkeit zu begeben; du weigerst dich, wenn nötig, die Wünsche anderer zu erfüllen, sofern diese eurem beiderseitigen Wohlbefinden abträglich sind. In Liebesangelegenheiten bist du darauf bedacht, dir nicht selbst vorzumachen, daß jede verspürte Anziehung eine Verbindung verwandter Seelen sein muß und jeder Mensch dein vollkommener Gefährte. Durch deine Fähigkeit, von den höchsten Ebenen deines Wesens aus zu lieben, wirst du Verbindungen eingehen, die tief und beständig sind, dir inneren Auftrieb geben und beide Seiten stärken.

Weil du dir deines übersensitiven und medial veranlagten Wesens bewußt bist und die Leichtigkeit kennst, mit der du die Gefühle anderer absorbierst, kannst du lernen, dich vor negativer Energie zu schützen, indem du den Kontakt mit Menschen meidest, die dich psychisch erschöpfen oder vergiften. Du wirst dir Zeiten der Ruhe und Meditation zugestehen, in welchen du den Kontakt mit deinen eigenen Gefühlen wiedergewinnst und die Klarheit und Erleuchtung erfährst, die sich einstellt, wenn man von den höchsten Energien des Universums erfüllt ist.

Pluto

Im leeren Raum — in Hohlräumen, im luftleeren Raum, in der inneren Leere, in den schwarzen Löchern ... entstehen neue Dinge ... (wir werden neu geboren) aus den unerforschten Räumen, dem Ödland, dem verbotenen Gebiet.

— Sam Keen

Um dort anzukommen, wo du bist, um von dort wegzukommen, wo du nicht bist, mußt du einen Weg nehmen, in dem keine Begeisterung liegt... Um zu besitzen, was du nicht besitzt, mußt du den Weg der Besitzlosigkeit gehen. Um das zu erreichen, was du nicht bist, mußt du den Weg nehmen, auf dem du nicht bist.

— T. S. Eliot

So wird die Dunkelheit zum Licht und die Stille zum Tanz.

— T. S. Eliot

Alle Götter und Dämonen, die Mächte des Lichtes und der Finsternis sind in uns selbst... Jene, die den Herrn des Todes besiegen wollen, müssen ihm mitten im Leben begegnen und ihn erkennen.

— Lama Govinda

Wir können es nicht vermeiden, daß wir Macht ausüben... So laßt uns ... machtvoll lieben.

— Martin Buber

Negativer Ausdruck

Das T-Quadrat zu Pluto weist darauf hin, daß du ein zurückgezogener Mensch bist, der sich innerlich fernhält und sich weigert, anderen den Zutritt zur turbulenten Unterwelt seiner Psyche zu gestatten. Die Kämpfe, die in dir ausgefochten werden, sind so heftig, daß du entweder deine Wünsche und Leidenschaften verleugnest und mit einem Minimum an Energie arbeitest oder wie ein Vulkan ausbrichst und deine Energie durch oftmals grausames und destruktives Verhalten entlädst.

Wenn du den Aufruhr in dir erst einmal freisetzt, bist du oft rücksichtslos in der Befriedigung deiner Wünsche. Vielleicht bist du in sexuelle oder materielle Zwänge verstrickt, rachsüchtig gegenüber Menschen, von denen du dich verletzt fühlst, dominierend und ausbeuterisch jenen gegenüber, die deiner Kraft nicht standhalten können, oder du benutzt dein feines Wahrnehmungsvermögen, um andere dahingehend zu beeinflussen, daß sie deine Bedürfnisse befriedigen. Allzu leicht läßt du dich von den dunklen Kräften in dir überwältigen. Unfähig oder nicht gewillt, für angestaute Energien ein konstruktives Betätigungsfeld zu finden, läßt du dich von ihnen zum Äußersten treiben. Jede Erfahrung mußt intensiv sein und zu Veränderungen führen, jede Handlung wird durch deine «Alles-oder-Nichts»-Lebenseinstellung angeregt. Weil du die Welt nur in Schwarz und Weiß einteilst, kannst du weder dich selbst noch andere Menschen gelten lassen. Dein Urteil ist hart. Alles, was nicht deinen Wünschen und Realitätsvorstellungen entspricht, muß dazu gestoßen oder mit Gewalt gezwungen werden, sich drastischen Veränderungen zu unterziehen.

Da du dich zu schwach fühlst, die Dämonen zu beherrschen, die in dir toben, versuchst du, über andere Menschen Macht zu gewinnen. Doch deine Macht bleibt wirkungslos, weil du noch immer in der Gewalt deiner eigenen Psyche bist, gleichgültig, wie erfolgreich du andere beherrschst.

Positiver Ausdruck

Wenn du gelernt hast, deine plutonischen Energien zu kanalisieren und nutzbar zu machen, wirst du fähig sein, die Dunkelheit in deinem Inneren zu erfahren, ohne dich von ihr überwältigen oder verzerren zu lassen. Hast du diese Urkräfte in dir anerkannt und dich mit ihnen verbunden, wirst du entdecken, daß es dir dadurch möglich wird, aus einem unermeßlichen Vorrat an Energie und persönlicher Kraft zu schöpfen, mit großen Krisen fertigzuwerden, dich zu regenerieren, wenn du erschöpft oder entmutigt bist, und dich einer Tätigkeit, Idee oder Beziehung, die deinen Energieeinsatz verdient, mit totaler Hingabe zu widmen.

Wenn du die Energie im Kern deines Seins ausströmen läßt, wirst du nicht auf zerstörerische Weise explodieren, sondern fähig sein, diese Energie unter Kontrolle zu halten und in konstruktive Tätigkeiten umzuwandeln. Im Bewußtsein ihrer Wirksamkeit und Kraft kannst du im Alltag geeignete Möglichkeiten zur Freisetzung dieser Energie finden — indem du gefühlsmäßige Verbindungen zu anderen Menschen schaffst, sexuelle Höhepunkte erlebst, die für beide Seiten Erfüllung bringen und du dich den Herausforderungen deines persönlichen und beruflichen Lebens stellst.

Deine Fähigkeit, dich in die Unterwelt deiner Psyche vorzuwagen, ermöglicht es dir, anderen im Umgang mit ihren persönlichen Problemen zu helfen. Weil du in der Lage bist, dich mit deinem eigenen Schatten zu verbinden, fürchtest du den Schatten der anderen nicht; du akzeptierst ihre dunkle Seite und hilfst du ihnen, sich selbst zu akzeptieren, mit den großen Reichtümern in ihrem Inneren in Verbindung zu treten und ebenfalls ihre Dunkelheit in Licht zu verwandeln. Da du mit deiner eigenen Kraft in Kontakt stehst, hast du es nicht nötig, in deinen Beziehungen Macht auszuüben; du kennst deine Wirkung auf andere Menschen und wirst es dir nicht erlauben, sie zu deinem Vorteil zu manipulieren. Dein Einfluß wird heilsam und durchdringend sein. Weil du weit in deine eigenen Tiefen hineingehst, kannst du die Tiefe in anderen erkennen; als geborener Forscher wirst du auch fähig sein, die Mysterien deiner Umgebung zu durchdringen.

Dein Verlangen, dich unter die Oberfläche innerer oder äußerer Realität vorzuwagen, kann dazu führen, daß du ein Detektiv, Archäologe, Physiker oder Okkultist wirst. Geschickt im Umgang mit den materiellen Mitteln anderer Menschen, kannst du als Bankier, Gründer eines Fonds, Versicherungsagent oder Vermögensverwalter Arbeit finden; da du es auch verstehst, mit emotionalen, physischen oder intellektuellen Mitteln umzugehen, kannst du Psychologe, Arzt, Forscher oder Redakteur werden. Durch deinen Mut, Tod oder Krankheit ins Gesicht zu sehen, bist du vielleicht einer der ganz wenigen, die bereit sind, mit Toten oder Sterbenden zu arbeiten.

Du wirst ein tiefes und intensives Leben führen, aber auch fähig sein, dich zu entspannen und die stillen Freuden zu genießen, weil du für deine enorme Energie wirksame Ventile gefunden hast und nicht dem ständigen Bedürfnis ausgeliefert bist, sie irgendwie freisetzen zu müssen. Du erlebst jedoch auch Zeiten der Wandlung, in denen du das Gefühl hast, gestorben und wiedergeboren zu sein. Diese Erfahrungen werden dich innerlich auseinanderreißen, aber auch stärken und zu einem neuen Ganzen zusammenfügen — die heilenden Kräfte in dir erwecken dich immer und immer wieder zu neuem Leben.

WER HAT WO DEN PLANETEN IM BRENNPUNKT

Sofern die Geburtszeit der unten aufgeführten Personen bekannt ist, ist die Hausposition des Planeten im Brennpunkt angegeben. Befindet sich der Planet im Brennpunkt zwischen zwei Zeichen oder Häusern, so sind beide Zeichen oder Häuser angeführt. Werden zwei Planeten angegeben, so handelt es sich um eine Konjunktion der Planeten im Brennpunkt.

T-Quadrat zur Sonne

Richard Alpert	Sonne ☌ Uranus im Widder, 1. Haus
Harry Belafonte	Sonne ☌ Jupiter in den Fischen
Marlon Brando	Sonne ☌ Mond im Widder, 4./5. Haus
Bette Davis	im Widder, 3. Haus
Galilei Galileo	in den Fischen
Ronald Reagan	im Wassermann
Yogananda	im Steinbock

T-Quadrat zum Mond

Richard Alpert	im Schützen, 6. Haus
Walt Disney	in der Waage, 1. Haus
Marlon Brando	Sonne ☌ Mond im Widder, 4./5. Haus
Bobby Fischer	im Stier, 10. Haus
Mahatma Gandhi	im Löwen, 10. Haus
Hermann Hesse	Mond ☌ Saturn in den Fischen, 3. Haus
Martin Luther King	in den Fischen
Liza Minelli	Mond ☌ Mars ☌ Saturn im Krebs, 3./4. Haus
Paul Simon	im Krebs, 12. Haus
Oscar Wilde	im Löwen, 12. Haus

T-Quadrat zu Merkur

Spiro Agnew	im Schützen
Patty Hearst	Merkur ☌ Venus in den Fischen, 7. Haus
Aldous Huxley	im Krebs
Henry Moore	in der Jungfrau
Fritz Perls	im Löwen, 7. Haus
Wilhelm Reich	in den Fischen, 1. Haus
Richard Wagner	im Stier

T-Quadrat zu Venus

Woody Allen	in der Waage
Albert Camus	in der Waage, 1./2. Haus
Patty Hearst	Merkur ☌ Venus in den Fischen, 7. Haus
John Glenn	in den Zwillingen, 7. Haus
Claude Monet	Venus ☌ Saturn im Schützen
Anais Nin	in den Fischen, 6. Haus
George Sand	im Löwen, 6. Haus

T-Quadrat zum Mars

Muhammed Ali	im Stier, 9. Haus
Erich Fromm	in den Fischen
Indira Gandhi	in der Jungfrau, 1. Haus
Helen Hayes	im Löwen, 1. Haus
Liza Minelli	Mond ☌ Mars ☌ Saturn im Krebs, 3./4. Haus
Ernest Hemingway	in der Jungfrau, 1. Haus
Thomas Jefferson	im Löwen
Aristoteles Onassis	in der Jungfrau, 10. Haus

T-Quadrat zu Jupiter

Annie Besant	Mond ☌ Jupiter im Krebs, 4. Haus
Glen Campbell	im Schützen, 2. Haus
Julius Cäsar	in den Fischen
Judy Garland	Jupiter ☌ Saturn in der Waage, 4. Haus
George Gershwin	in der Jungfrau
Harry Belafonte	Sonne ☌ Jupiter in den Fischen
Immanuel Kant	im Wassermann
Norman Mailer	im Skorpion
Guru Maharaji	Jupiter ☌ Neptun im Skorpion, 1. Haus
Barbara Streisand	in den Zwillingen, 3. Haus

T-Quadrat zu Saturn

Fidel Castro	im Schützen
Allen Ginsberg	im Skorpion

Liza Minelli	Mond ☌ Mars ☌ Saturn im Krebs, 3./4. Haus
Lyndon B. Johnson	im Widder, 4. Haus
James Joyce	im Stier, 5. Haus
Karl Marx	Saturn ☌ Pluto in den Fischen
Marilyn Monroe	im Skorpion, 4. Haus
Nelson Rockefeller	im Widder, 6. Haus
Theodore Roosevelt	im Löwen

T-Quadrat zu Uranus

Richard Alpert	Sonne ☌ Uranus im Widder, 11. Haus
Neil Armstrong	im Widder, 11./12. Haus
Isaac Asimov	im Wassermann
Thomas Becket	im Löwen
Winston Churchill	im Löwen, 1. Haus
Kahlil Gibran	in der Jungfrau, 1. Haus
Gurdjieff	im Löwen, 10./11. Haus
Rudolf Steiner	in den Zwillingen

T-Quadrat zu Neptun

Ludwig v. Beethoven	in der Jungfrau
Lord Byron	in der Waage
Art Garfunkel	in der Jungfrau, 2. Haus
Henry Kissinger	im Löwen, 3. Haus
Guru Maharaji	Jupiter ☌ Neptun im Skorpion, 1. Haus
Tschaikowsky	im Wassermann
Voltaire	in den Fischen

T-Quadrat zu Pluto

Brigitte Bardot	im Krebs, 8. Haus
John Lennon	im Löwen, 10. Haus
Shirley MacLaine	im Krebs, 10. Haus
Karl Marx	Saturn ☌ Pluto in den Fischen
Ralph Nader	im Krebs, 7. Haus

Kapitel 3

Zeichen im Brennpunkt

Um die Energie deines T-Quadrats vorteihaft nutzen zu können, mußt du zuerst wissen, wie sich seine Planeten, Zeichen und Häuser auf konstruktive Weise ausdrücken. Weil das Zeichen, in dem der Planet im Brennpunkt steht, sehr energiegeladen ist, kann es in deinem Leben machtvoller zum Ausdruck kommen als alle anderen Zeichen des Horoskops. Deshalb ist es besonders wichtig, daß du dich sowohl mit seinen vorteilhaften als auch mit den ungünstigen Merkmalen vertraut machst.

Diese Gegenüberstellungen können nicht nur für den Planeten im Brennpunkt eines T-Quadrats Anwendung finden, sondern auch für andere wichtige Zeichen deines Horoskops nützlich sein, z.B., wenn Planeten in einem Zeichen stehen oder ein Haus ein bestimmtes Zeichen anschneidet. Wenn du die positiven Eigenschaften des leeren Raumes in deinem T-Quadrat entwickeln möchtest, mußt du zuerst den positiven Ausdruck des leeren Zeichens verstehen.

Ein Zeichen kann sich, wie ein Planet, negativ auswirken, wenn du es zuläßt, daß es auf die folgende Weise arbeitet:

— unbewußt, ohne seinen positiven Ausdruck zu pflegen;
— auf übertriebene Weise;
— unpassend;
— ohne Kenntnis oder Integration der anderen Teile in dir, besonders jener, die das gegenüberliegende Tierkreiszeichen aufzeigt.

Ein verbreiteter Fehler ist die *Übersteigerung, der Mißbrauch oder zwanghafte Einsatz einer guten Eigenschaft.* Die Zeichen des Horoskops weisen auf unsere Tugenden hin, die sich entfalten, wenn du bewußt versuchst, die positiven Eigenschaften eines Zeichens vernünftig und den Umständen entsprechend auszudrücken. Damit dies gelingen kann, mußt du die konstruktiven Merkmale des gegenüberliegenden Zeichens miteinbeziehen.

Weil das Zeichen im Brennpunkt deines T-Quadrats überbetont wird, kann es sein, daß jene Körperteile oder Funktionen, die mit diesem (bzw. mit dem Planeten im Brennpunkt) in Verbindung stehen, überaktiv und beträchtlichem Druck ausgesetzt sind, was zu Krankheiten führen kann. Jene Körperteile und

-funktionen, die mit dem Zeichen des leeren Raumes in Verbindung stehen — die vielleicht unterentwickelt oder schwach sind —, können von entsprechenden Funktionsstörungen beeinflußt werden. Die folgende Liste weist für jedes Tierkreiszeichen die physiologischen Entsprechungen auf:

WIDDER	*Kopf, Gehirn, Oberkiefer, Blut, Muskeln, Hypophyse (evtl. auch Nebennierendrüsen)*
STIER	*Nacken, Hals, Unterkiefer, Speiseröhre, Schilddrüse, Stoffwechselsystem*
ZWILLINGE	*Arme, Hände, Schultern, Lungen, obere Rippenpartie, Nerven, Thymusdrüse, Atmung*
KREBS	*Magen, oberer Verdauungstrakt, Speicheldrüsen, Brüste, Uterus, Menstruation*
LÖWE	*Herz, Rückenmark, oberer Rücken, Milz*
JUNGFRAU	*Dünndarm, Unterleib/Bauch, Gallenblase, Bauchspeicheldrüse, unterer Verdauungstrakt*
WAAGE	*Nieren, Nebennierendrüsen, endokrine Drüsen, Ovarien (Eierstöcke), Blinddarm*
SKORPION	*Dickdarm, Blase, Ausscheidungssystem, männliche Fortpflanzungsorgane*
SCHÜTZE	*Hüften, Oberschenkel, Gesäß, Leber, unterer Teil der Wirbelsäule, vegetatives Nervensystem*
STEINBOCK	*Knochen, Zähne, Knie, Gelenke, Haut, Haare, Skelett, Talgdrüsen*
WASSERMANN	*Fußknöchel, Waden, Nerven, Nebenschilddrüse, Kreislauf*
FISCHE	*Füße, Körperflüssigkeiten, Lymphsystem, Tränendrüsen*

Widder

Positiver Ausdruck	Negativer Ausdruck
einleitend, bahnbrechend, fähig, Neues zu beginnen, unternehmend	impulsiv, hastig, ungeduldig, sucht sofortige Befriedigung, Mangel an Voraussicht und Durchhaltevermögen
direkt, unkompliziert, freimütig, spontan, ehrlich, offen	taktlos, unbeherrscht, nichtsahnend, nicht aufnahmefähig
eigenverantwortlich, selbstmotiviert, selbstsicher, unabhängig, individualistisch, vertrauensvoll	halsstarrig, «jetzt-komm-ich»-Haltung, unkooperativ
risikofreudig, mutig	unbesonnen, rücksichtslos, unvorsichtig, tollkühn
energisch, dynamisch, nach außen gerichtet	konkurrierend, beherrschend, überheblich
aktiv, leistungsfähig	rastlos, hyperaktiv, orientierungslos
durchsetzungsfähig, bereit zur Konfrontation	aggressiv, kritisch, streitsüchtig, kampfbereit, draufgängerisch, jähzornig
begeisterungsfähig, optimistisch, ausgelassen, eifrig, idealistisch	sehr leicht reizbar, maßlos, unpraktisch
anregend, interessant, energisch handelnd, leidenschaftlich	verbreitet Aufregung und Unruhe, überspannt, überdreht, anstrengend
schöpferisch, begeisternd	stark vereinfachend, «schwarzweiß»
persönlich, innerlich anteilnehmend, ausdrucksstarke Persönlichkeit	in sich selbst vertieft, egoistisch, narzistisch

Stier

Positiver Ausdruck	Negativer Ausdruck
loyal, hingebungsvoll, herzlich, liebevoll, treu, vertrauenswürdig	besitzergreifend, eifersüchtig, zu anhänglich
praktisch, traditionsbewußt, sparsam	ultrakonservativ, angepaßt, sehnt sich nach Sicherheit
unabhängig, interessiert an hohem Einkommen	materialistisch, geizig, geldgierig, geistlos
leistungsfähig, einfallsreich, mit Führungsqualitäten	zu sehr am Materiellen interessiert
geduldig, ausdauernd, sorgfältig, entschlossen, bestimmt, geballte Energie, festgelegtes Ziel	langsam, schwerfällig, stur, dickköpfig, eigensinnig, gibt nie auf
gefestigt, ausgeglichen, kräftig, verläßlich, beständig, sicher, durchhaltend	unbeweglich, unveränderlich, stumpfsinnig, langweilig
künstlerisch	nicht schöpferisch, konventionell
unbekümmert, häusliches Temperament	faul, träge
erdhaft, sinnlich, liebt das Vergnügen	hemmungslos, unbescheiden, gewinnsüchtig, derb-sinnlich, unersättlich, lüstern, ausschweifend
beschäftigt sich mit kulturellen Werten, Verdienst, Qualität	schätzt nur körperliche und materielle Befriedigung
mag sich selbst, hat Selbstwertgefühl	Überbetonung des eigenen Wertes oder Unwertes

Zwillinge

Positiver Ausdruck	Negativer Ausdruck
wendig, abwechslungsreich, vielseitig, verschiedenartig, verfügt über viele Fertigkeiten	zerstreut, dilettantisch, oberflächlich, zwiespältig, inkonsequent, widersprüchlich, doppelzüngig, heuchlerisch, hat zwei Gesichter
beweglich, lebhaft	wankelmütig, quecksilbrig, unbeständig, unverläßlich, unstet
flink, schnell, rege, gewandt, umgänglich	nervös, ruhelos, eilig, überempfindlich, unruhig, unkonzentriert
umgänglich, pflegt regen Austausch mit anderen, sympathisch, anpassungsfähig	bindungslos, launenhaft, flatterhaft, kapriziös
wißbegierig, neugierig	beschäftigt sich mit Banalem, nachahmend
logisch, vernünftig, wissenschaftlich, aufbauend	spitzfindig, rationalisierend, gefühllos, uninteressiert
kenntnisreich, mitteilsam, geistig anregend	seicht, unphilosophisch, Mangel an Zielen oder an tiefem Verständnis, moralisch indifferent
wortreich, belesen, wortgewandt, drückt sich klar aus, redegewandt	weitschweifig, redselig, dahinplappernd, tratschsüchtig, oberflächlich
klug, witzig, amüsant	durchtrieben, schlau, manipulierend, listig, intrigant, unehrlich
lebt in der Gegenwart	bleibt im Unmittelbaren stecken, Verlust der Perspektive

Krebs

Positiver Ausdruck	Negativer Ausdruck
mütterlich, fürsorglich, beschützend, nährend	überhäufend, erstickend, besitzergreifend, zu nachsichtig, verwöhnend
sensibel, weichherzig, mit tiefen Gefühlen	überempfindlich, reizbar, leicht verletzlich, dünnhäutig, gefühlsduselig, rührselig, verwöhnt, leicht beeinflußbar
für übersinnliche Einflüsse empfänglich, intuitiv, mit dem Unbewußten in Verbindung	zu gefühlsbetont, launenhaft, emotional unsicher, hysterisch, grüblerisch
verständnisvoll, einfühlsam, empfänglich, zugänglich, hilfsbereit, fähig, zu ertragen, andere zu stärken und zu trösten	geht zu sehr auf andere ein, sehnt sich danach, gebraucht zu werden, verliert sich in anderen, gegenseitige Abhängigkeit
loyal, hingebungsvoll, treu, verläßlich	klammernd, schmarotzerhaft, abhängig, zaghaft, widerstandslos
kindlich, unschuldig	kindisch, bedürftig, hilflos
fest verwurzelt, häuslich, familienorientiert, versteht und würdigt die Vergangenheit	Standesdünkel, einsiedlerisch, Stubenhocker, spießbürgerlich, klammert sich an die Vergangenheit
schützt sich selbst, ist vorsichtig	Geheimniskrämer, zurückhaltend, zurückgezogen, in sich selbst vertieft
zurückhaltend, tritt bescheiden in den Hintergrund	märtyrerhaft, voll Selbstmitleid, pathetisch
scharfsinnig, sparsam	selbstsüchtig

Löwe

Positiver Ausdruck	Negativer Ausdruck
vertrauensvoll, selbstsicher, selbstbeherrscht, selbstbewußt, sich selbst achtend	betet sich selbst an, egozentrisch, überheblich, übertrieben selbstsicher, arrogant, eingebildet, prahlerisch
würdevoll, einflußreich, angesehen, fähig zu führen und zu verwalten	anmaßend, hochmütig, wichtigtuerisch, snobistisch, statusbewußt
achtunggebietend, mächtig kraftvoll, entschlossen, willensstark	überwältigend, dominierend, machtbesessen, selbstherrlich, herrisch, diktatorisch
großzügig, gütig, weitherzig	gönnerhaft, herablassend, extravagant, verwöhnend
herzlich, warmherzig, loyal, treu, romantisch	«Don Juan», anfällig für Schmeicheleien, kokett, braucht übermäßig viel Liebe, verlangt Bewunderung und Anerkennung
verspielt, spontan, unverfälscht, liebt den Spaß, optimistisch, schwungvoll, temperamentvoll	kindisch, hemmungslos, immer spielerisch, unfähig, ernst zu sein
kreativ, ausdrucksvoll, unterhaltsam, aufregend	melodramatisch, angeberisch, absichtlich auffällig, muß im Mittelpunkt stehen, spielt immer eine Rolle

Jungfrau

Positiver Ausdruck	Negativer Ausdruck
streng, methodisch, genau	engstirnig, nörgelnd, kleinkariert, trivial
ordentlich, systematisch, peinlich genau, planmäßige Vorgehensweise	überorganisiert, zu anspruchsvoll, extrem strukturiert
sorgfältig, fleißig, tüchtig, gründlich, gewissenhaft, lernbegierig	perfektionistisch, immer beschäftigt, arbeitssüchtig, schuftet und schindet sich ab, beutet sich selbst aus, unfähig, sich zu entspannen
fähig zu konstruktiver Kritik	überkritisch, beurteilt sich selbst sehr kritisch, unfähig zu verständnisvoller Anerkennung
Unterscheidungsvermögen, fähig, eine Auswahl zu treffen	äußerst wählerisch, macht viele Umstände, affektiert, ständig unzufrieden, zimperlich
analytisch, scharfer Verstand, geistig rege	zu analytisch, zu skeptisch, ständig zergliedernd, trennend
anteilnehmend, interessiert, besorgt um andere	beunruhigt, konzentriert sich auf das Negative, ängstlich
bescheiden, anspruchslos	schüchtern, zaghaft, lehnt sich selbst ab und verurteilt sich
hilfsbereit, nützlich, entgegenkommend, verantwortungsvoll, zuverlässig, teilnahmsvoll andere unterstützend	unterwürfig, setzt sich selbst herab und gibt sich für entwürdigende Zwecke her, lakaienhaft, untergeordnet, sklavisch ergeben, einschmeichelnd
gesundheitsbewußt	hypochondrisch, leidend, Ernährungsfanatiker

Waage

Positiver Ausdruck	Negativer Ausdruck
beziehungsorientiert, gesellig	zentriert in anderen, abhängig, kokett
hat die Fähigkeit zu teilen, zusammenzuarbeiten und zu vermitteln	zu kompromißbereit
angenehm, liebenswürdig, sympathisch, charmant, gastfreundlich	zu entgegenkommend, nachgiebig, ergeben, gefügig
diplomatisch, taktvoll	falsch, unehrlich, wesenlos, schmeichlerisch, heuchlerisch
friedliebend, harmonisch	vermeidet Konflikte, sucht Frieden um jeden Preis
verbindlich, ausgeglichen, geschmackvoll, vornehm, gepflegt, kultiviert	legt zuviel Wert auf äußere Erscheinung, eitel, pseudo-intellektuell
künstlerisch, kultiviert, schöngeistig, schönheitsbewußt	oberflächliche Werte, frivol, schöngeistiger Snob, Überbetonung des Äußeren
urteilsfähig, abwägend, sucht nach der richtigen Perspektive, objektiv, ist sich aller Standpunkte bewußt	unschlüssig, unentschieden, «wischi-waschi», abwartende Haltung, widersprüchlich
strebt nach Ausgewogenheit	hin- und herschwankend, mal oben — mal unten, Extremist
fair, gerecht, strebt nach Gleichberechtigung	legt Fairness zum eigenen Vorteil aus, unfähig, die Wirklichkeit zu akzeptieren

Skorpion

Positiver Ausdruck	Negativer Ausdruck
intensiv, leidenschaftlich	zu exaltiert, wollüstig, gewalttätig
loyal, tiefe Gefühle, standhaft in Not und Unglück	besitzergreifend, eifersüchtig, unversöhnlich, übelnehmerisch, rachsüchtig, nachtragend
stark, mutig, fähig, starken Gefühlen gegenüberzutreten und diese zu kanalisieren	dämonisch, morbide, grüblerisch, schwelgend, entwickelt sich im Leiden
entschlossen, willensstark, Stehvermögen, ausdauernd:	halsstarrig, unbeugsam, besessen von Zwangsvorstellungen, skrupellos
diszipliniert, hat Selbstkontrolle	gehemmt, herrscht gebieterisch über andere
gründlich, verantwortungsvoll	alles-oder-nichts-Haltung, Extremist
scharfsinnig, sondierend, forschend, klug, einfallsreich, tiefgründig, einsichtig	neugierig, intrigant, ausbeuterisch, benutzt die gewonnene Einsicht für egoistische Zwecke
anziehend, undurchschaubar, geheimnisvoll, schützt sich selbst	heimlichtuerisch, verschlossen, zurückhaltend
wahrheitsliebend	hart, grausam, sarkastisch
regenerationsfähig	zerstörerisch, umstürzlerisch, verletzend
unerschütterlich, fähig, Unwesentliches auszuschalten	selbstverleugnend, verurteilend

Schütze

Positiver Ausdruck	**Negativer Ausdruck**
entschlossen, aufrichtig, zielgerichtet, strebsam	unpraktisch, unrealistisch, ungeduldig, hat den «Kopf in den Wolken»
prophetisch, weitblickend, zukunftsorientiert, planend	blind gegenüber der unmittelbaren Wirklichkeit
forschend, wahrheitssuchend, philosophisch, idealistisch, aufgeschlossen, arbeitet an sich	grübelt unaufhörlich, zu abstrakt und theoretisch, schwer verständlich, betrügt sich selbst
weise, tiefgründig, klares Unterscheidungsvermögen, vorurteilsfrei, belesen, schöpferisch	rechthaberisch, trockenes Bücherwissen, unverständlich, anspruchsvoll
inspirierend, begeisternd, führend, lehrend	schulmeisterlich, langatmig, drängt anderen seine Wahrheit auf
moralisch hochstehend, mit edlen Grundsätzen	sittenstreng, dogmatisch, predigend, salbungsvoll, moralisierend, unduldsam, scheinheilig
direkt, offen, wahrheitsliebend	schonungslos offen, taktlos, unverblümt
großzügig, uneigennützig, liebenswürdig, aufrichtig	verschwenderisch, extravagant, oberflächlich freundlich
jovial, heiter, lebhaft, optimistisch, enthusiastisch, unbekümmert, sorgenfrei	blindlings optimistisch, übertreibend, ungestüm, leichtsinnig, schlampig, verantwortungslos, unverläßlich, zögernd
sondierend, weitreichend, freiheitsliebend, gerne im Freien	ruhelos, übertriebenes Fernweh, kann keine Einschränkungen ertragen

Steinbock

Positiver Ausdruck	**Negativer Ausdruck**
seriös, ernsthaft, reserviert	melancholisch, negativ, mutlos, schwermütig, grüblerisch
realistisch, praktisch, wirtschaftlich, sparsam	pessimistisch, fatalistisch, zynisch, materialistisch, geizig, knauserig
vorsichtig, besonnen, wacher Sinn für den richtigen Zeitpunkt zum Handeln	ängstlich, mißtrauisch, übervorsichtig
beherrscht, selbstdiszipliniert, unabhängig, selbständig, selbstsicher, gelassen	verschlossen, gehemmt, zurückhaltend, unbeweglich, menschenfeindlich, gleichgültig, grausam, hart
loyal, übernimmt Verpflichtungen, standhaft	resigniert, kalt, schwach, unzugänglich
verantwortungsvoll, verläßlich, gewissenhaft, väterlich, gesetzestreu	konservativ, ultra-konventionell, besessen von Regeln und Formalitäten
ausdauernd, beharrlich, konzentriert, geduldig	langsam, langweilig, ermüdend, weitschweifig
sorgfältig, schwer arbeitend, leistungsfähig, erfolgreich	perfektionistisch, innerlich getrieben, engstirnig, unfähig
will etwas erreichen, ist ehrgeizig, unternehmungslustig	strebt nach Status und Prestige, ist machthungrig, manipuliert andere, berechnend, gewinnsüchtig
erfolgreich, mächtig, geeignet für leitende Stellungen, Fähigkeiten im Verwaltungsbereich	autoritär, tyrannisch, ausbeuterisch, herablassend

Wassermann

Positiver Ausdruck	**Negativer Ausdruck**
Wahrheitssucher, intelligent, wissenschaftlich	nur theoretisch, kalt logisch
freundlich, brüderlich, human, liebenswürdig, auf die Menschen ausgerichtet	unpersönlich, distanziert, zurückhaltend, kühl, bleibt unbeteiligt
tolerant, aufgeschlossen, vorurteilsfrei	intolerant gegenüber Intoleranz
humanitäre Einstellung, fortschrittlich, reformatorisch, idealistisch, engagiert, politisch aktiv, interessiert an Hintergründen und Ursachen	radikal, revolutionär, Phantast, unpraktisch, pseudo-liberal
individualistisch, unkonventionell	rebellisch, widerspenstig, unberechenbar, sprunghaft
erneuernd, erfinderisch, schöpferisch, originell, ungewöhnlich	exzentrisch, bizarr, schockierend
intuitiv, auf den universellen Willen eingestimmt	eigenwillig, verwechselt den eigenen mit dem höheren Willen
entschlossen, resolut	eigensinnig, unbeweglich, starr
unabhängig, freiheitsliebend	unduldsam gegenüber Beschränkungen, gesetzlos, bindungslos

Fische

Positiver Ausdruck	Negativer Ausdruck
anpassungsfähig, flexibel, fließend, verzichtbereit, angenehm, leicht zu erfreuen, sanft	läßt sich treiben, ist ziellos, findet sich nicht zurecht, leicht zu beeinflussen, fügsam, willfährig, unterwürfig
verständnisvoll, tolerant, versöhnlich, vertrauensvoll	ohne Unterscheidungsvermögen, unkritisch, nachsichtig, unüberlegt
zärtlich, sanft, freundlich, feinfühlig	weich, schwach, schüchtern, leicht verletzlich, überempfindlich
empfänglich für übersinnliche Einflüsse, intuitiv	zu leicht beeinflußbar, schutzlos, vereinnahmend
mitfühlend, besänftigend, mitleidsvoll, selbstlos, hingebungsvoll, opferbereit, anhänglich	zu entgegenkommend, märtyrerhaft, zu aufopferungsfreudig, unselbständig, schmarotzerhaft
bescheiden, demütig, maßvoll, einfach, unprätentiös	lammfromm, feige, rückgratlos, willensschwach, lehnt sich selbst ab, bemitleidet sich, leicht zu quälen und zu betrügen
introspektiv, nachdenklich, feinsinnig, schwer faßbar	klein beigebend, ausweichend, hinterrücks, unredlich, irreführend
aufbauend, ganzheitlich, begreift die Einheit oder das Wesentliche	unlogisch, nicht analytisch
phantasievoll, schöpferisch, einfallsreich, musikalisch, poetisch	Tagträumer, unpraktisch, unrealistisch, macht sich was vor
spirituell, transzendent, inspirierend, ruhig, idealistisch, hellsichtig	flieht vor der Realität, «hebt ab», unbestimmt, verwirrt, nebulös, medikamenten- oder alkoholabhängig, enttäuscht, bitter, zynisch

Kapitel 4

Gegenüberliegende Zeichen

Um den Konflikt zu entschärfen, den wir als Folge eines T-Quadrats erfahren, und um Kontrolle über seinen Ausdruck zu gewinnen, besteht eine Methode zu lernen, zwischen den gegenüberliegenden Planeten, Zeichen und Häusern des T-Quadrats eine Synthese zu schaffen. Dieses Kapitel beschäftigt sich nicht nur mit den negativen Erscheinungsformen der gegenüberliegenden Zeichen, sondern auch mit deren positiven Äußerungen oder der Synthese. Im nächsten Kapitel werden die Polaritäten und die Synthese der gegenüberliegenden Häuser behandelt. Die Interpretationen in diesem Kapitel können für die Opposition in einem T-Quadrat angewandt werden und auch für jede andere Opposition im Geburtshoroskop. Dies gilt besonders, wenn andere Planeten die Opposition aspektieren, die Opposition sehr genau ist (geringer Orbis) oder/und mehr als drei Planeten daran beteiligt sind, oder auch, wenn die beteiligten Planeten in ihren eigenen Zeichen bzw. Häusern stehen. Oppositionen, die zwischen den Achsen-Zeichen von AC/DC, MC/IC und der Mondknoten stattfinden, sind ebenfalls besonders beachtenswert.

Wenn du in deinem Horoskop ein T-Quadrat hast, können die Informationen über die Synthese dir auch dabei helfen, das Zeichen deines leeren Raumes zu verstehen, zu entwickeln und mit dem Zeichen deines Planeten im Brennpunkt zu vereinigen. Eine solche Integration kann erst stattfinden, nachdem du die Energien des leeren Zeichens kennengelernt, dich ihrem Einfluß ausgesetzt bzw. erst nachdem du damit begonnen hast, sie in deinem Leben zum Ausdruck zu bringen.

Es gibt bezüglich des T-Quadrats 41 mögliche Planetenkombinationen in Horoskopen von Menschen, die im 20. Jahrhundert geboren wurden. Eine gründliche Studie über jede einzelne dieser Oppositionen würde ein eigenes Buch erfordern. Deshalb sind hier keine spezifischen Ausführungen über die beteiligten Planeten enthalten. Fühlst du dich nicht imstande, eine Opposition zu deuten, solltest du andere astrologische Schriften zu Rate ziehen wie z.B. *»Das große Lehrbuch der Astrologie«* von Frances Sakoian und Louis Acker oder *»Das Buch der Aspekte«* von Robert Pelletier. Wenn du dir deine

Oppositionen als Konjunktion, Sextil oder Trigon vorstellst, kann dir das ein Verständnis davon vermitteln, wie diese planetarischen Energien in eine Synthese gebracht werden können.

Da die Polaritäten hier in bezug auf die Zeichen beschrieben werden, ohne die beteiligten Planeten und Häuser der Opposition einzubeziehen, wirst du jede Ausführung im Zusammenhang mit den jeweiligen Planeten und Häusern abwandeln müssen, die mit der zu interpretierenden Opposition verknüpft sind. Z.B. wird eine Opposition zwischen Pluto im Löwen im 5. und Mars im Wassermann im 11. Haus ganz anders wirken als eine Opposition zwischen Neptun im Löwen im 12. und Mond im Wassermann im 6. Haus. Alle an der Opposition beteiligten Faktoren müssen verstanden und untereinander in Beziehung gebracht werden, bevor sie zusammengefügt und auf vereinheitlichte und konstruktive Weise ausgedrückt werden können.

Eine Seite unserer Opposition kann stärker sein als die andere, wenn ihr Planet näher in Beziehung zu einem Winkel steht als der andere Planet, wenn ein Planet in seinem eigenen Zeichen oder Haus steht oder er Bestandteil einer Konjunktion ist. In jedem der oben angeführten Fälle setzt sich der Einfluß des einen Zeichens gegenüber dem anderen Zeichen durch, versucht es zu beherrschen oder eine positive Funktionsweise zu verhindern. Obwohl die stärkere Seite deiner Opposition zunächst dominieren wird, müssen beide Seiten ausgedrückt und integriert werden, wenn du dich über den Einfluß der gegensätzlichen Spannungen erheben willst.

Wenn sich einer deiner Oppositions-Planeten auf 29 Grad eines Zeichens befindet, wird ihn auch das nächste Tierkreiszeichen beeinflussen — welches dann ebenfalls integriert werden muß. Steht die Opposition zwischen Planeten, die nicht sechs, sondern fünf Tierkreiszeichen voneinander entfernt sind (z.B. Jupiter auf 27 Grad Zwillinge und Mond auf 1 Grad Steinbock), mußt du deine eigene Intuition anwenden, um den Kampf zwischen den beiden Planeten zu deuten und um zu verstehen, auf welche Weise eine Synthese herbeigeführt werden könnte. Lies dazu in Kapitel 3 dieses Buches jene Abschnitte, die sich auf die betreffenden Zeichen beziehen. Überlege, wie jedes Zeichen das andere beeinflussen könnte. Studiere Material über Quinkunx-Aspekte, z.B. das Kapitel 5 des Buches *»Astrology, the Divine Science«* von Mark Douglas und Marcia Moore. Stelle fest, wie der planetarische Herrscher des einen Zeichens im Zeichen des anderen wirken könnte (das wäre im oben angeführten Beispiel Merkur im Steinbock oder Saturn in den Zwillingen) oder wie die Herrscher eines jeden Zeichens im gegenüberliegenden Zeichen in Erscheinung treten würden oder wie sie in einer Konjunktion, im Sextil oder im Trigon integriert werden können (das wäre in dem oben angeführten Beispiel Saturn in Konjunktion, Opposition oder im Sextil oder Trigon zu Merkur).

Eine Opposition zwischen Planeten, die sechs Zeichen auseinanderliegen, umfaßt Zeichen derselben Qualität (kardinal, fix oder veränderlich) und hat die Tenzenz, diese Qualität und die ähnlichen Eigenschaften der gegenüberliegenden Zeichen zu stark zu betonen. Dies führt dazu, daß die voneinander abweichenden Merkmale jedes Zeichens sich gegenseitig bei dem Versuch stören, sich auszudrücken. Eine Opposition zwischen Stier und Skorpion zum Beispiel deutet auf einen machtvollen Willen und auf Entschlossenheit hin; doch die Trägheit und das Beharrungsvermögen des Stiers beeinträchtigen im Skorpion das Freisetzen von Energie oder deren Sublimierung, während die Intensität und die Unruhe des Skorpions die Stabilität und Produktivität des Stiers durcheinanderbringt.

In Kapitel 1 findet sich einiges über Erscheinungsformen der Oppositionen, wie z.B. ein Zustand der Lähmung, das Schwanken zwischen zwei Persönlichkeitsteilen, das Verleugnen eines Teiles von uns, was dazu führt, daß dieser Teil dann unbewußt wirkt oder daß diese Eigenschaft auf eine andere Person projiziert wird und wir unsere inneren Schlachten außerhalb von uns ausfechten. Eine Opposition ist ebenfalls problematisch, wenn:

a. *den negativen Merkmalen jeder Polarität die Vorherrschaft zugestanden wird, während die positiven Eigenschaften nicht gepflegt werden (siehe Kapitel 3, über den positiven und negativen Ausdruck der Zeichen);*

b. *eine Seite ausgedrückt wird, ohne daß wir uns der Bedürfnisse der anderen bewußt sind; oder, wenn die Eigenschaften eines Planeten oder Zeichens übertrieben stark entwickelt sind, während die Merkmale der anderen mangelhaft bleiben;*

c. *beide Seiten der Opposition überentwickelt sind und auf extreme Weise wirken;*

d. *jede Seite auf unangebrachte Weise ausgedrückt wird;*

e. *eine Seite die Wirkungsweise der anderen durcheinanderbringt oder stärkt;*

f. *eine Seite auf verzerrte Weise in Erscheinung tritt und dazu verwendet wird, die fragwürdigen Absichten der anderen Seite zu erfüllen.*

Wenn du eine Stier/Skorpion-Opposition hast, könnten sich die oben angeführten Möglichkeiten auf folgende Weise auswirken:

a. *Du wirst von deinen materiellen oder sinnlichen Gelüsten beherrscht;*

b. *du vegetierst dahin, indem du dich bis zur Unbeweglichkeit vollfrißt oder untätig vor der Glotze hängst und dich weigerst, deine Skorpion-Energien auf produktive Weise zu erfahren oder zu kanalisieren;*

c. *du arbeitest während der Woche an zwei Arbeitsstellen, um dir einen Jaguar, eine teure Garderobe oder eine Jacht zu kaufen und verbringst ein leidenschaftliches Wochenende mit deinem/deiner derzeitigen Geliebten;*

d. *du bist bei der Arbeit faul und leistest wenig, verschlingst aber jede Nacht drei Kriminalromane;*

e. *der Materialismus deines Stiers veranlaßt dich, ganztags als Manager zu arbeiten, während du eigentlich einen Teilzeitjob ausüben oder materielle Opfer bringen solltest, um deinem eigentlichen Wunsch, Psychologe zu werden, nachkommen zu können;*

f. *du benutzt das Wahrnehmungsvermögen des Skorpions, um die Schwächen anderer Menschen herauszufinden, um sie zu manipulieren und ihnen die qualitativ minderwertigen Produkte zu verkaufen, die zu vertreiben dein Beruf ist.*

Dies alles sind negative Erscheinungsformen einer Opposition. Doch eine Opposition hat auch ein hohes Potential an Bewußtsein, vorurteilsfreiem Handeln und an Beziehungen, die uns Erfüllung bringen. Wenn die Polaritäten integriert sind, bist du fähig, dein Bewußtsein zu erweitern und viele Möglichkeiten und Wege zu verfolgen. Du bist dann in der Lage, Energien anzuzapfen, die vorher durch innerliche Kämpfe zum Stillstand gekommen waren und wirst dadurch in deinen Handlungen schöpferischer und selbstbestimmter. Wenn du deine beiden Seiten ausdrückst, anstatt einen Teil auf andere zu projizieren und ihnen Verhaltensweisen vorzuwerfen, die du an dir selbst nicht ertragen kannst, wirst du objektiver, toleranter und eher zur Zusammenarbeit bereit sein.

Aber ist eine Synthese der sich gegenüberstehenden Planeten, Zeichen und Häuser die Lösung, um die Konflikte deiner Opposition zu transzendieren? Vielleicht. Ein Schwanken zwischen den beiden Seiten deines Wesens kann für dich lebbar sein, wenn keine Seite destruktiv ist. Ein Kompromiß zwischen den beiden ist vielleicht auch annehmbar, obwohl keine der beiden Seiten in dir voll zufriedengestellt sein wird.

In seinem inspirierenden Buch »*Esoteric Astrology*« beschreibt Dr. Douglas Baker die Lektionen der Waage, einem Zeichen, dessen Bedeutung dem Oppositions-Aspekt sehr ähnlich ist, weil es dem ersten Zeichen des Tierkreises (dem Widder) gegenübersteht. Mit Bezug auf die Werke von Alice Bailey und Roberto Assagioli erklärt er den Unterschied zwischen Kompromiß und Synthese als Unterschied zwischen:

> *... zwei Formen des Gleichgewichtes, von denen eine tiefer und statisch, die andere jedoch hoch und dynamisch ist... Das niedrigere Gleichgewicht kann durch das Wort «Kompromiß» charakterisiert werden. Dieser ist oftmals eine verhältnismäßig bessere Einstellung und Haltung als jene der Extreme oder eines ständigen Schwankens. Doch es besteht dabei die Neigung, einen Zustand der Negativität und der Trägheit herbeizuführen, woraus kein Ansporn zur Weiterentwicklung resultiert.*

Baker verwendet die Analogie eines Punktes in der Mitte einer Linie, um den Kompromiß zu beschreiben. Das höhere Gleichgewicht hingegen:

> *... bringt eine lebendige, dynamische Synthese zustande... Das höhere Gleichgewicht besteht in der* ***Kontrolle*** *(weder Unterdrückung noch Neutralisierung) der entgegengesetzten Kräfte, in ihrer weisen Regulierung und Anwendung für konstruktive Zwecke. In diesem Fall bleibt das lenkende und regulierende Prinzip weiter bestehen und wirkt von einer Ebene aus, die höher liegt als jene der Opposition. Das höhere Gleichgewicht entspricht den Verhältnissen eines Dreiecks.*

In einem der Beispiele für eine solche «Dreiecks-Beziehung» weist Dr. Baker darauf hin, daß der Kompromiß zwischen Aufregung und Niedergeschlagenheit die Teilnahmslosigkeit, die Synthese davon jedoch Gelassenheit ist. Auf einer praktischen Ebene kann diese Form des Dreiecks direkt mit der Opposition im Horoskop und mit dem ganzen T-Quadrat in Beziehung gebracht werden.

Stell dir die Unzufriedenheit einer Frau mit einer Stier/Skorpion-Opposition vor (siehe Horoskop 1), die in der Verwaltung eines großen Betriebes arbeitet. Vielleicht hat sie ein T-Quadrat zu Pluto im Löwen (7. Haus), mit Mars im Stier (4. Haus) in Opposition zu Merkur im Skorpion (10. Haus). Sie möchte eine Ausbildung zur Psychologin machen, will aber, während sie ihren Titel erwirbt, ihre materielle Sicherheit nicht aufgeben. Sie kann einen Kompromiß finden, indem sie z.B. für weniger Gehalt in der Personalabteilung derselben Firma arbeitet, oder sie kann sowohl die Bedürfnisse ihres Stieres als auch die ihres Skorpions erfüllen, indem sie an der billigen Universität ihrer Heimatstadt Abendkurse besucht (anstatt sich in einer äußerst angesehenen Universität einzuschreiben, die jedoch 200 km entfernt ist) und in ihrem gegenwärtigen Job weiterarbeitet.

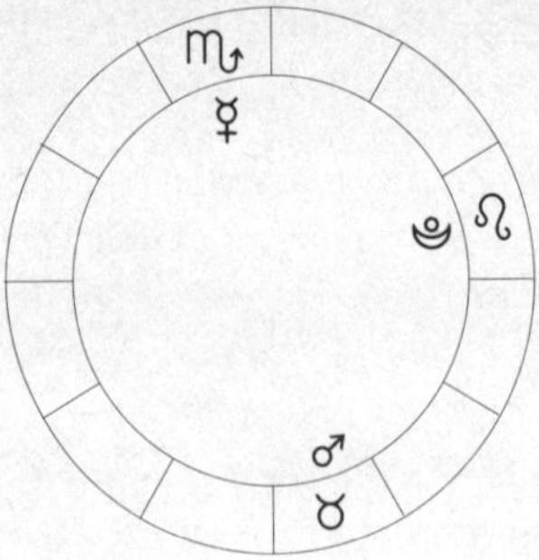

Horoskop 1

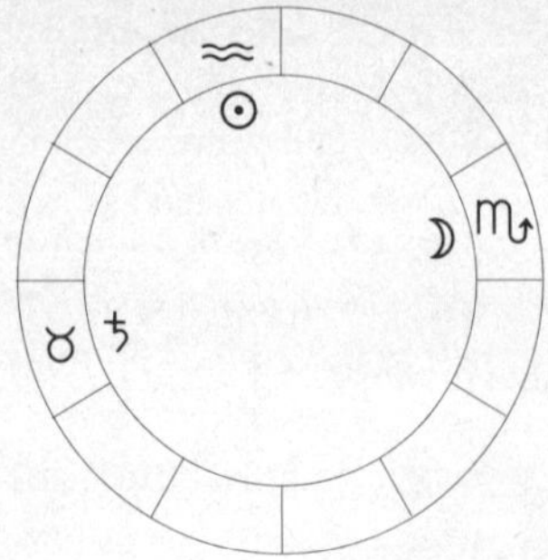

Horoskop 2

Der Planet im Brennpunkt (Pluto) wird ihr die benötigte Wendigkeit und Energie geben, um ihren Titel zu erwerben, indem er sowohl im Löwen (7. Haus) als auch im Wassermann (1. Haus) wirkt (sie vertieft sich völlig in ihre Ausbildung, entwickelt Fähigkeiten als Beraterin und befreundet sich mit anderen Psychologie-Studenten). Ihr Planet im Brennpunkt ist eigentlich der dritte Punkt im Dreieck und insofern das *beherrschende und regulierende Prinzip.*

Stellen wir uns eine andere Stier/Skorpion-Möglichkeit vor (siehe Horoskop 2): Eine Frau hat den Mond im Skorpion im 7. Haus in Opposition zu Saturn im Stier im 1. Haus. Diese beiden Planeten bilden ein T-Quadrat zur Sonne im Wassermann im 10. Haus. Sie ist hin- und hergerissen zwischen ihrem Wunsch nach einem sicheren und stabilen Lebensstil und dem Verlangen nach intensiven Beziehungen. Sie könnte einen Kompromiß schließen, indem sie eine Vernunftehe mit einem reichen Schürzenjäger eingeht und sich ganz ihrer Karriere widmet, um dem Schmerz über seine Untreue zu entfliehen. Sie kann aber auch — während sie nach einer befriedigenderen Beziehung Ausschau hält — eine tiefe und dauerhafte Verbindung zu einem alten Freund an ihrem Arbeitsplatz entwickeln, der schließlich mit ihr die Wohnung teilt. Nicht nur, daß hier viele (natürlich nicht alle) ihrer Saturn/Mond- und Stier/Skorpion-Bedürfnisse befriedigt werden, auch die Energie ihrer Wassermann-Sonne im 10. Haus wird mit dem leeren Raum vom Löwen im 4. Haus integriert, da sie eine warme und befriedigende Beziehung in ihrem Heim geschaffen hat.

Folglich ist der Planet im Brennpunkt ein Schlüssel, um im T-Quadrat eine Synthese zu schaffen. Er kann dabei helfen, dir neue Alternativen bewußt zu machen, die es dir ermöglichen werden, beide Seiten deiner Opposition zu erfüllen. Du kannst aber auch mit dem Ziel der Integration deiner Opposition beginnen. Die Bewußtseinserweiterung, die sich einstellt, wenn du über die widerstreitenden Polaritäten hinausgehst, erschließt dir neue Ausdrucksmöglichkeiten deines Planeten im Brennpunkt und setzt Energie frei, die dazu verwendet werden kann, die fortschreitende Synthese der Opposition zu lenken.

Du mußt die Planeten, Zeichen und Häuser deiner Opposition verstehen. Du mußt jedes Teil für sich und in seiner Beziehung zum Ganzen in Betracht ziehen. Indem du dich auf den positiven Ausdruck eines jeden Zeichens deiner Opposition konzentrierst und jedem erlaubst, zum höchsten Ausdruck des anderen beizutragen, kannst du beginnen, das Potential deines T-Quadrats zu verwirklichen.

Widder/Waage

Negativer Ausdruck

Deine Widder/Waage-Opposition weist darauf hin, daß du eine ausgewogene Lebensweise und harmonische Beziehungen anstrebst, dein Gleichgewicht jedoch ständig durcheinanderbringst, indem du deinem gleichstarken Verlangen nach Aufregung nachgibst. Deine Stimmungen schwanken und kommen selten ins Gleichgewicht. Wechselweise stürzt du dich impulsiv in neue und anregende Aktivitäten oder fühlst dich gelähmt, weil du bei der Vielzahl der Möglichkeiten, die du prüfst, nicht fähig bist, dich auf eine Handlungsweise festzulegen.

Die Unsicherheit über deine eigene Identität führt dazu, daß du dich zu sehr in persönliche Beziehungen verwickelst, von anderen Menschen Bestätigung und Anerkennung erwartest, ihren Reaktionen gegenüber äußerst empfindlich bist und es zu sehr darauf anlegst, beliebt zu sein. Oft beginnst du eine neue Beziehung mit Enthusiasmus und Begeisterung, nur um festzustellen, daß deine Intensität die andere Person vertreibt oder eine feste und dauerhafte Bindung zwischen euch verhindert. Die Energie, die du in das Zustandekommen einer Beziehung investierst, braucht ein Ventil, und das kann zu einer Überbetonung des Sexuellen führen, weil du glaubst, daß Leidenschaft mit emotionaler, intellektueller und spiritueller Harmonie einhergeht.

Wenn du einmal eine Beziehung eingegangen bist, in der du dich anerkannt fühlst, setzt sich dein Bedürfnis nach Befriedigung deines Verlangens und Erhaltung deiner Freiheit durch. Ohne dir dessen bewußt zu sein, versuchst du oft, deinen Partner zu beherrschen. Indem du eine charmante, liebenswürdige Fassade aufrechterhältst und ein gefälliges Verhalten pflegst, merkst du, daß du deinen Willen bekommst, ohne irgendwelche besonderen Kompromisse einzugehen. Den Gleichheitsgrundsatz in einer Beziehung legst du häufig zu deinen Gunsten aus und wirst ärgerlich, wenn du glaubst, die andere Person würde nicht genausoviel leisten oder sich nicht an die Spielregeln halten. Unbeabsichtigt rufst du dann genau den Konflikt hervor, den du zu vermeiden suchst.

Die Widder/Waage-Synthese:
«Selbstbestimmung in Beziehungen»

Die Synthese deiner Widder/Waage-Opposition macht es erforderlich, daß Widder den negativen Eigenschaften der Waage eine neue Richtung gibt, und Waage die negativen Eigenschaften von Widder mäßigt.

Der Unternehmungsgeist deines Widders ermöglicht es dir, Unentschlossenheit zu überwinden und eine bestimmte Handlungsweise zu wählen, anstatt dich endlos im Kreis zu drehen, indem du eine Vielzahl von Möglichkeiten immer wieder in Betracht ziehst. Dein Selbstgefühl und deine Verbindung zu deinen Bedürfnissen und Wünschen helfen dir, das anzustreben, was du möchtest, die Initiative zu ergreifen, selbständig zu handeln und dich an deinen Aktivitäten zu erfreuen, so daß deine Zufriedenheit nicht von anderen Menschen abhängt. Da du fähig bist, ein starkes Identitätsgefühl in persönliche Begegnungen einzubringen, bewahrst du deine Individualität, wodurch Beziehungen dein Wachstum fördern und nicht in Abhängigkeit und Schwäche münden. Durch das Bewahren deiner Individualität ermutigst du die Persönlichkeit der anderen und entwickelst Verbindungen, die fest und gegenseitig befreiend sind. Im Bewußtsein deiner eigenen Bedürfnisse bist du fähig, auch die Bedürfnisse anderer zu erkennen, darauf einzugehen und sie zu erfüllen.

Deine Widder-Energie motiviert dich auch dazu, bei zwischenmenschlichen Verbindungen den ersten Schritt zu tun und deine Beziehungen durch Begeisterung, Brillanz und Lebenslust lebendiger zu gestalten. Sie befähigt dich, gesellschaftliche Aktivitäten zu genießen und deine Bande zu anderen zu stärken, indem du dich auf gemeinsame Unternehmungen einläßt (oft kultureller Art), die für jeden von euch befriedigend sind. Durch deine Direktheit verbindest du dich mit anderen offen und auf persönliche Weise, behauptest deine Wünsche und Bedürfnisse und drückst Zuneigung und Liebe spontan aus. Die für den Widder so charakteristische Leidenschaft verwandelt deine Liebe in eine sexuelle Ausdrucksform und veranlaßt dich, sowohl deinen Partner als auch dich selbst wirklich zu befriedigen.

Durch deine Bereitschaft, dich mit Konflikten auseinanderzusetzen, bist du auch in der Lage, den Problemen gegenüberzutreten, die zwischen dir und anderen Menschen entstehen, und du kannst auch die zur Lösung erforderliche Energie aufbringen und einsetzen. In der Folge gewinnst du die Überzeugung, mit jedem Problem fertigzuwerden, das in Zukunft auftauchen könnte. Deine Beziehungen werden dann durch beiderseitiges Verstehen und gegenseitiges Geben und Nehmen gekennzeichnet und nicht durch oberflächliche Harmonie. Wenn du dich deinem Wesen gemäß verhältst und lernst, die eigenen Bedürfnisse im Zusammenwirken mit anderen zu befriedigen, entdeckst du, daß es nicht nötig ist, eine Schein-Persönlichkeit zu pflegen, um Anerkennung zu gewinnen. Du kannst geliebt werden, wie du bist.

Die Waage/Widder-Synthese:
«Ausgeglichene und kooperative Handlungsweise»

Der Einfluß von Waage auf die Nervosität und Reizbarkeit des Widders ist beruhigend und ausgleichend. Die Fähigkeit der Waage, wahrzunehmen, zu empfinden sowie vor einer Handlung die Alternativen abzuschätzen, kann dir bei der Entscheidung helfen, welche von vielen Möglichkeiten die erfolgversprechendste ist und dich von übereilten Handlungen abhalten. Du bist in der Lage, den Zug gegensätzlicher Wahlmöglichkeiten zu erfahren und kannst dein Bewußtsein erweitern, um Entschlüsse zu fassen, die dein tiefstes Wesen erfüllen, und nicht einem vorübergehenden Drang nachzugeben. Waage bewahrt dich davor, deine Energie zu sehr zu beanspruchen und zu erschöpfen; sie fordert dich auf, maßvoll zu handeln und — wenn es um andere Menschen geht — Fairness und Rücksichtnahme sowie Hilfsbereitschaft zu beweisen.

Da sich deine Waage der anderen Menschen bewußt ist und nach Harmonie verlangt, wird sie dich veranlassen, deine Widder-Wünsche und -Gefühle im Einklang mit den anderen geltend zu machen. Sie veranlaßt dich, für zwischenmenschliche Probleme solche Lösungen zu finden, die für beide Seiten vorteilhaft sind. Waage lehrt dich, Kompromisse eingehen zu können und hilfsbereit zu sein, ohne die persönliche Unabhängigkeit zu verlieren. Sie lehrt weiter, daß du dich gesellschaftlichen Aktivitäten widmen und dennoch deine dringendsten Wünsche befriedigen kannst. Waage sorgt dafür, daß du dein Widder-Wesen entdeckt, daß du im Wissen darum, wie man anderen Menschen gefällt und ihren Bedürfnissen gegenüber feinfühlig bleibt, selbst Erfüllung findet und andere veranlaßt, dich zu respektieren und zu mögen.

Die Liebe, die deine Waage-Natur gibt und empfängt, stärkt das Identitätsgefühl deines Widders und bereichert deine sexuellen Begegnungen. Die

Rechte, die du jedem zubilligst, und die Verpflichtungen, die du anderen gegenüber eingehst, befreien deine Energie und ermöglichen dir die Erfahrung verstärkter Anregung und Handlungsfreiheit. Indem du die Gesetze einhältst und Verbindungen eingehst, die mit deinen tiefsten Neigungen in Übereinstimmung sind, wirst du selbstbestimmt — nicht von den vielen kleinen Selbsten in dir, die dich verwirren und zerstreuen und von anderen Menschen trennen würden, sondern von dem Höheren Selbst im Zentrum deines Wesens, das dich lehrt, den höheren Gesetzen zu folgen und liebevolle, beständige Beziehungen einzugehen.

Widder/Waage-Polaritäten

Widder	**Waage**
handlungsorientiert	*beziehungsorientiert*
selbstbestimmt	*abhängig von anderen*
ichbezogen, überheblich	*Streben nach Gleichheit, Gerechtigkeit und Fairness*
pflegt und erhält seine persönliche Freiheit, behauptet sich	*kooperativ, anpassungsfähig, pflegt verbindliche und für beide Seiten befriedigende Beziehungen, gesetzestreu*
tut, was er will, befriedigt seine Wünsche	*tut, was andere mögen, versucht, beliebt zu sein*
offen, direkt, freimütig	*taktvoll, schmeichelnd*
heftig, voll Tatendrang	*ausgeglichen, gelassen, lethargisch, gelähmt*
erotisch, leidenschaftlich	*pflegt liebevolle Beziehungen*
unternehmungslustig, impulsiv, schnell	*wägt die Möglichkeiten gegeneinander ab, handelt zögernd, unentschlossen*
sucht Aufregung, provoziert Auseinandersetzungen	*strebt nach Ausgleich, Frieden und Harmonie, vermeidet Streit, vermittelt*

Stier/Skorpion

Negativer Ausdruck

Deine Stier/Skorpion-Opposition macht dich geneigt, dich zu sehr in die Befriedigung deiner materiellen und physischen Wünsche zu vertiefen und in Sinnenfreuden zu schwelgen. Da du beträchtliche Trägheit erlebst, bevor du etwas tust oder dich behauptest, läßt du es zu, daß sich Spannung aufbaut, die schließlich unerträglich wird und dann auf machtvolle und oft zerstörerische Weise zum Ausbruch kommt.

Die Neigung, erst in Emotionen zu schwelgen und dann rauschhaften Gefühlen freien Lauf zu lassen, zerstört deine Selbstachtung und verhindert, daß du dich entspannen und die einfachen Freuden des Lebens genießen kannst. Geringe Selbstachtung und maßlose Gelüste können zu unbefriedigenden und sogar entwürdigenden sexuellen Erlebnissen führen, aus denen du mit einem Gefühl der Begierde hervorgehst und die dich in noch größere Abhängigkeit von deinem Verlangen bringen. Wenn du diesen Wünschen nicht nachgibst, sitzt du über dich selbst zu Gericht und schimpfst auf dich, weil du dich von materiellem oder physischem Druck überwältigt fühlst, statt Mittel und Wege zu suchen, die dir Erfüllung bringen oder eine Sublimierung deiner unterdrückten Energien ermöglichen.

In deinen Beziehungen bist du eigenwillig und fordernd. Du fühlst, daß du dich selbst nicht in der Gewalt hast und auch nicht fähig bist, ohne andere Menschen zu leben. Du manipulierst andere, damit sie deinem Willen entsprechen, empfindest es jedoch als persönliche Unterdrückung, wenn sie den Versuch machen, ihre eigenen Bedürfnisse zu erfüllen und widersetzt dich hartnäckig jeder Beeinflussung. Wahrscheinlich erlebst du Konflikte, weil du unfähig bist, sexuelle oder materielle Probleme zu lösen, oder aufgrund deiner Eifersucht und Besitzansprüche.

Die Stier/Skorpion-Synthese: «Konstruktive Macht»

Die Synthese deiner Stier/Skorpion-Opposition macht es erforderlich, daß Stier die negativen Eigenschaften von Skorpion stabilisiert und kanalisiert und daß Skorpion die negativen Eigenschaften von Stier transformiert. Die Beschäftigung deines Stiers mit Werten und Leistung kann es dir ermöglichen, den Wert der psychischen Energie, die dir zur Verfügung steht, richtig einzuschätzen und deine innere Unruhe in praktische Fertigkeiten umzuleiten. Stier kann dir die Geduld und die Stabilität geben, die du brauchst, um diese Energie zu sammeln und zur passenden Zeit auf die rechte Art und

Weise freizusetzen. Das «In-sich-ruhen» und die Selbstbeherrschung des Stiers kann dir helfen, den dunklen Kräften in dir gegenüberzutreten; die Selbstachtung des Stiers kann dich befähigen, diese Kräfte als einen wertvollen Teil deines Wesens zu akzeptieren, ihre schöpferischen Möglichkeiten anzuerkennen und das Wissen über deine inneren Hilfsquellen zu erweitern. Eine solche Stärkung der inneren Grundlagen kann außerdem das Selbstwertgefühl und die Eigenständigkeit fördern sowie deinen Einfallsreichtum in bezug auf die Erfüllung deiner Wünsche. Als Folge davon mußt du von anderen Menschen nicht so viel verlangen und kannst dein die anderen dominierendes Verhalten ablegen.

Der Sinn deines Stiers für Werte und Selbstachtung kann dich auch zu befriedigenden sexuellen Beziehungen führen. Deine Wärme und Zärtlichkeit erlauben es dir, zu entspannen und tiefere sexuelle Erfüllung zu finden; dein sinnliches Naturell begünstigt dich, die Freuden der Berührung zu genießen und weniger Betonung auf Leidenschaft und den daraus resultierenden Höhepunkt zu legen. Und schließlich wird es dir die für den Stier so typische Geduld ermöglichen, die Befriedigung so lange aufzuschieben, bis du den richtigen Partner gefunden hast und ihr beide in der Stimmung seid, eure Sexualität positiv zu leben.

Stier kann dem Skorpion auch helfen, indem er sich weigert, aus jeder Erfahrung eine Angelegenheit auf Leben und Tod zu machen, und indem er lehrt, das zu schätzen, was du hast — die einfachen und beständigen Freuden deines Lebens sowie die intensiven Erfahrungen der Energiefreisetzung und -transformation.

Die Skorpion/Stier-Synthese: «Transformiertes Verlangen»

Skorpion kann den Stier-Einfluß in deinem Horoskop transformieren, indem er dich aus der Bequemlichkeit und Gelassenheit des Stiers aufstört und dich zwingt, deinen Willen auf Befriedigungen zu richten, die tiefer sind als materielle Freuden und eine hedonistische Lebensweise. Indem er in den innersten Kern deines Wesens eindringt, setzt Skorpion die dort vorhandene Energie frei — Energie, die in der Lage ist, die Materie zu transformieren und die dich befähigt, in der materiellen Welt schöpferisch zu wirken, sowie jene Energie, die du brauchst, um deine materiellen Verhaftungen zu überwinden und deine unersättlichen Gelüste unter Kontrolle zu bringen.

Skorpion befähigt dich, Wünsche zu erfüllen, zu überwinden oder zu sublimieren. Die durch ihn verkörperten tiefen Erkenntnisse lehren dich, daß du mehr bist als dein physischer Körper und zeigen dir Energien und Gesetze, die über die materielle Ebene hinausgehen. Viele der Güter, die dein Stier-Selbst angesammelt hat, werden von Skorpion vielleicht beseitigt. Das zwingt dich, dein Wertesystem zu verfeinern und neu zu bilden, um das zu würdigen, was für dein Leben grundlegend wichtig ist. Du mußt dich von dem «Gepäck» befreien, welches das Kennzeichen eines bequemen, sorglosen Lebens ist.

Skorpion kann verlangen, daß du die hemmungslose Genußsucht deines Stiers beherrschen lernst, doch kann er dich auch durch Sinnlichkeit zu den Höhen sexuellen Erlebens führen. Skorpion fügt der Wärme und Zärtlichkeit des Stiers Tiefe und Leidenschaft hinzu. Wenn es die Umstände erlauben, macht er es möglich, daß du mit einem anderen Menschen sowohl physisch als auch psychisch verschmilzt — und dann daraus mit einem stärkeren Selbstgefühl hervorgehst, nachdem du lange genug innerlich losgelassen hast, um deine Verbindung zu den höheren Energien wieder herzustellen, von denen wir alle unsere Stärkung beziehen. Die mystischen Qualitäten der sexuellen Vereinigung lenkt die Stier-Energien zu höherer Erfüllung; die Befriedigung des physischen Losgelöstseins löst starke Spannungen auf und trägt dazu bei, daß wir schöpferisch arbeiten können. Im sublimierten Zustand können die Skorpion-Energien dich zu künstlerischen Ausdrucksformen inspirieren, die lebendig und machtvoll sind, weil sie aus den Tiefen der Seele schöpfen.

Der Sinn des Skorpions für Intimität kann auch die Zurückhaltung und Unabhängigkeit des Stiers fördern, indem er sicherstellt, daß du nichts preisgibst, was dir das Gefühl geben könnte, zu verletzlich oder abhängig zu sein. Beide, Stier und Skorpion, sind eigenwillige, entschlossene und einfallsreiche Zeichen; gemeinsam können sie zu unglaublicher Vollendung führen. Skorpion kann dir helfen, deine Stier-Talente zu nutzen und auch die Mittel anderer, die bereit sind, zum beiderseitigen Nutzen mit dir zu teilen. Dein Wahrnehmungsvermögen und deine Fähigkeit, mit Konflikten umzugehen (das heißt, sich mit der dunklen Seite der menschlichen Natur auseinanderzusetzen und ihre Energie für höhere Ziele nutzbar zu machen), stärken deine Selbstachtung und bauen die Selbstachtung anderer auf, die durch deinen regenerierenden Einfluß lernen, dich und sich selber zu schätzen.

Stier/Skorpion-Polaritäten

Stier	Skorpion
selbständig, unabhängig	*emotionale und sexuelle Verschmelzung, teilt materielle Mittel*
entwickelt seine Talente, verdient seinen Lebensunterhalt	*hilft anderen, ihre Talente zu entwickeln und benutzt die Talente anderer für sich*
konzentriert sich auf das Konkrete und Berührbare	*forscht, dringt unter die Oberfläche*
praktisch, leistungsfähig, beschäftigt sich mit konkreten Ergebnissen	*beschäftigt sich mit Energie und ihrer Anwendung, hat okkulte Interessen*
strebt nach materieller Sicherheit, schwelgt im Wohlstand	*gewinnt Macht durch den Einsatz von materiellen Gütern*
persönliche Macht	*Macht über andere*
befriedigt seine Wünsche und Bedürfnisse	*verlangt, daß andere ihn befriedigen, sucht gegenseitige Erfüllung*
warm, hingebungsvoll, liebevoll, zärtlich	*heilend, erneuernd, wiederbelebend*
wünscht sich Sicherheit in der Liebe, genießt sinnliche Freuden	*wünscht sich sexuelle Befreiung und Erlösung, ist leidenschaftlich*
Selbstachtung	*Selbstüberwindung*
sammelt materielle Güter, ist in materielle Wünsche verstrickt	*merzt Unwesentliches aus, überwindet oder sublimiert sein Verlangen*
bequem, schwerfällig, faul	*intensiv, umgestaltend, erfährt das «stirb-und-werde»*

Zwillinge/Schütze

Negativer Ausdruck

Deine Zwillinge/Schütze-Opposition läßt darauf schließen, daß du deine Kräfte zersplitterst, indem du dich auf zu viele Aktivitäten einläßt, einer großen Anzahl intellektueller Interessen nachgehst oder zu vielen Leuten Beziehungen unterhältst. Du versuchst, alles zu tun, huschst von einem «Weg» zum anderen und zeigst ein unbesonnenes, nachlässiges Verhalten, oder du widmest dich all deinen Bestrebungen nur auf oberflächliche Weise.

Du bist ein intellektueller Mensch, doch erlaubst du es deinem Denken nur selten, sich auf einen Studiengang lange genug zu konzentrieren, um irgendeine Fachkenntnis zu entwickeln. Häufig wirst du von irgendwelchen Theorien oder bedeutungslosen Einzelheiten mitgerissen, während du versuchst, durch Logik die Realität in die Gewalt zu bekommen und Erfahrungen durch Wissen ersetzt oder endlos über das Alltagsleben philosophierst, ohne deinen Verstand wirklich auf die eigene Lebensführung anzuwenden. Du neigst dazu, dich entweder mit trivialen Dingen zu beschäftigen oder dich in höheren abstrakten Bereichen zu verlieren, die wenig Bezug zu deinen täglichen Gegebenheiten haben.

Du bist geschickt im Umgang mit Worten, sprichst unablässig, treibst mit anderen Menschen intellektuelle Wortspiele oder überschüttest sie mit einer Fülle von unwichtigen oder unzusammenhängenden Informationen. Du gibst vor, alle Antworten zu wissen, doch du benutzt oft deine Fähigkeiten im Argumentieren und deinen Fundus an Wahrheiten, um deine Lieblingstheorien zu stützen oder um andere Menschen davon zu überzeugen, daß du ein Maß an Wissen oder Verständnis besitzt, das du gar nicht erworben hast. Dein Bemühen um eine Verbalisierung deiner Wahrnehmungen beeinträchtigt auch deine Fähigkeit, Verbindungen auf einer nonverbalen Basis mit anderen einzugehen und behindert die Erfahrung einer Integration von Körper, Geist und Gefühl, welche es dir ermöglichen würde, in Verbindung mit deiner inneren Weisheit zu leben.

Die Zwillinge/Schütze-Synthese: «Verbreitung von Weisheit»

Die Synthese deiner Zwillinge/Schütze-Opposition macht es erforderlich, daß die Zwillinge die Weisheit des Schützen teilen und anwenden, und der Schütze den geistigen Betätigungen und der unmittelbaren Realität der Zwillinge Zweck und Richtung gibt.

Die Rastlosigkeit der Zwillinge, ihre Neugier und ihr Bedürfnis nach gegenseitigem Austausch im täglichen Leben führt dazu, daß du mit vielen verschiedenen Leuten in Verbindung kommst, die dir helfen können, neue Perspektiven zu finden und neue Einsichten zu gewinnen. Weil Zwillinge sich klar ausdrücken können und sich gerne mitteilen, bist du fähig, das Wissen des Schützen in Worte zu kleiden und dich auf anregende Gespräche mit anderen Menschen einzulassen.

Durch die Konzentration deiner Aufmerksamkeit auf die unmittelbare Umgebung stellt der Zwilling sicher, daß die Weisheit deines Schützen eine zutiefst wahre ist und auf dein tägliches Leben angewandt werden kann; sie bewahrt dich davor, dich in höhere Bereiche zu verlieren, die zu den alltäglichen Gegebenheiten nicht in Beziehung stehen und deshalb unerheblich sind. Indem du deine Einstellungen und Überzeugungen dem Zwillinge-Test einer realitätsbezogenen und logischen Denkweise unterwirfst, entwickelst du ein Begriffssystem oder eine Lebensanschauung, die für dich in jeder Lage bedeutungsvoll ist, und die dir hilft, auf deinem selbstgewählten Weg fortzuschreiten.

Die Fertigkeiten im Lesen, Schreiben, Argumentieren und Ansammeln von Informationen, die dein Zwillings-Wesen meisterhaft beherrscht, sowie dein fundiertes, durch Schulausbildung und durch dein Wahrnehmungsvermögen erlangtes Wissen bieten dir eine feste Grundlage zur Ausbildung von Intuition und zur Entwicklung des konstruktiven Potentials deines höheren Denkvermögens. Durch die Vielfalt deiner Interessen und ausgewählten geistigen Beschäftigungen bist du geeignet, lehrende oder erzieherische Tätigkeiten auszuüben. Aufgrund des großen Wissenspotentials, aus dem du schöpfen kannst, sowie deiner Fähigkeit, Verbindungen zu schaffen, kann deine Schütze-Natur die Zusammenhänge zwischen scheinbar beziehungslosen Informationsteilen erkennen und somit einen ganzheitlichen Standpunkt einnehmen. Dazu kommt das Gewahrwerden einer höheren Ordnung, die dein Bewußtsein erweitert und deinen Glauben vertieft.

Die Schütze/Zwillinge-Synthese: «Inspiriertes Denken»

Wenn die Inspiration und Offenbarung des Schützen das Denken deiner Zwillinge erleuchten, gewinnst du Einsichten, die dein tägliches Leben bereichern. Ein neuer Gesichtspunkt, die Berücksichtigung der ethischen Konsequenzen des Wissens und der täglichen Mitteilungen und ein Bewußtsein des Zukünftigen helfen dir, deine persönlichen Gewohnheiten besser zu bewältigen. Schütze richtet deinen Zwillinge-Verstand auf sinnvolles Wissen, das deine Entwicklung fördert, dein Bewußtsein erweitert und es dir ermöglicht, durch die Bereiche des höheren Verständnisses ein übergeordnetes Ziel wahrzunehmen, das über die Vielfältigkeit deiner Erfahrung hinausgeht.

Indem du auf andere Menschen mit der Begeisterung und dem Optimismus des Schützen zugehst und dein Verständnis übermittelst, hebst du das Niveau deiner persönlichen Beziehungen. Du inspirierst, lenkst und hebst die Menschen um dich herum empor, und du ziehst neue Bekanntschaften und Betätigungen an, die dich wiederum anregen und das Streben der Zwillinge nach Wissen und Abwechslung befriedigen. Aber Schütze läßt nicht zu, daß du deine Energien zu weit verstreust oder dich Gesprächen und Interessen widmest, bei denen deine geistigen, verbalen und sozialen Fähigkeiten vergeudet werden. Indem der Schütze für dein Leben eine Richtung aufzeigt, stattet er dich mit Zielstrebigkeit aus. So bist du fähig, täglich konstruktive Entscheidungen zu treffen und die Integration des Ichs zu erfahren, die es dir ermöglicht, erfolgreicher zu denken und mit anderen in Verbindung zu treten.

Zwillinge/Schütze-Polarität

Zwillinge	**Schütze**
Lebt in der Gegenwart, konzentriert sich auf die unmittelbaren Gegebenheiten	*denkt an die Zukunft, plant, gewinnt Perspektive*
beobachtend, knüpft Verbindungen, reagiert auf Anregungen	*paßt sich an, verarbeitet und versteht Wahrnehmungen und Empfindungen*
erwirbt Kenntnisse, sammelt Einzelheiten, ist klug und weiß viel	*entwickelt Verständnis und Weisheit, sucht nach Sinn und Bedeutung, ist vorurteilsfrei*
beschäftigt sich mit Zahlen und Fakten, wissenschaftlich, empirisch, induktives Denken (vom Einzelnen zum Allgemeinen)	*beschäftigt sich mit Einstellungen und Ideen, philosophisch, deduktives Denken (vom Allgemeinen zum Einzelnen)*
logisch, vernünftig, verstandesbetont	*geht über den Verstand hinaus, ist offen für überraschende Entdeckungen, religiös*

amoralisch, kümmert sich nicht um moralische Konsequenzen	*moralisch, mißt sittlichem Verhalten und ethischen Grundsätzen Bedeutung bei*
wendig und vielseitig, verfolgt viele voneinander unabhängige Interessen, hat viele Fähigkeiten	*zielbewußt, folgt einer bedeutungsvollen Richtung*
zersplittert, rastlos	*zu umfassend, wird von einer Tätigkeit mitgerissen*
pflegt Austausch und Umgang mit anderen Menschen	*wird von einer Beziehung mitgerissen*
ist gesprächig, genießt die Unterhaltungen des Alltags	*lehrt, führt, engagiert sich in philosophischen Auseinandersetzungen*

Krebs/Steinbock

Negativer Ausdruck

Deine Krebs/Steinbock-Opposition zeigt an, daß du dich häufig emotional vernachlässigt und unterernährt fühlst. Weil du in deiner Kindheit kein gesundes Gleichgewicht zwischen dem liebevollen Umsorgtwerden und vernünftiger Disziplin erfahren hast, fällt es dir als vermeintlich reifem und tüchtigen Erwachsenen schwer, deine emotionalen Bedürfnisse zu befriedigen. Einerseits wirst du außerordentlich abhängig von anderen Menschen und möchtest, daß man sich um dich kümmert; andererseits stellst du übertriebene Anforderungen an dich selbst, um die Bedürfnisse anderer zu erfüllen und jederzeit unabhängig und verantwortungsvoll zu handeln.

Da du anderen nicht wirklich helfen kannst und deren Fürsorge nicht zu schätzen weißt, wenn du selbst ständig unzufrieden bist, wirst du zunehmend verzagter und zweifelst an dir selbst. Du ziehst dich in dein Schneckenhaus zurück, grübelst und sorgst dich dauernd, bist unfähig, Liebe zu geben oder zu empfangen. Oder du setzt an Stelle emotionaler Erfüllung die Sicherheit und klammerst dich an deine Familie oder widmest dich voll und ganz deinem Beruf. Vielleicht versuchst du erfolglos, deine Bedürfnisse durch deine Kinder zu befriedigen, indem du dich auf übertriebene Weise mit deiner Elternrolle identifizierst.

Der Versuch, alle deine Bedürfnisse durch die Liebe von Angehörigen oder zwanghafte Arbeitsweise zu erfüllen, ist nicht die Lösung deines Dilemmas. Deine Launenhaftigkeit und Unzufriedenheit verhindern, daß du dein Augenmerk auf die naheliegende Arbeit richtest und dich dieser Sache widmest; die Abhängigkeit von deiner Familie schwächt dich und führt dazu, daß du dich zunehmend unfähig fühlst. Je negativer du wirst, desto erfolgloser arbeitest du; je erfolgloser du arbeitest, desto negativer wirst du.

Die Krebs/Steinbock-Synthese: «Stärkende Disziplin»

Die Synthese deiner Krebs/Steinbock-Opposition erfordert, daß Krebs der Disziplin und der Arbeit des Steinbocks sein fürsorgliches Feingefühl verleiht, und daß Steinbock seine Selbstbeherrschung und Unabhängigkeit auf die Gefühle des Krebses anwendet.

Die Verbundenheit des Krebses mit deinen Emotionen ermöglicht es dir, Gefühle zu erfahren und zu kanalisieren, die deine Arbeit und deine Verpflichtungen behindern. Krebs lehrt dich, auf deine emotionalen Bedürfnisse zu achten und zu lernen, dich selbst zu nähren, wodurch du nicht nur größere Erfüllung erlebst, sondern auch stärker und zunehmend selbständiger wirst. Das versetzt dich in die Lage, mit den Beschränkungen und Entbehrungen zurechtzukommen, die Steinbock vielleicht von dir verlangt.

Die emotionale Stärkung, die der Krebs sucht und bietet, veranlaßt dich, fruchtbare und dauerhafte Verbindungen zu anderen Menschen einzugehen. Du bist fähig, dich zu binden und bleibst loyal — nicht nur aufgrund deines Verantwortungsgefühls, sondern auch, weil du bereit bist, dich mit der Verletzlichkeit und den Unsicherheiten persönlicher Beziehungen zu beschäftigen und weil du um die emotionale Tiefe und Befriedigung weißt, die du mit einem anderen Menschen erleben kannst. Weil du dir deiner Empfindsamkeit bewußt bist und mit deinen ständig wechselnden Stimmungen umgehen kannst, bist du anderen gegenüber einfühlsam und aufgeschlossen, was andere dazu veranlaßt, dich ernstzunehmen und sich dir anzuvertrauen.

Deine Verbundenheit mit dem unermeßlichen Reservoir des Krebs-Unterbewußtseins befähigt dich, mit dem «Kind» in dir in Kontakt zu bleiben und anmutig und würdevoll zu altern. Das innere Kind hilft dir, als Elternteil erfolgreich zu sein. Du bist fähig, auf die Bedürfnisse deiner Kinder einzugehen, weil du mit deinen eigenen Bedürfnissen umgehen kannst; du bist auch in der Lage, deine erzieherischen Maßnahmen mit Liebe zu mildern. Weil dein Verhalten gleichzeitig fürsorglich und fest ist, respektieren deine Kinder deine Autorität und sind ihrerseits bereit, disziplinierte und verläßliche Menschen zu werden. Das herzliche Familienleben, das du schaffst und erfährst, gibt dir und ihnen eine solide Grundlage, durch die jeder von euch in der Außenwelt reifer und verantwortlicher wirken kann.

Die Zufriedenheit, die du in deinem persönlichen Leben erfährst, stimuliert auch dein Berufsleben. Da du nicht gezwungen bist, emotionale Vernachlässigung durch Erfolg zu ersetzen, kannst du dich entspannen und erfolgreicher arbeiten. Du kannst sowohl den Arbeitsvorgang als auch die Anerkennung, die du erhältst, genießen. Krebs hilft dir, einen Beruf zu wählen, der dein inneres Wesen nährt und dich in der Folge zu Höchstleistungen anspornt. Er läßt es zu, daß du an deiner Arbeit gefühlsmäßig beteiligt bist und darin Befriedigung erfährst. Außerdem gewinnst du das Wohlwollen der Allgemeinheit, mit der du dich auf persönliche und einfühlsame Weise in Beziehung bringst. Vielleicht veranlaßt dich Krebs sogar, einen Beruf im Haushalts- und Sozialbereich zu wählen, wodurch du deine emotionalen Bedürfnisse erfüllst und gleichzeitig in der Lage bist, das persönliche Leben anderer zu bereichern.

Die Steinbock/Krebs-Synthese:
«Gefestigte Emotionen»

Die Selbständigkeit des Steinbocks hilft dir, emotionale Konflikte zu bewältigen und die eigenen Bedürfnisse zu erfüllen. Deine Selbstbeherrschung befähigt dich, Gefühle zu stabilisieren und bewahrt dich davor, von ihnen überwältigt zu werden. Durch die Bereitschaft, Verantwortung für deine Handlungen zu übernehmen, bist du in der Lage, kindischen Verhaltensweisen, schlechten Angewohnheiten und dem Gefühl der Hilflosigkeit entgegenzutreten und kannst dich von diesen Mustern der Vergangenheit, die dich nicht länger stärken, frei machen.

Steinbock filtert deine Erfahrungen und schützt dich davor, in kräfteverzehrenden Gefühlen zu schwelgen und allzuleicht die psychische Verwirrung der Menschen um dich herum in dich aufzunehmen. Weil dein Gefühl für die eigenen Grenzen es verhindert, daß du dich in die Leiden anderer verlierst, wirst du von ihren Problemen nicht zu sehr durcheinandergebracht. Du reagierst klug und natürlich, da du ihnen den Beistand deines Krebses anbietest und gleichzeitig ihre eigene Kraft anregst und dich weigerst, ihre Schwäche zu unterstützen. Folglich trägt Steinbock zu deinem emotionalen Wohlbefinden genauso bei wie zum Wohlergehen der Menschen um dich herum.

Dieses Wissen um die Grenzen und die Entschlossenheit, auf erwachsene Weise zu handeln, helfen dir, als Elternteil verantwortungsvoll und erfolgreich zu sein, deine Kinder zu hegen und zu pflegen — aber auch Disziplin durchzusetzen. Während sie ihre Selbstbeherrschung entwickeln und selbstbewußter werden, verbessert sich dein häusliches Leben, und du wirst sicherer in deinem Wissen, eine gesunde Familie geschaffen zu haben. Das Verantwortungsgefühl deines Steinbocks befähigt dich, der Familie und deinen Lieben gegenüber feste Verpflichtungen einzugehen, die auch schwere Zeiten überdauern. Du kannst, wenn nötig, auch hart arbeiten, um für sie zu sorgen. Weil du dir selbst zu manchen Zeiten zugunsten deiner Familie Entbehrungen auferlegst, erfährst du ein anderes Mal die emotionale Belohnung in Form von Sicherheit und Liebe in der Familie, die für dich so wichtig sind.

Steinbock lehrt dich, deine Gefühlskräfte in erfüllende Arbeit umzulenken. Deine Leistungsfähigkeit und dein Sinn für Vollendung verbessern auch dein häusliches Leben und stellen sicher, daß du deine Mitmenschen nicht mit Gefühlen erstickst, indem du sie als deine einzige Quelle der Erfüllung betrachtest. Steinbock kann dir helfen, deine häuslichen und persönlichen Interessen in berufliche Fähigkeiten umzusetzen, indem er deine Aufmerksamkeit auf eine Arbeit im Heim oder auf eine erfolgreiche Tätigkeit im hauswirtschaftlichen oder erzieherischen Bereich lenkt.

Krebs/Steinbock-Polaritäten

Krebs	**Steinbock**
launenhaft, emotional, unbeständig, veränderlich	*beherrscht, verschlossen, emotional gehemmt, voll Selbstzucht*
empfindsam, verletzlich	*gefühllos, kalt, stoisch*
einfühlsam, mitleidsvoll, empfänglich, leicht ansprechbar	*distanziert, einsam, nicht leicht ansprechbar*
mütterlich, nährend, beschützend, verzärtelnd, erstickt andere mit Liebe	*väterlich, setzt Grenzen, beherrschend, übt Macht und Autorität aus*
anhänglich, abhängig	*unabhängig*
passiv, schüchtern, zurückhaltend	*arbeitsam, entschlossen*
medial, intuitiv, in Verbindung mit dem Unbewußten	*ruht in sich, sehr bewußt, in Verbindung mit der äußeren Realität*
entwickelt Wurzeln, strebt nach persönlicher Stärkung	*erfolgsorientiert, ehrgeizig, strebt nach öffentlicher Anerkennung*

beschäftigt sich mit persönlichen und häuslichen Angelegenheiten, auf die Familie und das Heim konzentriert, wünscht sich familiäre Sicherheit

beschäftigt sich mit beruflichen und materiellen Angelegenheiten, wünscht sich berufliche Sicherheit

Löwe/Wassermann

Negativer Ausdruck

Deine Löwe/Wassermann-Opposition weist darauf hin, daß du deinen eigenen Willen mit dem größeren Willen, der die Menschen lenkt, verwechselst. Du suchst nach Wahrheit, aber zu oft läßt du dich von deinem Ego davon überzeugen, daß du die einzige Stimme der Wahrheit bist, und daß deine Anordnungen befolgt werden sollten. Durch deine Auslegung der universellen Gesetze und durch die verstandesmäßige Begründung deines sprunghaften Verhaltens setzt du dich auf selbstgerechte Weise gegen andere Menschen durch, während du versuchst, ihnen einzureden, daß du ein einzigartig hingebungsvolles und selbstloses menschliches Wesen bist.

Das Eintreten für humanitäre Ideen veranlaßt dich, dich in einer Gruppe oder für eine Angelegenheit zu engagieren, an die du glaubst, aber du bist unfähig, diese Ideale im persönlichen Leben umzusetzen. Du behauptest, die Menschheit zu lieben, aber verstehst es nicht, dich mit einzelnen Menschen auf liebevolle Weise zu verbinden. Oftmals verlierst du dich in hochtrabenden Begriffen oder beschäftigst dich mit Gruppenaktivitäten, die dich davon abhalten, enge Beziehungen einzugehen. In jeder Gruppe versuchst du, deine eigenen Bedürfnisse zu erfüllen, da du eine Machtposition anstrebst, in der du frei handeln kannst. Du benutzt diese Macht, um deine Wünsche unter dem Deckmantel guter Absichten oder einleuchtender Begründungen anderen aufzuzwingen. Du predigst Demokratie, errichtest aber eine Autokratie, in der du Alleinherrscher bist. Aus der Ferne projizierst du die Wärme und tiefempfundene Großzügigkeit des Löwen, doch du schaltest das Licht in dir nur an, um die Aufmerksamkeit und Anerkennung deines Publikums zu gewinnen.

Du läßt dich nicht beherrschen, aber du beherrschst andere. Bei deinen Kindern benutzt du Freundschaft als «Masche», um sie zu nötigen, sich dir zu fügen. In anderen Beziehungen hältst du die Kontrolle aufrecht, indem du eine Menge ergebener Bewunderer heranziehst, statt gleichberechtigte und beiderseits zufriedenstellende Freundschaften einzugehen. In Liebesdingen hältst du oft Freundschaft für Liebe, du verlangst Zuneigung und Loyalität, bist jedoch selbst unfähig, ein Freund zu sein oder Liebe auszudrücken, ohne über deinen Partner Macht auszuüben.

Die Löwe/Wassermann-Synthese: «Liebevolle humanitäre Einstellung»

Die Synthese deiner Löwe/Wassermann-Opposition macht es erforderlich, daß der Löwe seine liebevolle Wärme und selbstbewußte Führung mit dem Intellekt und der inneren Freiheit des Wassermanns verbindet, und daß der Wassermann seinen Universalismus und seine humanitäre Einstellung dem Egoismus und Stolz des Löwen hinzufügt.

Das Selbstwertgefühl deines Löwen befähigt dich, ein selbstbestimmter Individualist zu sein, der um die Freiheit weiß, die sich ergibt, wenn man den Gesetzen seines inneren Wesens folgt und sich nicht gegen die Gesellschaft auflehnt. Aufgrund deines robusten Egos bist du in der Lage, mit den unvermeidlichen Veränderungen zurechtzukommen, die der Wassermann in dein Leben bringt — seien sie nun selbstauferlegt oder die Folge äußerer Umstände.

Die Fähigkeit des Löwen, dein Herz für deine Mitmenschen zu öffnen, dich mit ihnen zu verbinden und von deiner eigenen Fülle großzügig zu geben, bereichert deine Freundschaften und veranlaßt dich, eine humanitäre Einstellung nicht nur zu predigen, sondern auch zu leben. Die Herzlichkeit, die du erlebst und ausstrahlst, ist ein Ausdruck der Liebe des Wassermanns zur ganzen Menschheit. Deine Selbstbeherrschung und deine eigenen inneren Grundsätze tragen zur Errichtung einer wahren Demokratie bei, in der die Menschen über sich selbst entscheiden und nicht aus einem Gefühl der Machtlosigkeit heraus versuchen, zu herrschen oder beherrscht zu werden.

Die Gruppen, denen du angehörst, werden durch die Gegenwart deines Löwen belebt; dein Enthusiasmus und der spielerische Geist helfen anderen, sich zu entspannen und ihre Fähigkeiten zu genießen. Durch dein Vertrauen und aufgrund deiner Führung gibst du der Gruppe Kraft und hilfst ihr, eine zusammenhängende Wesenheit zu werden, die fähig ist, ihren gesellschaftlichen Zweck zu erfüllen. Dein persönliches Engagement in gesellschaftlichen und sozialen Angelegenheiten ist auch für andere Veranlassung, sich dafür einzusetzen und die Erfüllung zu erfahren, die in der Verwirklichung von Wassermann-Idealen liegt.

Indem der Löwe sich ganz auf das Persönliche einläßt, erschließen sich ihm die Bereiche des kollektiven Unbewußten, und er begreift die universellen Wahrheiten des Wassermanns. Dieses Wissen ist, wenn es auf einer menschlichen und nicht abstrakten Ebene erworben wird, lebendig und nicht fruchtlos und leer. Erfährst du die universellen Gefühle, die tief im Inneren des Persönlichen herrschen, identifizierst du dich mit der ganzen Menschheit und lebst die Wassermann-Ideale der Aufgeschlossenheit, Toleranz und Brüderlichkeit. Das Wissen um die Bedürfnisse des eigenen Egos hilft dir, deinen kleinen Willen von dem größeren zu unterscheiden. Die Verbindung zu deinem eigenen Lichtzentrum versetzt dich in die Lage, Unterstützung aus dem Licht zu beziehen, das die ganze Menschheit erleuchtet, und anderen Menschen dabei zu helfen, sich des Lichtes bewußt zu werden, das sie durchstrahlt.

Löwe/Wassermann-Synthese:
«Ausdruck des universellen Wesens»

Der unabhängige Geist deines Wassermann-Selbstes hilft dem Löwen, seine Abhängigkeit von öffentlichem Beifall zu verlieren und selbstbestimmter zu werden. Deine Wassermann-Fähigkeit, sich mit der ganzen Menschheit zu identifizieren und die universalen Bewußtseinsebenen wahrzunehmen, befähigt dein Löwe-Ego, über seine engen Grenzen hinauszugehen. Da Wassermann dich mit den universellen Gesetzen in Verbindung bringt, bist du fähig, die Gesetze deiner eigenen Natur zu deinem eigenen Vorteil und zum Nutzen für die Menschheit zu entdecken und zu leben. Weil dein Wille auf den größeren Willen ausgerichtet ist, erlebst du gesteigertes Selbstvertrauen und persönliche Erfüllung.

Das Interesse deines Wassermanns für die Menschheit veranlaßt dich, die Liebe und das Licht in dir auszustrahlen, so daß du jeden, mit dem du in Kontakt kommst, erleuchtest und nicht nur einen kleinen Kreis von Bewunderern. Weil du die Bedeutung von Freundschaften verstehst, die gleichberechtigt und für beide Seiten befriedigend sind, hast du es nicht nötig, Beziehungen einzugehen, in denen du vor der ergebenen Gefolgschaft den König oder die Königin spielst. Du bist fähig, ein wahrer Freund zu sein und auch dann Liebe zu geben, wenn du keine überschwengliche Würdigung und Dankbarkeit dafür erhältst.

Wassermann schafft einen Kanal für den Selbstausdruck des Löwen, indem er dich befähigt, einen kreativen Beitrag zu Freundschaften, Gruppen oder gesellschaftlichen Angelegenheiten zu leisten; er versetzt dich in die Lage, dich persönlich auszudrücken, während du gleichzeitig deine Energien auf ein Ziel richtest, das außerhalb von dir liegt.

Löwe/Wassermann-Polaritäten

Löwe	Wassermann
drückt sich selbst aus, ist kreativ, spielerisch	*intellektuell, abstrakt, originell*
herzlich, strahlend, romantisch	*zu allen freundlich, brüderlich*
persönlich, gefühlsbetont, spontan	*unpersönlich, distanziert, teilnahmslos*
loyal, zuverlässig	*freiheitsliebend, ungebunden*
hochherzig, freigebig	*Menschenfreund, liberal*
besitzt ein gefestigtes Identitätsgefühl, ruht in sich, ist egoistisch, stolz	*politisch, identifiziert sich mit der Menschheit, mit Gruppenangelegenheiten oder Gesellschaftsproblemen*
individualistisch	*Nonkonformist, rebellisch*
möchte beachtet werden, gebieterisch, rechthaberisch, möchte sich aus der Gruppe hervorheben	*gruppenorientiert, befürwortet Gleichberechtigung, kooperativ, tolerant*
Egoist, auf seine persönlichen Wünsche eingestellt	*Wahrheitssucher, im Einklang mit den Gesetzen des Universums*

Jungfrau/Fische

Negativer Ausdruck

Deine Jungfrau/Fische-Opposition weist darauf hin, daß du ein Perfektionist bist — der auf ein Ideal versessen und mit den Realitäten seines Lebens ständig unzufrieden ist. Leicht zu enttäuschen, ziehst du dich in deine Phantasien zurück oder läßt dich ziellos treiben, gelähmt von der Verwirrung, die du geschaffen hast. Entweder du bleibst im Versuch, ein bestimmtes Problem zu lösen, stecken und verlierst den Überblick, oder du vertraust, während die ganze Situation sich auflöst, darauf, daß sich alles von selbst regeln wird und versäumst es, dich den Aufgaben zu stellen, die von dir erledigt werden müssen.

Oftmals entziehst du dich Arbeiten oder Verantwortlichkeiten, die weltlich oder langweilig sind. Wenn du gezwungen bist, dich mit all dem auseinanderzusetzen, was du vermieden hast, verlierst du dich in einem Nebel von Einzelheiten. Dein Schwelgen in Gefühlen verhindert klares Denken; dein Denkvermögen windet sich von einer Belanglosigkeit zur anderen und konzentriert sich auf Randthemen statt auf Angelegenheiten, die von grundlegender Bedeutung sind.

Weil du emotional unsicher und deinen täglichen Verpflichtungen nicht hinreichend gewachsen bist, wendest du dich nach innen und gibst dich Selbstmitleid und negativem Denken hin. Deine gefühlsmäßige Empfindlichkeit kann deine Gesundheit beeinträchtigen und dazu führen, daß du psychosomatische Störungen oder Lähmungen erfährst oder von Medikamenten, Tabak, Alkohol und/oder anderen Drogen abhängig wirst.

In Beziehungen versuchst du dein schwaches Selbstbild zu kompensieren, indem du dich bescheiden den Bedürfnissen der anderen unterwirfst. Du trittst für die Ideale von Opfer und Dienst ein, läßt dich ausnutzen und fühlst dich dann betrogen. Zu Beginn einer Beziehung machst du wenig Gebrauch von deinem Urteilsvermögen, du idealisierst die Möglichkeiten des anderen und siehst ihn nicht realistisch. Zu Anfang bist du äußerst anerkennend und zugänglich; dann, wenn du dich der Realität gegenübersiehst, wirst du enttäuscht und bitter, kritisierst den Menschen, an den du so sehr geglaubt hattest und wirst noch negativer und unsicherer über dich selbst.

Die Jungfrau/Fische-Synthese: «Urteilsfähige Empfindsamkeit»

Die Synthese deiner Jungfrau/Fische-Opposition macht es erforderlich, daß die Jungfrau ihren Scharfsinn und ihre Urteilsfähigkeit auf die Verwirrung und Unterwürfigkeit der Fische anwendet, und daß die Fische dem analytischen und kritischen Wesen der Jungfrau ihre geistige Empfindsamkeit und Akzeptanz verleihen.

Die Fähigkeit der Jungfrau, Wahrnehmungen und Eingebungen zu analysieren, stellt sicher, daß du in deine emotionale Verwirrung Klarheit und Ordnung bringen kannst und nicht in einem Strudel von Gefühlen versinken mußt. Weil du nicht jedem Menschen und jeder Situation in deinem Leben blind vertraust, schätzt du Gegebenheiten realistisch ein und wählst sorgfältig solche Beziehungen und Beschäftigungen aus, die dich emporheben und dir die Möglichkeit geben, jene Höhen der Inspiration und Transzendenz zu erreichen, die den Fischen entsprechen. Jungfrau hilft dir bei der Entscheidung, welche Strömung dich an welches Ufer tragen soll, so daß du dich nur jener hingibst, die mit deiner inneren Vision übereinstimmt, praktisch anwendbar ist und dich in die Lage versetzt, deine höchsten Ideale zu verwirklichen.

Die Jungfrau lehrt dich, Mitgefühl und Spiritualität in Dienst umzusetzen sowie dich auch den niedrigsten Aufgaben mit Hingabe zu widmen, vorausgesetzt, daß sie dir und anderen von Nutzen sind. Die Jungfrau ermutigt dein Fische-Selbst, einen nützlichen Beitrag für die Menschheit zu leisten und lenkt dich so zu einer Beschäftigung im Sozialdienst oder Gesundheitswesen; sie ordnet auch deine Phantasie und ermöglicht dir die Umsetzung deiner Eingebungen in kreative Arbeit und die Aneignung von Fachkenntnissen als bildender Künstler, Schriftsteller oder Musiker.

Die intensive Beschäftigung der Jungfrau mit dem Perfektionismus führt dazu, daß du dich selbst vervollkommnest, so daß du besser in der Lage bist, deinen Idealen gemäß zu leben. Die Jungfrau hilft dir, für emotionales Wohlbefinden zu sorgen, da sie Gefühle aussondert, die dich vergiften oder schwächen; sie führt dich dahin, für dein physisches Wohlbefinden zu sorgen, so daß du den heilsamen Energiefluß erlebst, der dein Fische-Selbst zu Inspiration und Liebe erwachen läßt.

Weil du für dich selbst Sorge trägst, triffst du Unterscheidungen in deinen Beziehungen und schützt dich vor Menschen, die dir schaden oder dich ausnützen würden. Die Fische drängen dich, Gefühle zu äußern, aber die Jungfrau stellt sicher, daß du deine Gefühle den richtigen Menschen unter den richtigen Umständen schenkst, daß dein Geben weder dich noch andere schwächt, sondern beide Seiten stärkt und dich den innewohnenden göttlichen Energien gegenüber noch mehr öffnet.

Fische/Jungfrau-Synthese:
«Mitleidsvoller Dienst»

Die Verbundenheit der Fische mit den kosmischen Energien inspiriert dein Denken und befähigt dich, die Einzelheiten deiner Existenz vom Standpunkt des Ganzen aus zu sehen und dich folglich deinen einzelnen täglichen Aufgaben zu widmen. Deine geistige Natur erleuchtet jede Facette deines Lebens. Durch Loslassen und das Fließen mit den Energien des Universums kommt dein Verstand zur Ruhe, und du bist fähig, klarer zu denken. Du verbindest dich mit deiner Intuition, was dir bei der Konzentration auf die wesentlichen Dinge im Leben hilft. So läßt sich das endlose Intellektualisieren vermeiden, das einsetzt, wenn du ein Thema analysierst, ohne auf deine innere Stimme zu hören. Wenn du mit deiner Phantasie positive Gedankenformen erschaffst, bewahrst du nicht nur dein Jungfrau-Selbst davor, im negativen

Denken zu versinken, sondern entwickelst eine konstruktive Haltung, die dir dabei hilft, produktiver zu arbeiten.

Die innere Vision der Fische leitet dich, so daß du eine Arbeit wählst, die für dich persönlich von Bedeutung ist, weil die Fische es dir meistens erlauben, einen Dienst zu leisten oder dich auf schöpferische Weise auszudrücken. Wenn deine Arbeit dich emotional befriedigt, bist du auch motiviert, dich ihr zu widmen. Kannst du mit den Anforderungen deiner täglichen Routine fließen, vergiftest du dich nicht mit Sorgen oder Ängsten. Du bist fähig zu entspannen und deine Pflichten zu erfüllen. Die Empfindsamkeit der Fische ergänzt deine Fähigkeit, mit anderen Menschen zu arbeiten, denn du kannst dich in ihre Gefühle hineinversetzen und auf ihre Probleme mitleidsvoll reagieren.

Die Fische lehren dich, daß Arbeit, die mit Liebe ausgeführt wird, ein weitaus größerer Dienst und viel erhebender ist als Arbeit ohne Gefühl und Zweck. In persönlichen Beziehungen enthüllen sie die Macht der Anerkennung, welche die Kritik mildert und den anderen Menschen eher bereit macht, deinen Standpunkt anzuhören. Indem die Fische dich befähigen, dich selbst zu akzeptieren, die göttliche Stimme in dir zu hören und zu verehren, weisen sie dir den Weg, für dich selbst zu sorgen, dich selbst freundlich zu behandeln und dich um dein emotionales und physisches Wohlbefinden zu kümmern. Jungfrau hat mit der Gesundheit zu tun, die Fische beugen der Krankheit vor, denn sie öffnen deinen Geist und deinen Körper für die heilenden Energien des Mitleids und der Liebe.

Jungfrau/Fische-Polaritäten

Jungfrau	**Fische**
analytisch, verstandesbetont	*intuitiv, einfallsreich, äußerst sensitiv*
peinlich genau, kümmert sich um Einzelheiten, anspruchsvoll	*nimmt das Ganze wahr, schafft Synthese*
urteilsfähig, kritisch	*unkritisch, anteilnehmend*
organisiert, ordentlich, systematisch, rationell, arbeitsam	*unorganisiert, chaotisch, verworren, nachlässig*
ängstlich, besorgt, beteiligt	*«fließend», kapitulierend, ausweichend*

kümmert sich um die Angelegenheiten des täglichen Lebens, praktisch	*jenseitig, flieht vor der Realität, unpraktisch, spirituell, transzendent*
perfektionistisch	*idealistisch*
zweifelt an sich selbst, negativ, unzufrieden	*voller Selbstmitleid, zynisch, desillusioniert, überempfindlich*
bereit zu helfen und zu dienen, nützlich	*mitleidsvoll, hingebungsvoll, zugänglich, sanft*
bescheiden, anspruchslos	*opfert sich auf, wird leicht ausgenutzt, selbstlos*
gesundheitsbewußt, hypochondrisch	*anfällig für psychosomatische Störungen oder Sucht, körperlich überempfindlich*

Kapitel 5

Gegenüberliegende Häuser

Die einander gegenüberliegenden Häuser deines T-Quadrats sowie die Zeichen dieser Opposition zeigen in deinem Leben Polaritäten auf, die ausgeglichen oder in eine Synthese gebracht werden müssen. Weil du zwischen den gegenüberliegenden Häusern deiner Opposition hin- und hergerissen wirst, mußt du Möglichkeiten finden, beide Bereiche deines Lebens auszudrücken — entweder du erlaubst dir, dich abwechselnd auf jedes einzelne Haus zu konzentrieren, ohne das andere aus deinem Bewußtsein zu verlieren, oder du findest einen Weg, die Bedürfnisse beider Häuser gleichzeitig zu erfüllen.

Dieses Kapitel beschäftigt sich wie das vorangegangene, das die Polarität der Zeichen zum Inhalt hatte, mit dem Verstehen der Natur deiner T-Quadrat-Opposition und zeigt verschiedene Möglichkeiten auf, wie deren jeweilige getrennte Bereiche integriert und in eine Synthese gebracht werden können. Es behandelt außerdem das Verstehen der Natur des Ungleichgewichts zwischen dem Haus deines Planeten im Brennpunkt und dem Haus deines leeren Raumes. Nur wenn wir jene Bereiche des Lebens verstehen, die wir überbetonen bzw. ignorieren, können wir damit beginnen, eine Balance herzustellen zwischen dem Haus im Brennpunkt und dem leeren Haus sowie zwischen den Häusern der Opposition. Weil du im leeren Haus deines T-Quadrats wahrscheinlich keinen Planeten stehen hast, solltest du das leere Haus im Hinblick auf das Zeichen und den Herrscher des leeren Grades deuten. Wenn Zeichen und Herrscher an der Spitze des betroffenen Hauses dazu unterschiedlich sind, sollte deren Bedeutung ebenfalls mit in Betracht gezogen werden.

Ob du nun ein T-Quadrat hast oder nicht, dieses Kapitel kann dir dabei helfen, die Bedeutung jeder beliebigen Opposition in deinem Horoskop zu klären und Wege zu finden, die das Ungleichgewicht der Häuser-Opposition auflösen.

Im Folgenden sind die Häuser nach ihren jeweiligen Polaritäten aufgeführt, wobei die Bedeutung des Lebensbereiches, der dem einen Haus zugeordnet wird im Vergleich zu dem entsprechenden Lebensbereich des gegenüberliegenden Hauses betrachtet wird. In vielen Fällen ähnelt die Bedeutung jener des Zeichens, das dem Haus im Tierkreis entspricht (z.B. Widder/1. Haus, Stier/2. Haus etc.). Ebenso hat auch die Synthese der gegenüberliegenden Häuser vieles mit der Synthese der entsprechenden Oppositions-Zeichen gemeinsam. Die Gedanken zur Synthese, die sich der Erörterung der Häuser-Polaritäten anschließen, vereinigen die meisten, wenn nicht sogar alle der gegensätzlichen Ausdrucksweisen der Häuser. Es mögen nur einige davon für dich von Bedeutung sein, weil die Zeichen und Planeten, die mit einem bestimmten Haus deines Horoskops verbunden sind und der Kontext deines Lebens dich dazu veranlassen können, dich bei jedem Haus nur auf einige Ausdrucksweisen zu konzentrieren. Diese wenigen Bedeutsamen können dir jedoch dabei helfen, Lösungsmöglichkeiten für das Dilemma deiner Häuser-Opposition zu finden.

Die Polarität, die in deinem Horoskop zwischen dem Planeten im Brennpunkt und dem leeren Raum aufgezeigt wird, muß ebenfalls aufgelöst werden. Das Haus des Planeten im Brennpunkt und das Haus des leeren Raumes stehen immer in Opposition. In manchen Fällen, z.B. wenn der Planet im Brennpunkt sich innerhalb der letzten fünf Grad eines Hauses befindet, kann sich sein Einfluß auf das nächste Haus ausdehnen. Vielleicht möchtest du deshalb auch die Bedeutung des nächsten Hauses lesen, um seine Polarität zu verstehen. Oftmals kann es auch vorkommen, daß die Opposition deines T-Quadrats (oder eine andere Opposition deines Horoskops) nicht sechs, sondern fünf Häuser auseinander liegt. Ein Planet kann 4 Grad vor Ende des 2. Hauses stehen und — mit einem Orbis von 5 Grad — eine Opposition zu einem Planeten bilden, der sich auf 1 Grad des 9. Hauses befindet. In dieser Situation sollte die Polarität des 3. und 9. Hauses als die wichtigste betrachtet werden, da der Einfluß eines Planeten an der Spitze eines Hauses am stärksten ist. Der andere Planet, nahe am Ende des 2. Hauses, hätte einen kombinierten Einfluß vom 2. und 3. Haus.

Wenn du eine solche Opposition in deinem Horoskop hast, kannst du nicht nur von dem Studium der Polaritäten, wie sie hier beschrieben sind, und von den entsprechenden Gedanken für die Synthese profitieren, sondern auch durch das Gegenüberstellen der Bedeutung jener Häuser, die nicht direkt in Opposition stehen. Auch mögen sich eigene Versuche als vorteilhaft erweisen, eine Ausgewogenheit zwischen den Häusern zu erreichen oder um Wege zu finden, deren unterschiedliche Bedeutungen zu integrieren und in eine Synthese zu bringen.

HÄUSER-POLARITÄTEN IM T-QUADRAT

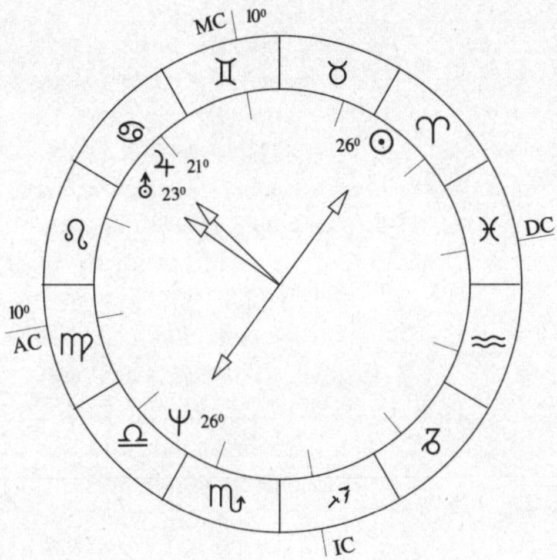

Hier befinden sich die Oppositions-Planeten Sonne und Neptun eindeutig in folgenden Häusern. Die Planeten im Brennpunkt (Jupiter und Uranus) stehen ebenfalls im einem folgenden Haus. Die zu integrierenden Polaritäten sind die Häuser 2 und 8 sowie die Häuser 11 und 5.

Hier stehen die Oppositions-Planeten Mars und Uranus eindeutig in fallenden Häusern. Pluto, der Planet im Brennpunkt, befindet sich jedoch in einem folgenden Haus. Die zu integrierenden Polaritäten sind die Häuser 6 und 12 sowie 8 und 2.

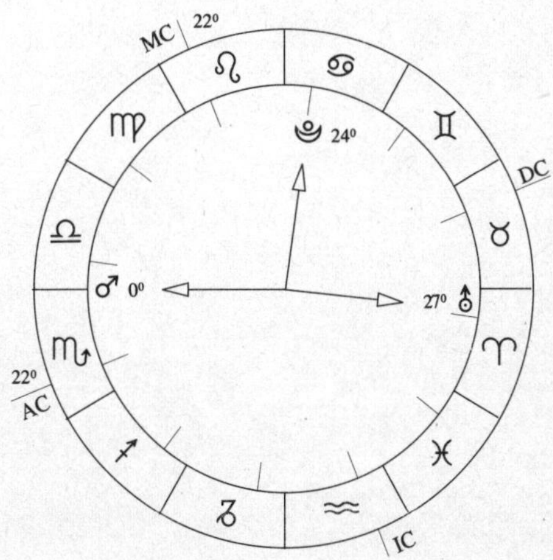

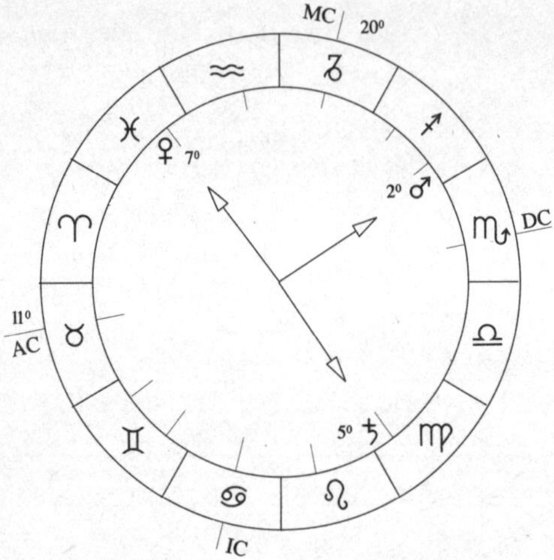

Hier stehen die Oppositions-Planeten Venus und Saturn nahe den Häuserspitzen zwischen folgenden und fallenden Häusern. Der Planet im Brennpunkt (Mars) steht in einem Eckhaus. Sowohl die Häuser 5 und 11 als auch 6 und 12 müssen integriert werden; außerdem die Polarität der Häuser 1 und 7.

Hier befinden sich die Oppositions-Planeten Mond und Mars *nicht* in gegenüberliegenden Häusern. Der Mond befindet sich in einem Eckhaus. Es besteht eine Polarität zwischen dem 3. und 10. Haus, die verstanden und integriert werden muß. Dies gilt genauso für die Polarität zwischen dem 1. und dem 7. Haus.

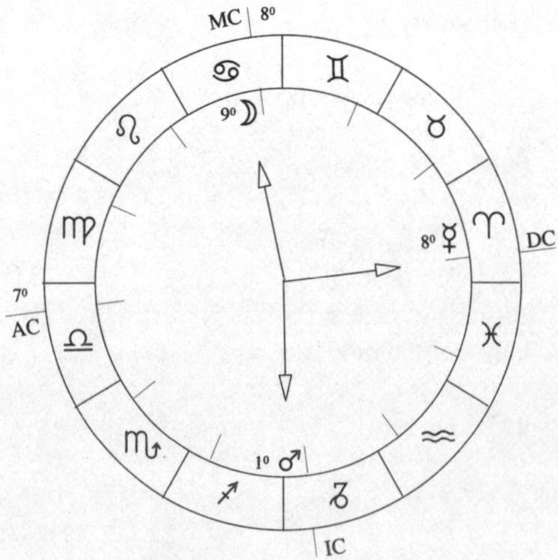

Erstes/Siebtes Haus

1. Haus	7. Haus
deine physische Erscheinung; dein Verhalten; dein Äußeres; wie andere dich sehen; das Persönlichkeitsbild, das du anderen zeigst	wonach du bei anderen Menschen suchst; was du auf andere projiziert; Qualitäten in dir, die du von anderen ausgedrückt haben willst; die Art von Partnern, die du suchst; die Menschen, die du anziehst
das Bewußtsein deiner physischen Erscheinung und deines äußeren Bildes; die Facetten deines Wesens, die dein Bewußtsein beherrschen; deine Befangenheit; dein Wunsch, die Art und Weise zu kontrollieren, wie du auf andere wirkst; dein Rollenspiel	dein Bewußtsein von anderen, deine Neigung, dich auf persönliche Beziehungen zu konzentrieren, besonders Ehe- und Liebesbeziehungen; deine Neigung, dich in anderen zu verlieren; die Art der Beziehungen, die du eingehst; welche Auswahl du bei diesen Beziehungen triffst und welche Form sie annehmen
dein angeborenes Identitätsgefühl; die Macht, die du nach außen überträgst; dein Körperbewußtsein; deine physischen Grundlagen oder deine Verbindung zum Körper	auf welche Weise du dir der anderen Menschen als eigenständige Individuen bewußt bist; wie du Verbindungen mit anderen Menschen eingehst und wie du auf sie reagierst; wie du dich in einer Zweierbeziehung verhältst
welche Beziehung du zu dir selbst hast; die innere Harmonie oder Widersprüchlichkeit, die du erlebst	deine Fähigkeit zur Zusammenarbeit; die Harmonie oder Zwietracht, die du in deinen Beziehungen erfährst; deine Ehe, Partnerschaften geschäftlicher Art, Beratungsbeziehungen und andere verpflichtende Beziehungen zwischen zwei Menschen; die Auflösung von Bindungen; Trennung und Scheidung

dein Bedürfnis, sowohl physisch als auch geistig und emotional aktiv zu sein; deine draufgängerischen Neigungen	dein Bedürfnis, eine Zweierbeziehung einzugehen; dein Verlangen nach verbindlichen persönlichen Beziehungen
die ersten Jahre deines Lebens	deine Ehejahre
deine persönlichen Bestrebungen	die Bestrebungen deiner Partner

Wie kannst du dein 1. und 7. Haus integrieren?

1. *Durch deine Beziehungen kannst du deine Kenntnis über die Teile des Selbst, die du auf andere projizierst, verbessern; das «Feedback», das du erhältst, kann dir dabei helfen, dein äußeres und inneres Wesen in Harmonie zu bringen.*

2. *Du kannst Beziehungen mit Menschen aufbauen, die dich akzeptieren und dir ohne weiteres zugestehen, du selbst zu sein, oder mit Menschen, die ähnliche Absichten, Wünsche und Aktivitäten mit dir teilen.*

3. *Da du mit dir selbst in Kontakt bist und deine eigenen Wünsche wirksam erfüllst, kannst du verstehen, daß andere Menschen das Bedürfnis haben, mit ihrem Selbst in Verbindung zu bleiben und sich auf ihre eigene Art und Weise aktiv auszudrücken und Zufriedenheit zu finden. Du kannst sie ermutigen, sie selbst zu sein.*

4. *Weil du mit dir selbst in Kontakt stehst und in deinem Körper fest verbunden bist, kannst du mit anderen Menschen tief verbunden sein, ohne dich selbst zu verlieren. Du kannst mit deiner eigenen Macht in Verbindung bleiben — das bewahrt dich davor, diese Macht an andere abzugeben.*

5. *Du kannst über die Teile in dir, die du nach außen projizierst, selbst verfügen, statt nach Menschen zu suchen, die für dich diese Teile ausdrücken. Als Folge davon kannst du dich von der zwanghaften Neigung freimachen, Beziehungen einzugehen, die immer nach demselben Schema ablaufen und dieselben Probleme aufwerfen.*

6. *Indem du dir erlaubst, anderen Menschen dein volles Interesse zu schenken und dich ganz und gar mit ihnen zu verbinden, kannst du deine Befangenheit verlieren und machst dir nicht mehr soviel daraus, wie andere dich sehen. Du kannst dein Rollenspiel aufgeben und dich auf eine echte Zweierbeziehung einlassen.*

Zweites/Achtes Haus

2. Haus	8. Haus
wie du dein Einkommen verdienst, deine Ertragsfähigkeit, Einkommensschwankungen	dein Wunsch und deine Fähigkeit, Geld aus anderen Quellen zu beziehen (z.B. von Ehepartnern, Investitionen, Erbschaften, Trust-Fonds, Beihilfen, Gebühren, Versicherungen, geschäftlichen Gelegenheiten)
deine Einstellung und Umgangsweise im Hinblick auf die Planung und das Ausgeben deines persönlichen Einkommens; was du kaufst	deine Einstellung und Umgangsweise im Hinblick auf Planung, Aufteilung, Kontrolle und Investitionen, soweit sie das Einkommen anderer Menschen betreffen
das Bedürfnis, deine eigene finanzielle Sicherheit zu gewährleisten, indem du deine Verdienstmöglichkeiten entwickelst; deine Bereitschaft, sorgfältig und fleißig zu arbeiten, um dein Einkommen zu erhöhen	die Notwendigkeit, deine finanzielle Sicherheit zu gewährleisten, indem du dein Einkommen aus äußeren Quellen erhöhst; deine Bereitschaft, von solchen äußeren Einkommensquellen abhängig zu sein
das Ausmaß, bis zu dem du dich mit materiellen Besitztümern identifizierst und das Bedürfnis, diese anzuhäufen; wie du deinen Besitz verwendest und dich um ihn kümmerst	welche Bedeutung für dich die Besitztümer anderer Menschen haben; wie du die Besitztümer anderer Menschen nützt und dich darum kümmerst
dein Selbstwert, was du an dir selber schätzt	wie du zum Selbstwert anderer Menschen beiträgst, was du an anderen schätzt
deine Fähigkeit, die eigenen Bedürfnisse zu befriedigen	deine Fähigkeit, auf die Bedürfnisse anderer einzugehen (und sie physisch unmittelbar zu erfassen)

deine psychischen und physischen Reichtümer, und wie du sie nutzt	die physischen und psychischen Hilfsquellen anderer Menschen, und wie du ihnen hilfst, sie zu nutzen und zu entwickeln
dein Wunsch nach emotionaler und finanzieller Unabhängigkeit	dein Verlangen, mit anderen zu verschmelzen, sowohl emotional als auch finanziell voneinander abhängig zu sein
was dir deiner Meinung nach zusteht; was du dir selbst verdankst	was deiner Meinung nach anderen zusteht; deine Schulden und Verpflichtungen
deine Einstellung gegenüber sinnlichen (zum Unterschied von sexuellen) Erfahrungen	deine Einstellung gegenüber sexuellen Erfahrungen; was du am Sex schätzt
deine Offenheit gegenüber körperlichen (im Unterschied zu sexuellen) und materiellen Bedürfnissen	deine Offenheit, den Ursprung der emotionalen, psychischen und sexuellen Energien und Bedürfnisse freizulegen
dein Interesse an Problemen des Überlebens und der Lebensbedingungen	dein Interesse an Tod und Wiedergeburt in physischer, als auch psychischer Hinsicht; welche Rolle der Tod in deinem Leben spielt
deine Neigung, dich von den praktischen und oftmals oberflächlichen Angelegenheiten des Lebens in Anspruch nehmen zu lassen	dein Wunsch, die Phänomene zu erforschen, die unter der Oberfläche liegen: Psychologie, das Okkulte, Physik oder andere Bereiche, die mit Kraft und Leistung zusammenhängen
dein Bedürfnis, in der materiellen Welt eine feste und sichere Grundlage für dich zu schaffen	dein Bedürfnis, mit den psychischen und sexuellen Energien in dir und mit den Energien des Universums in Verbindung zu bleiben
dein Wunsch nach Erfahrungen, die deinen Selbstwert und deine Unabhängigkeit fördern	dein Wunsch nach intensiven Erfahrungen, die dich verwandeln und regenerieren

Wie kannst du dein 2. und 8. Haus integrieren?

1. *Du pflegst deine Fähigkeiten, anderen bei der Befriedigung ihrer emotionalen, physischen und materiellen Bedürfnisse oder bei der Entwicklung ihrer emotionalen, physischen und materiellen Anlagen zu helfen.*

2. *Du kannst deinen Lebensunterhalt durch die Nutzung dieser Fähigkeiten verdienen. Je nachdem, von welchem Element, Zeichen und Planet dein 8. Haus regiert wird, kannst du beispielsweise eine Beschäftigung als Buchhalter, Psychologe, Bankbeamter, Redakteur, Herausgeber, Trainer oder Arzt anstreben.*

3. *Du kannst die Fähigkeiten deines 8. Hauses entwickeln, um materielle, physische, psychische oder okkulte Energien zu untersuchen. Du kannst mit dem Einsatz dieser Fähigkeiten deinen Lebensunterhalt als Detektiv, Forscher, Medium, Astrologe, Physiker, Wirtschaftsfachmann oder Gründer eines Fonds verdienen.*

4. *Du kannst deine Selbstachtung erhöhen, indem du diese Fähigkeiten in dir schätzt und an dich glaubst.*

5. *Indem du bewußt deine Selbstachtung aufbaust, kannst du die Ängste überwinden, dich in anderen zu verlieren. Du kannst es dir erlauben, emotional und sexuell offener zu werden und wirst eher bereit sein, die gegenseitige Abhängigkeit zwischen dir und anderen anzuerkennen.*

6. *Du kannst dich von der engen Auslegung deiner Unabhängigkeit befreien und lernen, in einigen Bereichen unabhängig zu handeln, während du auf anderen Gebieten gegenseitige Abhängigkeit erfährst und akzeptierst.*

7. *Du kannst es dir erlauben, die emotionalen, physischen und materiellen Resourcen zu nutzen, die andere dir zur Entwicklung deiner eigenen Mittel gerne geben.*

8. *Du kannst dein Geld für Bücher, Kurse etc. ausgeben, die dir dabei helfen, mit den Problemen deines 8. Hauses zurechtzukommen — den Problemen der zwischenmenschlichen Beziehungen, der Sexualität, dem Verstehen des Okkulten, der Medizin, der Wirtschaft und der Physik.*

9. *Du kannst dich für Erfahrungen psychischer, sexueller oder emotionaler Natur öffnen, die deine Kenntnisse über deine Beziehung zum Universum verwandeln und dir dabei helfen, dich mit dem Tod abzufinden und dich befähigen, in der materiellen Welt zu wirken, ohne dich nur in Begriffen deiner materiellen Leistungen und Besitztümer zu definieren.*

Drittes/Neuntes Haus

3. Haus	9. Haus
wie du auf deine unmittelbare Umgebung reagierst; dein Interesse an Gegenwartsproblemen; wie du mit Alltagssituationen umgehst	deine Reaktion auf zukünftige Konsequenzen von Gegenwartsproblemen; deine Einstellung der Zukunft gegenüber
dein Bedürfnis nach Abwechslung, Austausch und Kommunikation im Alltag; dein Bedürfnis, «in Bewegung zu sein»	dein Bedürfnis nach sinnvoller Aktivität; dein Wunsch, neue oder entfernte Bereiche zu erforschen
dein Wunsch nach Ausflügen oder Urlaubsreisen; die Art deiner Kurzreisen	dein Wunsch nach Fernreisen; wie du gerne reist; fremde Umgebungen, die dir zusagen
dein Austausch mit den Nachbarn und täglichen Begegnungen	deine Verbindung zu Ausländern; Verbindungen über weite Entfernungen hinweg
deine Beziehung zu Geschwistern und anderen Verwandten	deine Beziehung zu Enkeln und angeheirateten Verwandten
deine Aktivitäten in bezug auf Kommunikation: Reden halten, Schreiben, Drucken, Interesse an Zeitungen oder anderen Medien	deine Aktivitäten in bezug auf Veröffentlichungen, deine Gelegenheiten zur Veröffentlichung
deine Verstrickung in deiner Früherziehung; frühe erzieherische Interessen	deine Beteiligung an deiner höheren Erziehung; deine Studienfächer an der Universität
dein Interesse an Fakten, Einzelheiten und der konkreten Wirklichkeit	dein Interesse an abstrakten Begriffen, allgemeinen Regeln, philosophischen/moralischen Problemen
dein Wahrnehmungsvermögen; wie du dir deiner Umgebung bewußt bist	dein Vermögen, zu verstehen; dein Glaubenssystem, deine Lebensanschauung oder -Philosophie

dein Verlangen nach praktischem oder konkretem Wissen; die Neugier in bezug auf deine Umgebung	dein Verlangen nach philosophischem und religiösem Verständnis und Weisheit; deine Neugier in bezug auf ferne Bereiche
die Entwicklung deiner praktischen Fertigkeiten wie z.B. Autofahren, Nähen, Maschineschreiben oder einfache Reparaturen durchführen	deine Suche nach Sinn und nach Antworten
deine praktische Art, mit Alltagsproblemen umzugehen	moralisch-rechtliche Angelegenheiten, die du gerichtlich klären mußt

Wie kannst du dein 3. und 9. Haus integrieren?

1. *Du kannst deine weltanschaulichen/religiösen/moralischen Überzeugungen auf deinen Alltag anwenden, indem du entsprechend lebst statt nur zu theoretisieren.*

2. *Du kannst praktische Fähigkeiten entwickeln oder grundlegende Wissensgebiete studieren, die vielleicht zu einer höheren Ausbildung führen und dir möglicherweise helfen werden, dein Lebensziel zu erreichen.*

3. *Du kannst deine philosophischen/religiösen Ideen vertiefen, indem du dir entsprechende Kenntnisse aneignest und Fachkenntnisse hinsichtlich auswärtiger Angelegenheiten erwerben.*

4. *Du kannst dich in deinem Fachbereich weiterbilden wie z.B. in der Buchdruckerkunst, als Automechaniker, im Journalismus oder im Medienbereich.*

5. *Du kannst praktische Grundkurse in einem College geben, philosophisch-religiöse Kurse im Tages- oder Abendprogramm einer weiterführenden Schule halten oder Ausländer deine Muttersprache lehren, sei es zu Hause oder im Ausland.*

6. *Du kannst Kurzurlaub im Ausland machen oder eine ausgedehnte Reise, die dir die Möglichkeit gibt, dich mit den dort lebenden Menschen auszutauschen und an ihrem Alltagsleben teilzunehmen. Indem du mit Ausländern korrespondierst, kannst du über ihr Land und ihre Lebensweise etwas erfahren.*

7. *Du kannst regelmäßig kürzere Reisen in in die Umgebung machen, wo du lernen, unterrichten oder Vorträge halten kannst, in denen es um erzieherische oder religiöse Themen geht. Abgeschiedene religiöse Orte, Wochenendveranstaltungen, die deine persönliche Entwicklung fördern oder Konferenzen mit dem Schwerpunkthema Erziehung können dich erneuern und anregen.*

8. *Du kannst deinen Geschwistern, anderen Verwandten oder Nachbarn helfen, ihre philosophischen, moralischen und erzieherischen Probleme zu bewältigen, oder deine Zeit damit verbringen, mit ihnen ins Ausland zu reisen. Wenn du angeheiratete Verwandte oder Enkelkinder hast, möchtest du mit ihnen vielleicht kurze Reisen machen, ihnen bei der Aneignung praktischer Kenntnisse oder Fertigkeiten helfen oder sie bei der Bewältigung ihres Alltagslebens unterstützen.*

9. *Du kannst Austausch mit Leuten pflegen, mit denen du für dich bedeutsame philosophische oder religiöse Themen diskutierst oder dich über dein Interesse an Erziehung und Reisen unterhalten. Vielleicht möchtest du über diese Interessen schreiben und das Geschriebene veröffentlichen oder es mit Menschen in deinem Leben teilen.*

Viertes/Zehntes Haus

4. Haus	**10. Haus**
die Rolle deiner Mutter, bzw. des Elternteils, der sich in deinem Leben am meisten um deine Pflege und Erziehung gekümmert hat	die Rolle deines Vaters, bzw. des Elternteils, der die öffentliche Stellung repräsentierte
wie du mit deinem inneren Selbst, den Wurzeln deines Seins im Einklang stehst; dein Bedürfnis, dich in dich selbst oder in den Schoß der Familie zurückzuziehen; die Grundlagen, die du in dir selbst oder in deinem Privatleben geschaffen hast	wie du mit der Öffentlichkeit und der äußeren Welt in Verbindung stehst; welche Bedeutung dein Bild in der Öffentlichkeit, dein Ruf und dein Ansehen für dich haben; die Grundlagen, die du für dich in der Gesellschaft geschaffen hast

wofür du dich im häuslichen Bereich interessierst und wonach du dich richtest; dein Interesse an Häusern, Land und deiner physischen Umgebung	deine Ausrichtung und dein Interesse im öffentlichen Bereich
dein Wunsch nach einem Heim und einer Familie; deine Bereitschaft, dich in einer Familie oder Gemeinde zu verwurzeln; dein Bedürfnis, «dazu zu gehören»	dein beruflicher Ehrgeiz, dein Verlangen nach Erfolg, Ruhm oder Macht; dein Wunsch nach beruflicher Selbständigkeit, du willst dein «eigener Herr» sein
die Art deines Heimes, deiner Lebensweise oder deines Familienlebens (sowohl in der Kindheit als auch als Erwachsener)	die Art deines Berufes
wie du dich zu Hause oder mit deiner Familie oder in einer Wohngemeinschaft verhältst; das Selbst, das du zu Hause ausdrückst; deine Beziehung zur Familie	dein Verhältnis zur Öffentlichkeit und zu deinem Arbeitgeber; das Selbst, das du in der Öffentlichkeit und am Arbeitsplatz ausdrückst und die Rollen, die du dabei spielst
deine Möglichkeiten, im persönlichen Leben Zufriedenheit zu finden	dein berufliches Leistungspotential
dein Interesse an der Vergangenheit; deine Neigung, an der Vergangenheit festzuhalten, besonders an deiner Kindheit	dein Orientierungssinn im Hinblick auf die Gesellschaft; dein Wunsch, dich von der Kindheit zu befreien und für dich einen Platz in der Welt zu schaffen

Wie kannst du dein 4. und 10. Haus integrieren?

1. *Du kannst einen Beruf wählen, der es dir erlaubt, zu Hause oder in einem häuslichen Rahmen zu arbeiten.*
2. *Du kannst einen Beruf wählen, der deine Häuslichkeit und dein Familienleben nicht dadurch bedroht, daß er lange Arbeitszeiten, häufige Geschäftsreisen oder Umzüge von einer Stadt zur anderen erfordert.*
3. *Du kannst einen Beruf wählen, der häusliche Arbeiten umfaßt oder mit Häusern, Grundstücken oder Familienproblemen zu tun hat.*

4. *Wenn du einen Familien-Beruf ergreifst, kannst du auf die Ziele deiner Karriere mit der Unterstützung deiner Familie hinarbeiten. Oder du kannst die Unterstützung der Familienmitglieder erlangen, indem du sie bei der Arbeit helfen läßt und du ihnen zeigst, daß dein beruflicher Erfolg ihnen genauso nützt wie dir selbst. Du kannst ihnen auch dabei helfen, sich für ihre beruflichen Ziele zu entscheiden bzw. sie zu erreichen.*

5. *Du kannst eine berufliche «Familie» gründen, eine Gruppe von Menschen, die auf demselben Gebiet tätig sind und mit denen du persönliche und berufliche Angelegenheiten teilen kannst.*

6. *Indem du aus deinen eigenen Tiefen schöpfst, dich gefühlsmäßig an deiner Arbeit beteiligst und dein menschlich-persönliches Selbst genauso ausdrückst wie dein formell-geschäftliches. In der Öffentlichkeit kannst du sowohl deine Zufriedenheit mit der Arbeit wie auch deine Erfolgsaussichten vergrößern.*

7. *Du kannst einen Teil deines Ehrgeizes und deiner Tatkraft auf deine Familie umleiten, weil du erkennst, welch wichtigen Beitrag du für die Gesellschaft leistest, wenn du für ihr Wohlbefinden sorgst. Indem du an der Errichtung eines förderlichen und glücklichen Familiengefüges arbeitest, kannst du in deinem persönlichen Leben Stolz und Erfolg erleben und dich an der Anerkennung freuen, die du von jenen erhältst, denen es nicht gelungen ist, ein so zufriedenstellendes häusliches Leben zu schaffen.*

Fünftes/Elftes Haus

5. Haus	**11. Haus**
dein Bedürfnis nach Freizeit oder Spiel; deine Fähigkeit zu entspannen oder zu spielen	dein Bedürfnis, zu einer Gruppe oder Organisation zu gehören; deine Fähigkeit, in einer Gruppe tätig zu sein
wie du deine Freizeit verbringst; Spiele, Hobbies und persönliche Vergnügungen, die dir zusagen	wie du deine Zeit in Gruppen und Organisationen verbringst
dein Wunsch, dich kreativ auszudrücken	dein Verlangen, dich einer sozialen Angelegenheit zu widmen; dein Wunsch, die Gesellschaft zu reformieren

die Art deiner kreativen Tätigkeiten; wie du deine schöpferischen Energien ausdrückst	die Art deiner humanitären Aktivitäten; wie du deine humanitären Neigungen ausdrückst
deine romantische Natur, dein Verlangen nach Liebesaffären	deine Ausrichtung auf Freundschaft; dein Verlangen nach Freundschaft
was du von einer Liebesaffäre erwartest; die Art der Liebesbeziehungen, die du suchst; das Wesen deiner Liebespartner	was du von Freundschaft erwartest; die Art der Freundschaften, die du eingehst; die Art von Freunden, die du wählst
dein Wunsch nach Kindern; welche Rolle Kinder in deinem Leben spielen; wie du dich mit Kindern in Beziehung bringst	welche Rolle Stiefkinder, adoptierte Kinder oder die Kinder anderer Menschen in deinem Leben spielen; in welcher Beziehung du zu ihnen stehst
deine eigenen Kinder, besonders dein erstes Kind	deine Stiefkinder oder adoptierten Kinder
deine Neigung zum Glücksspiel oder zur Risikobereitschaft; deine Spekulationen oder waghalsigen Unternehmungen	deine Ziele; wie zielgerichtet du bist; wie du deine Ziele erreichst

Wie kannst du dein 5. und 11. Haus integrieren?

1. *Du kannst Freundschaften pflegen mit Menschen, deren kreative Interessen und Freizeitaktivitäten deinen eigenen ähnlich sind.*
2. *Du kannst dir mit Freunden im Zusammenhang mit kreativen Projekten Ziele setzen, und ihr könnt euch gegenseitig unterstützen, diese Ziele auch zu erreichen.*
3. *Du kannst dich auf kreative Vorhaben einlassen, die auch eine gesellschaftliche Bedeutung haben und durch die du für die Gruppen und Organisationen einen Beitrag leistest, denen du angehörst oder an die du glaubst.*
4. *Du kannst dich Organisationen und Gruppen anschließen, die sich mit der bildenden Kunst beschäftigen.*

5. *Du kannst deine Kinder in deine organisatorischen Fähigkeiten miteinbeziehen.*

6. *Du kannst deine Zeit mit Freunden, deren Kindern und deinen eigenen Kindern verbringen und dich Tätigkeiten widmen, die Menschen jeden Alters Vergnügen bereiten.*

7. *Du kannst Freundschaften mit Menschen des anderen Geschlechts pflegen und Liebesbeziehungen mit Personen eingehen, die sowohl Freunde als auch Geliebte sind. Du kannst versuchen, mit früheren Geliebten befreundet zu bleiben.*

8. *Du kannst Liebespartner in humanitären oder gesellschaftlichen Organisationen finden, an die du glaubst, und du kannst Geliebte auswählen, mit denen dich ein gemeinsames gesellschaftliches Ziel oder eine Verpflichtung verbindet.*

9. *Du kannst mit deinem Partner viel Zeit mit Freunden verbringen und neue Freundschaften mit Menschen eingehen, deren Gesellschaft ihr beide genießt.*

10. *Du kannst größere Bereitschaft zur Übernahme emotionaler Risiken in deinen Freundschaften aufbringen.*

Sechstes/Zwölftes Haus

6. Haus	**12. Haus**
dein Wunsch, durch den Beruf oder die tägliche Routine einen Dienst zu leisten oder nützlich zu sein	dein Wunsch, den Bedürftigen zu dienen — den Kranken, den Verwirrten, den Gefangenen oder den Behinderten; dein Mitleid für Menschen, die in Not sind
die Bedeutung der Arbeit in deinem Leben; deine Fähigkeit, Einzelheiten rationell zu handhaben; dein Organisationstalent	was dir das innere Leben bedeutet; die Fähigkeit, aus eigenen Quellen der Inspiration oder des transzendenten Glaubens zu schöpfen; deine Fähigkeit, dich dem Unterbewußtsein zu überlassen

wie du dich durch deine Arbeit oder tägliche Pflichten zum Ausdruck bringst	was du unterdrückst, was du gar nicht oder nur indirekt ausdrückst; deine verborgenen Schwächen und Stärken
das Umfeld, in dem du arbeitest; die Struktur deines Arbeitstages	dein Bedürfnis, hinter den Kulissen zu wirken und zu arbeiten
dein Bedürfnis nach Verbundenheit mit deinen Angestellten und Mitarbeitern; deine Beziehungen zu Mitarbeitern und Angestellten	dein Bedürfnis nach Verbundenheit mit dir selbst; dein Bedürfnis nach Einsamkeit; dein geheimes Selbst
deine Einstellung zur Gesundheit; deine physische Gesundheit	deine psychische Gesundheit; deine psychische Empfindsamkeit; psychosomatische Krankheiten

Wie kannst du dein 6. und 12. Haus integrieren?

1. *Du kannst einen Beruf wählen, der nur geringe Anforderungen an dich stellt und dir das Privatleben und die Zeit für dich selbst läßt, die du brauchst.*
2. *Du kannst auf feinfühlige und anteilnehmende Weise Beziehungen zu Mitarbeitern entwickeln, mit ihnen dein Innenleben teilen und bei der Bewältigung ihrer inneren Probleme helfen.*
3. *Du kannst eine Beschäftigung im Rahmen des Sozialdienstes wählen, die dich befähigt, den Benachteiligten, Behinderten, Verwirrten, Kranken oder Gefangenen bei der Bewältigung ihrer Probleme zu helfen.*
4. *Du kannst in einer Anstalt wie z.B. einem Gefängnis oder Krankenhaus arbeiten und die täglichen Büroarbeiten erledigen oder den Tagesablauf organisieren.*
5. *Du kannst eine Arbeit wählen, während der du Tätigkeiten ausübst, denen du normalerweise nur in deiner Freizeit nachgehst oder die auf andere Weise dein inneres Leben erfüllen und stärken.*
6. *Außerhalb der Arbeit kannst du deine Dienste unentgeltlich Institutionen anbieten, die deine Fertigkeiten im Büro- oder Verwaltungsbereich brauchen können.*
7. *Du kannst deine physische und emotionale Gesundheit sicherstellen, indem du die Beziehung zwischen Geist und Körper verstehst, deinen Kör-*

per durch angemessene Ernährung und körperliche Übungen pflegst und für deinen Geist Sorge trägst, indem du dir Zeiten geistiger Ruhe gönnst und eine positive Haltung einnimmst. Du kannst dich mit Aktivitäten beschäftigen, die Geist und Körper betreffen, wie z.B. Yoga, Tai Chi oder Bioenergetik, und so besser auf dich selbst achten und in der Lage sein, anderen sinnvolle Dienste zu leisten.

8. *Du kannst, bei entsprechender Ausbildung, ein Psychotherapeut oder Arzt werden, der sich nicht nur um den Geist oder den Körper kümmert, sondern um das Zusammenspiel von beiden. Du kannst ein Heiler oder ein ganzheitlicher Heilpraktiker werden.*

9. *Indem du dich deinen psychischen Problemen stellst und an ihnen arbeitest und du Ordnung sowie Klarheit in dein Denken bringst, kannst du Hemmungen und Ängste überwinden.*

10. *Du kannst dein inneres Leben durch Meditation, Visualisation und andere spirituelle Praktiken vertiefen sowie durch die Erfahrung schöpferischer Inspiration. Wenn du mit dir selbst im Frieden und mit den kosmischen Energien im Einklang bist, ist es dir möglich, der Menschheit einfach schon durch dein* **Sein** *und durch die Ausstrahlung deines inneres Lichtes zu dienen.*

Kapitel 6

Einflüsse von Transiten, Progressionen und Synastrien

Dein T-Quadrat ist ein dynamischer Aspekt, der ständigen Veränderungen unterliegt. Transite (einschließlich Finsternissen und Mondphasen), Progressionen und Solare sowie die Aspekte jener Menschen, die für dein Leben Bedeutung haben — all das beeinflußt den Ausdruck deines Geburtshoroskops und als Folge davon auch dein T-Quadrat. Einige der Einflüsse sind aufgrund des beteiligten Planeten oder Aspektes leichter als andere, aber alle können dir bei der Entwicklung des Bewußtseins und der erforderlichen Motivation helfen, die du für eine konstruktive Anwendung der Energien deines T-Quadrats brauchst.

Ein Planet, der eine Konjunktion zu deinem Planeten im Brennpunkt bildet (sei es durch Transit, Progression oder über das Horoskop eines anderen Menschen), wird sich mit ihm vermischen und seinen Ausdruck verändern, wobei die folgenden Punkte eine Rolle spielen:

- das Wesen des beeinflussenden Planeten;
- Zeichen- sowie Hausstellung und Aspekte, an denen der betreffende Planet in deinem oder dem Horoskop der anderen Person beteiligt ist. Ferner das Haus, in dem der Planet in deinem oder dem Horoskop der anderen Person der Herrscher ist;
- wie diese beiden Planeten zusammenwirken;
- wie du auf ihre Energien reagierst.

Eine Konjunktion ist eine der besten Gelegenheiten, um mit neuen Ausdrucksmöglichkeiten für den Planeten im Brennpunkt zu experimentieren. Wenn du diesen Einfluß nicht bewältigst, wird er wahrscheinlich dich überwältigen. Sind die Planeten in ihrer Bedeutung miteinander verwandt (z.B. Pluto/Mars, Mond/Neptun oder Jupiter/Uranus), kannst du noch unausgeglichener und extremer werden, weil der beeinflussende Planet deinen Planeten im Brennpunkt antreibt und noch stärker betont. Andererseits kannst du dadurch verstärkt motiviert werden, die höchsten Dimensionen deines Planeten im Brennpunkt auszudrücken. Wenn die Planeten dem Wesen nach sehr unterschiedlich sind (z.B. Saturn/Uranus, Sonne/Mond oder Venus/Mars), kannst du lernen, den Ausdruck deines Planeten im Brennpunkt zu mäßigen oder seine Energien wirksamer einzusetzen.

Eine Konjunktion mit einem Oppositions-Planeten deines T-Quadrats wird einen ähnlichen Einfluß ausüben wie die Konjunktion eines Planeten mit deinem Planeten im Brennpunkt. In diesem Fall wird jedoch der Spannungspunkt deines T-Quadrats vom Planeten im Brennpunkt auf den aspektierten Oppositions-Planeten verlagert. Das Quadrat zwischen diesen beiden Planeten kann sich dann als zunehmend problematisch erweisen; außerdem können Schwierigkeiten mit der Integration des anderen Oppositions-Planeten auftreten. Du mußt den durch die Konjunktion aspektierten Planeten aktiv ausdrücken, doch wenn dieser Ausdruck nicht das Wissen um die Bedürfnisse der anderen Planeten des T-Quadrats berücksichtigt, wirst du wahrscheinlich einen Bumerang-Effekt erleben und nach der Beendigung des Transits oder der Progression, oder wenn die betreffende Person aus deinem Leben verschwindet, auf die andere Seite der Opposition überwechseln.

Ein Planet, der zu deinem Planeten im Brennpunkt ein Trigon oder ein Sextil bildet, bietet ein Ventil, um auf leichte Weise dem Planeten im Brennpunkt Ausdruck zu verleihen, vorausgesetzt, du:

— machst dir diesen Aspekt zunutze;
— drückst beide Planeten in angemessener Relation zueinander aus;
— lenkst die Energien des Planeten im Brennpunkt auf Haus und Zeichen des aspektierenden Planeten und umgekehrt.

Das Trigon oder Sextil kann dich zu der Annahme verleiten, daß die Problematik deines T-Quadrats nunmehr gelöst ist; das kann *vorübergehend* auch der Fall sein. Doch wenn du diesem Einfluß nicht genügend Aufmerksamkeit widmest und nicht daraus lernst, wie du deinen Planeten im Brennpunkt wirkungsvoll ausdrücken kannst, wirst du den ursprünglichen Konflikt vielleicht wiedererleben, sobald der Transit oder die Progression zu Ende ist oder wenn die Person dein Leben verläßt, deren aspektierender Planet zu deinem Planeten im Brennpunkt im Trigon oder Sextil steht. Dieses Trigon oder Sextil zu einem anderen Planeten deines T-Quadrats wird sich auf ähnliche Weise äußern, aber seine Wirkung ist nicht so bedeutsam.

Ein häufig übersehener Einfluß auf das T-Quadrat entsteht, wenn ein Planet sich in der Halbsumme eines der beteiligten Quadrate befindet. Obwohl ein solcher Planet die Spannung deines T-Quadrats durch die Bildung von Halbquadraten und Eineinhalbquadraten erhöht, wirkt er oft als ein «Dampfabzug», der es dir erlaubt, die Energien des T-Quadrats zu mäßigen oder zu kanalisieren, indem du die neuen Gelegenheiten nutzt, die sich dir bieten.

Der wahrscheinlich wichtigste Einfluß auf ein T-Quadrat geht von einem Planeten aus, der in Opposition zu dem Planeten im Brennpunkt steht und den leeren Raum ausfüllt. Ein solcher Planet läßt die Aspektfigur des Großen Kreuzes entstehen. Er kann es ermöglichen, daß du dich zentrierst, in deinem Leben ein Gleichgewicht schaffst und alle deine planetarischen Energien integrierst. Er kann dich aber auch lähmen, weil du nun in vier Richtungen gezerrt wirst statt in drei und du nicht länger gezwungen bist, deinen Planeten im Brennpunkt überzubetonen. Aber nur wenn du innehältst und dein Leben sowie dein Verhalten neu bewertest, kannst du auf ein Ende der unfruchtbaren und überkommenen Lebensmuster und auf die Entwicklung neuer und befriedigender Muster hoffen. Deine Reaktion auf diesen Einfluß hängt von deinem Bewußtsein ab und davon, mit welchem Nachdruck du deine Entwicklung verfolgst. Auch die Art des Aspektes und das Wesen aller am T-Quadrat beteiligten Planeten spielen eine Rolle. Der Transit eines äußeren Planeten, eine Finsternis oder Progression, die deinen leeren Raum berührt, ist für gewöhnlich schwieriger zu bewältigen als der Einfluß eines Planeten einer anderen Person. Der Unterschied zwischen diesen Einflüssen wird an anderer Stelle noch erläutert. Planeten, die im leeren Zeichen und Haus, jedoch nicht in Opposition zu deinem Planeten im Brennpunkt stehen, können dir auch bei der Überwindung der Unzulänglichkeiten deines leeren Raumes helfen.

Wenn du planetarische Einflüsse deutest, solltest du besonders die Aspekte beachten, die sich durch den transitierenden und progressiven Planeten ergeben, der in deinem Horoskop der Planet im Brennpunkt ist. Beachte auch die Aspekte, die entstehen, wenn derselbe Planet im Horoskop einer anderen Person wiederum Planeten in deinem Horoskop aspektiert. Diese Aspekte werden dir viele Ausdrucksmöglichkeiten für diesen Planeten eröffnen. Aspekte, an denen der Herrscher des leeren Hauses beteiligt ist, können dir auch dabei helfen, die Energien dieses Zeichens oder Hauses zum Ausdruck zu bringen. Selbst wenn der Herrscher das T-Quadrat nicht aspektiert, kann er eine indirekte, aber vorteilhafte Wirkung haben, wenn er in einer starken Position steht — in Konjunktion zu einem Eckpunkt oder einem wichtigen Planeten deines Horoskops, oder auch, wenn er sich in seinem eigenen Zeichen oder Haus befindet. Ob dieser Planet im Transit, in der Progression oder durch eine Aspektierung vom Horoskop einer anderen Person zu deinem Horoskop wirkt — er kann dir bei der Bewußtwerdung der Eigenschaften deines leeren Raumes und bei deren Entwicklung helfen.

Ein anderer Einfluß, der deine Aufmerksamkeit verdient, ist der von Aspekten, die zwischen den Transit-Planeten deines T-Quadrats gebildet werden. Sind an deinem T-Quadrat z.B. Mond, Neptun und Mars beteiligt, kannst du mit der Integration dieser Energien beginnen, sofern du die folgenden Aspekte beachtest, nutzt, und von ihnen lernst:

- Aspekte, die der transitierende oder progressive Mars (oder der Mars einer anderen Person) zu deinem Mond oder Neptun bildet;
- Aspekte von Neptun zu deinem Mond und deinem Mars;
- Aspekte des Mondes zu deinem Mars und deinem Neptun.

Jeder Planet und jeder Aspekt kann dich auf positive oder negative Weise beeinflussen. Saturn kann zu erhöhter Leistungsfähigkeit führen, aber auch zu Depression und Isolation. Neptun kann dir spirituelle und schöpferische Höhepunkte eröffnen, aber auch deinen klaren Blick so umwölken, daß du unfähig bist, vernünftige Entscheidungen zu treffen. Doch bevor du den Einfluß jedes einzelnen Planeten in Betracht ziehst, solltest du genau verstehen, welche Auswirkungen Transite, Mondphasen, Finsternisse, Progressionen, Solare und die Planeten anderer Menschen auf dein T-Quadrat haben.

Transite, Finsternisse und Mondphasen

Wahrscheinlich erfährst du einen Transit als einen äußerlichen Einfluß, bis du seine Energien bewältigt und bewußt in dein Leben eingebaut hast. Eine Konjunktion, die durch den Transit eines der äußeren Planeten gebildet wird, zeigt dabei die stärkste Wirkung. Oftmals wirst du sie am Rande deines Bewußtseins erfahren und dich durch ihre Energien gestört fühlen, bis der Transit exakt ist. Sobald du dich mit dem Transit-Planeten identifizierst, seine Lektion lernst und damit beginnst, ihn dem aspektierten Planeten entsprechend auszudrücken, wirst du den Transit eher als befreiend erleben und nicht als reine Verwirrung.

Wenn sich z.B. der laufende Saturn deiner Venus im Brennpunkt nähert, hast du vielleicht zunächst ein Gefühl der Isolierung und des emotionalen oder materiellen Verlustes; sobald du dich jedoch diesen Gefühlen stellst, bist du möglicherweise in der Lage, dich auf schöpferische Weise einem künstlerischen Projekt zuzuwenden, ohne dir aus den Stunden des Alleinseins viel zu machen. Vielleicht entdeckst du, daß die Arbeit, die du in der Vergangenheit gewissenhaft geleistet hast, nun endlich beginnt, materiellen Lohn zu bringen. Du kannst auch langsam und vorsichtig beginnen, eine Liebesbeziehung aufzubauen, die das Potential zur Dauerhaftigkeit enthält.

Aspektiert ein Transit-Planet beide an einem Quadrat oder einer Opposition beteiligten Planeten deines T-Quadrats, kannst du dir seiner Wirkung am stärksten bewußt werden, wenn der Transit in der Halbsumme der beiden Planeten steht. Befindet sich z.B. deine Sonne auf 18 Grad Löwe in Opposition zum Mond auf 24 Grad Wassermann, kannst du die höchste Wirksamkeit des Einflusses eines Uranus-Transits erfahren, wenn dieser 21 Grad Skorpion bzw. Stier erreicht — auch wenn dein Planet im Brennpunkt sich nicht auf diesem Grad befindet. Wenn ein Transit-Planet im Aspekt zu einem Planeten deines T-Quadrats stationär wird, kann sich sein Einfluß am dramatischsten gestalten. Er wird dich dann zwingen, dich mit seinen Energien auseinanderzusetzen und sie zu assimilieren.

Äußere Planeten, die dein T-Quadrat aspektieren, haben größere Bedeutung als innere Planeten, obwohl mehrere der inneren Planeten, wenn sie gleichzeitig einen Aspekt bilden, einen gewaltigen Einfluß auf dich haben können — insbesondere, wenn sie der Transit eines äußeren Planeten begleitet. Von allen Transiten der inneren Planeten haben vielleicht jene die größte Bedeutung, die mit deinem Planeten im Brennpunkt oder dem Herrscher deines leeren Zeichens/Hauses in Verbindung stehen; besonders Mars kann in deinem Leben einen Neuanfang auslösen, wenn du dich zu klugen Handlungen anregen läßt.

Äußere Planeten, die zu deinem Planeten im Brennpunkt in Konjunktion oder Opposition stehen, bilden oft einen exakten Aspekt, der sich mehrmals wiederholt. Dadurch kommt es zu Krisen, die, wenn man erst einmal mit ihnen fertiggeworden ist, für gewöhnlich nutzbringende Resultate bringen. Mach' nicht den Fehler, passiv auf die Belohnungen Jupiters zu warten, denn Jupiter verstärkt und übertreibt die Situationen in dem Lebensbereich, den er beeinflußt; wenn du nicht auf dich achtest und deine Pflichten erfüllst, ist Jupiter möglicherweise nicht so segensreich, wie du erwartet hast. Obwohl Jupiter selten so machtvoll ist wie die äußeren Planeten, muß er doch auch praktisch angewandt und richtig gelenkt werden.

Wenn du einen Transit deutest, achte auf das Wesen des Transit-Planeten, auf seine Position im Geburtshoroskop und im Transit, und auf den Aspekt, den er bildet. Dieser Planet wird nicht nur den Radix-Planeten beeinflussen, den er aspektiert, und zwar entsprechend seiner Haus- und Zeichenposition, sondern auch das Haus in deinem Horoskop, dessen Herrscher er ist, besonders wenn sich in diesem Haus keine anderen Planeten befinden.

Beachte auch Transite (besonders die der äußeren Planeten), die in deinem Horoskop Planeten aspektieren, die z.B. an einem Quadrat außerhalb deines T-Quadrats beteiligt sind, durch Opposition oder Quadrat ein anderes T-Quadrat bilden oder auch zu einer Opposition im Geburtshoroskop ein Quadrat bilden. Wenn nun der Transit-Planet oder der Radix-Planet in diesem zeitweiligen T-Quadrat zum Planeten im Brennpunkt wird, gib acht, wie du ihn ausdrückst; versäume nicht, dich dem Zeichen und Haus zu widmen, in dem der zeitweilig leere Raum liegt.

KONJUNKTIONEN MIT DEM PLANETEN IM BRENNPUNKT

Was war, als ... ?

... im Horoskop einer Frau der Transit-Pluto eine Konjunktion mit *Neptun im Brennpunkt*in der Waage (1. Haus) bildete?
Sie hat geheiratet; Neptun regiert ihr 7. Haus.

... im Horoskop eines Mädchens der Transit-Pluto eine Konjunktion mit *Neptun im Brennpunkt* im Krebs (1. Haus) bildete?
Sie war gezwungen, im Alter von 15 Jahren alleine ihr Heimatland zu verlassen. Sie kämpfte gegen Armut und Hunger, entwickelte Selbstvertrauen und erlebte eine unglückliche Ehe von ½ Monaten Dauer. Der Transit-Pluto stand im exakten Quadrat zur Sonne im Widder (11. Haus), die ihr 4. Haus regiert.

... im Horoskop eines jungen Mannes der Transit-Uranus in Konjunktion mit *Saturn im Brennpunkt* im Skorpion (2. Haus) stand?
Unter dem Einfluß seines Vaters gab er sein unbekümmertes, oberflächliches Leben auf und trat in die Marine ein. Er fühlte sich dort sehr elend. Saturn regiert sein 5., Uranus sein 6. Haus. In derselben Woche überquerte der laufende Saturn seinen Aszendenten.

... im Horoskop einer Frau der Transit-Jupiter eine Konjunktion mit ihrer *Venus im Brennpunkt* in den Zwillingen (7. Haus) bildete?
Sie befreite sich aus einer unbefriedigenden sexuellen Beziehung mit einem älteren, verheirateten Mann — ihrem Therapeuten.

... im Horoskop einer Frau der Transit-Saturn in Konjunktion zu ihrem *Pluto im Brennpunkt* im Löwen (11. Haus) stand?
Sie nahm Tanzunterricht, was ein wichtiges Ventil für sie im Umgang mit Ängsten und Spannungen wurde. Diese Frau hat eine Kombination von T-Quadrat und Großem Kreuz mit Venus in den Fischen im 5. Haus und einer Mars/Saturn-Opposition.

... im Horoskop einer Frau der Transit-Mars über ihren Radix-Mars lief, der am Aszendenten in der Jungfrau als *Planet im Brennpunkt* steht?
Sie wurde in einen Motorradunfall verwickelt. Mars regiert ihr 8. Haus.

… im Horoskop eines Mannes der Transit-Saturn in Konjunktion mit seinem *Mond im Brennpunkt* in der Jungfrau (8. Haus) stand?
Er wurde wegen unterlassener Unterhaltszahlungen für sein Kind verklagt, erklärte sich für bankrott und begann eine seriöse Beziehung mit einer wohlhabenden Frau. Sein Radix-Saturn steht im 7. Haus und regiert sein 1., der Mond regiert sein 7. Haus.

… im Horoskop eines Mannes der Transit-Jupiter eine Konjunktion mit *Pluto im Brennpunkt* im Krebs (8. Haus) bildete?
Er erhielt eine hohe Subvention für wissenschaftliche Erziehungsarbeit und trennte sich von seiner Frau. Pluto regiert sein 1. Haus; sein Radix-Jupiter steht im 10. und regiert sein 2. Haus.

… im Horoskop einer Frau der progressive Mond in Konjunktion zu ihrem *Uranus im Brennpunkt* im Krebs (4. Haus) stand?
Sie verließ mit 18 Jahren ihr Elternhaus, um mit einem Mann zu leben.

… im Horoskop derselben Frau der Transit-Saturn eine Konjunktion mit ihrem *Uranus im Brennpunkt* bildete?
Sie zog um und begann ihre zweite, lange währende Beziehung. Ihr Radix-Saturn steht am Deszendenten.

… im Horoskop eines Mannes der Transit-Saturn in Konjunktion mit dem Radix-Saturn stand, der sich als *Planet im Brennpunkt* im Krebs (6. Haus) befindet?
Er verlor seinen ungeliebten Job bei einer Versicherung, war arbeitslos und nahm wieder eine ähnliche Arbeit an, um eine Liebesbeziehung aufrechtzuerhalten.

… im Horoskop desselben Mannes der Transit-Jupiter mit dem *Saturn im Brennpunkt* eine Konjunktion bildete?
Er begann bei einem Chiropraktiker eine Behandlung seiner Rückenprobleme. Saturn ist Herrscher seines Aszendenten.

… im Horoskop einer Frau der Transit-Pluto eine Konjunktion mit ihrem *Merkur im Brennpunkt* in der Waage (8. Haus) bildete?
Ihr Kind starb. Merkur regiert ihr 5. Haus. Pluto stand im Quadrat zu ihrer Opposition zwischen Mond im Steinbock (11. Haus) und Pluto im Krebs (5. Haus).

… im Horoskop einer Frau der progressive Mond eine Konjunktion mit ihrer *Sonne im Brennpunkt* in den Fischen (6. Haus) bildete?
Sie engagierte sich in einer feministisch-spirituellen Gruppe. Die Sonne beherrscht ihr 11. Haus.

… im Horoskop einer Frau der Transit-Jupiter in Konjunktion mit ihrem *Saturn im Brennpunkt* im Krebs (4. Haus) stand?
Einige Monate später kam es zu einer Konjunktion vom progressiven Mond mit Saturn. Zwischen diesen beiden Einflüssen wurde ihr erstes Kind geboren.

OPPOSITIONEN ZUM PLANETEN IM BRENNPUNKT

Was war, als… ?

… im Horoskop einer Frau der Transit-Pluto in Opposition zu ihrem *Merkur im Brennpunkt* im Widder (8. Haus) stand?
Sie kämpfte mit ihrem Ex-Mann um Unterhaltszahlungen. Sie wurde Beraterin für Geburtenkontrolle — ein Beruf, der sie ausfüllt.

… im Horoskop einer Frau der Transit-Pluto im 12. Haus eine Opposition zur Halbsumme ihrer *Sonne/Merkur-Konjunktion* bildete, die als *Planeten im Brennpunkt* im Widder (6. Haus) stehen, während gleichzeitig Jupiter in Konjunktion zu ihrem Mond im Krebs (9. Haus) stand?
Sie begann eine Gruppentherapie, um herauszufinden, warum sie zwanghaft arbeitete und sich selbst isolierte.

… im Horoskop eines Mannes der progressive Mond eine Opposition zu seinem *Saturn im Brennpunkt* im Krebs (6. Haus) bildete?
Er verließ seine Stellung im Immobilienbereich und war mehrere Monate lang arbeitslos.

… im Horoskop einer Frau der Transit-Uranus (5. Haus) eine Opposition zu ihrem *Jupiter im Brennpunkt* im Skorpion (11. Haus) bildete?
Ihre Familie zog um, und sie war sehr unglücklich. In ihrem Geburtshoroskop steht Uranus im 3. Haus, dessen Herrscher er auch ist; Jupiter regiert ihr 1. Haus.

… im Horoskop derselben Frau der Transit-Saturn in Opposition zu ihrem *Jupiter im Brennpunkt* stand?
Ihre Familie zog abermals um, und zwar von Europa in die USA, und sie widmete sich begeistert dem Studium der Bräuche ihres neuen Heimatlandes.

… im Horoskop eines Mannes der Transit-Saturn im 6. Haus eine Opposition zu seinem *Neptun im Brennpunkt* in der Waage (12. Haus) bildete, während er gleichzeitig ein Quadrat zum Radix-Saturn im Krebs (9. Haus) und ein Quadrat zu Merkur im Steinbock (3. Haus) formte?
Er machte einen Selbstmordversuch.

… im Horoskop einer Frau der Transit-Saturn im 6. Haus eine Opposition zu ihrem *Merkur im Brennpunkt* in den Zwillingen (12. Haus) bildete?
Weil sie ein Kind erwartete, verließ sie die High-School während des letzten Schuljahres, in dem sie sehr erfolgreich war. Sie heiratete und brachte das Baby zur Welt. Sonne und Venus ihres Ehemannes stehen in Konjunktion im leeren Raum ihres T-Quadrats. Im Geburtshoroskop steht Saturn im 11. Haus und regiert das 7.; Merkur ist der Herrscher des 4. Hauses.

… im Horoskop einer jüdischen Frau der progressive Mond im 1. Haus eine Opposition zu ihrem *Uranus im Brennpunkt* im Krebs (7. Haus) bildete?
Sie ging ihre erste ernsthafte Beziehung ein — mit einem Araber.

… im Horoskop derselben Frau der progressive Aszendent im 1. Haus in Opposition zu ihrem *Uranus im Brennpunkt* stand?
Sie ging eine lang dauernde Beziehung mit einem «doppelten» Steinbock-Mann ein.

… im Horoskop einer Frau der Transit-Mars im 6. Haus eine Opposition zu ihrem *Merkur im Brennpunkt* im 12. Haus bildete?
Sie wurde in einen Autounfall verwickelt, als sie in einen anderen Bundesstaat ziehen wollte. Mars im Krebs ist in ihrem Radix aufsteigend; Merkur regiert ihr 4. Haus.

… im Horoskop einer Frau der Transit-Neptun im 2. Haus eine Opposition zu ihrem *Mond im Brennpunkt* in den Zwillingen (8. Haus) bildete?
Sie wurde von zwei Frauen ausgeraubt.

… im Horoskop einer Frau der Transit-Saturn im 12. Haus eine Opposition zu ihrer *Sonne im Brennpunkt* in den Fischen (6. Haus) bildete?
Es eröffneten sich ihr verschiedene Arbeitsmöglichkeiten, und sie fand große Erfüllung als Masseuse und Beraterin.

Zwei andere Transit-Formen beeinflussen ebenfalls dein T-Quadrat: die Mondphasen und die Finsternisse. Wenn der Grad des Neumondes einen exakten Aspekt zu einem Planeten deines T-Quadrats bildet, kann er im Hinblick auf den Ausdruck dieses Planeten den Beginn eines neuen Zyklus einleiten. Noch wichtiger sind Aspekte, die durch Sonnen- und Mondfinsternisse gebildet werden. Eine Finsternis innerhalb eines Grades zu einem Planeten oder einer bedeutsamen Halbsumme in deinem T-Quadrat wird normalerweise dein ganzes T-Quadrat aktivieren und oftmals eine Krise in bezug auf die Bedeutung deines Planeten im Brennpunkt heraufbeschwören. Finsternisse, die mit deinem T-Quadrat in Konjunktion stehen, sind selten leichte Einflüsse, können aber auf lange Sicht zu sehr vorteilhaften Entwicklungen führen. Finsternisse im Trigon zu deinen T-Quadrat-Planeten rufen oft Gelegenheiten hervor, die dir bei der Verwirklichung deines T-Quadrat-Potentials helfen können.

Sekundäre Progressionen

Sekundäre Progressionen (primäre und solare Progressionen beeinflussen das T-Quadrat auf ähnliche Weise) werden auf der Grundlage berechnet, daß jeder Tag nach der Geburt einem Lebensjahr entspricht. Sie wirken wie Transite von äußeren Planeten, jedoch ist ihr Einfluß für gewöhnlich innerlicher und subjektiver und wirkt sich mehr auf deine Haltung und innere Konzepte aus als auf äußere Umstände.

Dein T-Quadrat wird besonders machtvoll sein, wenn seine Planeten (vor allem der Planet im Brennpunkt) sich in der Progression auf den exakten Aspekt zubewegen, und es wird schwächer, wenn sie den exakten Aspekt wieder verlassen. Das T-Quadrat wird an Stärke zunehmen, bis jedes seiner Quadrate in der Progression exakt ist. Wenn das T-Quadrat z.B. aus einer Opposition zwischen 14 Grad Zwillinge und 14 Grad Schütze sowie aus Jupiter als Planeten im Brennpunkt auf 8 Grad Jungfrau besteht, wird dein progressiver Jupiter ein exaktes T-Quadrat zur Radix-Opposition bilden, wenn er 14 Grad Jungfrau erreicht. Dies ist wahrscheinlich der Fall, wenn du in deinem vierten Lebensjahrzehnt stehst, falls Jupiter nicht rückläufig wird. Äußere Planeten, die an deinem T-Quadrat beteiligt sind, behalten für gewöhnlich während mehrerer Jahre einen starken Einfluß auf dein Leben, weil sie sich in der Progression so langsam fortbewegen. (Bei der Entscheidung, wann die Progression eines der äußeren Planeten exakt wird, gebrauche einen kleinen Orbis, am besten weniger als 15 Minuten). Aufgrund der schnelleren Bewegung der inneren Planeten bilden diese häufiger in der Progression Trigone oder Sextile zu sich selbst bzw. den Planeten des T-Quadrats; während solcher Perioden kannst du vielleicht neue Möglichkeiten zum Ausdruck dieser Energien finden und nutzen.

Achte auch darauf, wann die progressiven Planeten deines T-Quadrats (besonders der Planet im Brennpunkt) Zeichen und Häuser wechseln. Solche Veränderungen werden dich dazu hinführen, diese Planeten auf neue Weise auszudrücken und ihren Einfluß in anderen Lebensbereichen anzuwenden.

Wenn ein progressiver Planet — oder eine progressive Achse — zu deinem T-Quadrat einen Aspekt bildet — ob dieser an dem T-Quadrat im Geburtshoroskop beteiligt ist oder nicht--, wirst du neue Herausforderungen, Gelegenheiten oder Tätigkeitsbereiche erleben, die mit dem Wesen und der Position des progressiven Planeten und des T-Quadrat-Planeten in Beziehung stehen. Aspekte, die durch die Progression von äußeren Planeten gebildet werden, bleiben viele Jahre hindurch wirksam; Aspekte mit Sonne, Merkur, Venus und Mars während ein oder zwei Jahren (für gewöhnlich von etwa ein Grad vor bis etwa ein Grad nach dem exakten Aspekt); Aspekte des progressiven Mondes wirken für etwa zwei Monate. Der progressive Mond kann nur dann einen bedeutsamen Einfluß auf dein T-Quadrat haben, wenn er eine Konjunktion, eine Opposition oder ein Trigon zu deinem Planeten im Brennpunkt bildet. Weil er eine instinktive Identifikation mit dieser planetarischen Energie und einen guten Kanal für ihren Ausdruck schaffen kann oder weil er dir vielleicht hilft, dein inneres Gleichgewicht wiederzugewinnen, kann es sein, daß du seinem Einfluß deine Aufmerksamkeit zuwenden willst. Gleichgültig, ob der Planet im Brennpunkt in der Progression nun dein T-Quadrat aspektiert oder nicht: Er wird sehr machtvoll sein, wenn er in deinem Horoskop eine starke Position einnimmt — besonders wenn er in Konjunktion zu einer Achse (AC/DC, MC/IC) oder einem anderen Planeten steht, oder er in sein eigenes Zeichen oder Haus eintritt. Der größere Einfluß des Herrschers deines leeren Raumes, wenn er in der Progression wichtige Bereiche deines Horoskops durchmißt, sowie der Einfluß von Planeten, die in das Zeichen und Haus deines leeren Raumes eintreten, helfen dir bei der Überwindung der Schwächen, die durch dein leeres Zeichen und Haus angedeutet werden.

EINE FALLSTUDIE – TRANSITE UND PROGRESSIONEN

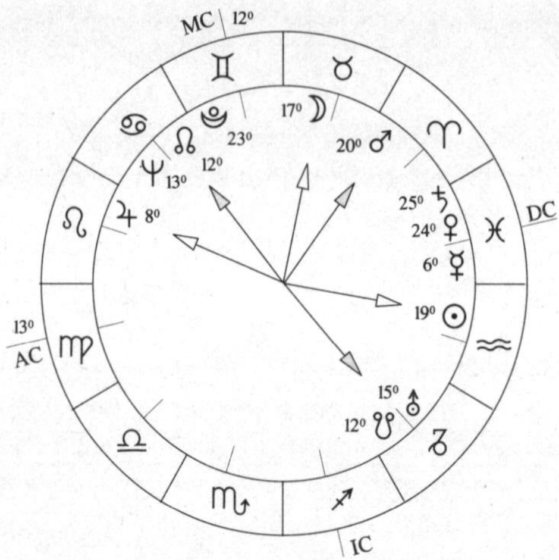

In dem abgebildeten Horoskop befindet sich ein T-Quadrat mit Mars im Widder (8. Haus) als Planet im Brennpunkt und einer Uranus/Neptun-Opposition auf der Mondknotenachse. Mars im Brennpunkt ist in seinem eigenen Zeichen. Der leere Raum ist Waage im 2. Haus, regiert von Venus in den Fischen (7. Haus).

Ein zweites, schwaches T-Quadrat besteht aus einer Sonne/Jupiter-Opposition (etwas außerhalb des zulässigen Orbis), im Quadrat zu Mond im Stier (9. Haus). Das ist nur deshalb ein T-Quadrat, weil Sonne und Mond daran beteiligt sind. Mond im Brennpunkt regiert das 11. Haus. Der leere Raum ist Skorpion (3. Haus), dessen Herrscher Pluto sich in den Zwillingen (10. Haus) befindet.

Diese T-Quadrate stehen miteinander in Verbindung. Mars im Brennpunkt in der Halbsumme zwischen Pluto und Sonne steht zu beiden im Sextil. Der Mond im Brennpunkt steht im Trigon zu Uranus und formt ein schwaches Sextil mit Neptun, wodurch er ein Ventil für die Uranus/Neptun-Opposition schafft.

Es folgt eine Auflistung bedeutsamer Ereignisse, die im Leben des Horoskopeigners unter dem Einfluß von Transiten, Sekundärprogressionen und Finsternissen stattfanden, die zu seinen Planeten im Brennpunkt Konjunktionen, Oppositionen und Trigone bildeten. Obwohl diese Aufstellungen nur die äußeren Umstände seines Lebens beschreiben und die psychologischen Verästelungen dieser Situationen nicht voll zum Ausdruck bringen, lassen sie doch erkennen, wie umfassend der Bereich an Möglichkeiten war, auf die er während eines Zeitraumes von 71 Jahren einging und die er verwirklicht hat. Achte darauf, daß für diesen Mann, wie für jeden Menschen, Trigone nicht immer angenehme Einflüsse sind und Oppositionen oft vorteilhafte Ereignisse oder Handlungen zur Folge haben.

Das T-Quadrat mit Mars im Brennpunkt

1930 *Konjunktion zwischen progressiver Venus und Mars:* Finanzielle Schwierigkeiten. Beendete seine juristischen Studien mit einem akademischen Grad, nachdem die wirtschaftliche Depression in den USA begann.

1932/33 *Konjunktion des Transit-Uranus und des progressiven Mondes mit Mars:* Arbeitete für eine Anwaltskanzlei ohne Bezahlung, gründete schließlich seine eigene juristische Kanzlei. Blieb ein eingefleischter Junggeselle.

1949 *Opposition zwischen progressivem Aszendenten und Mars sowie Konjunktion des laufenden aufsteigenden Mondknoten mit Mars:* Heiratete zum ersten und einzigen Mal. (Der aufsteigende Mondknoten seiner Frau befindet sich in seinem leeren Raum. Ihr Mond und Mars stehen in Konjunktion mit seinem Mars. Ihre Venus und ihr Neptun im Löwen bilden zu seinem Mars ein Trigon.)

1950/51 *Der Transit-Pluto im 12. Haus und im Trigon zum Mars:* Erfolgreiche Investitionen. Geburt des ersten Kindes.

1952 *Der Transit-Saturn und Neptun stehen in Opposition zum Mars:* Harte Arbeit. Aktiv in öffentlichen Angelegenheiten. Verantwortung für zwei Kinder.

1960/61 *Konjunktion zwischen progressivem Mond und Radix-Mars, der Transit-Uranus im Löwen (12. Haus) steht im Trigon zu Mars:*
Seine Frau erkrankt schwer an einem rheumatischen Fieber, das eine Operation am offenen Herzen nötig macht.

1969/70 *Konjunktion zwischen progressiver Sonne und Radix-Mars:*
Finanzieller Aufschwung. Abzahlung von Schulden. Tod der Mutter.

1972/73 *Der Transit-Uranus in Opposition zum Radix-Mars:*
Nachlassendes Interesse an der Arbeit. Unkonzentriert. Bereitet sich auf den Ruhestand vor.

1978/79 *Der Transit-Neptun im Schützen (4. Haus) und das progressive MC im Löwen (12. Haus) stehen jeweils im Trigon zum Radix-Mars:*
Versucht, aus einem unbefriedigenden Ruhestand herauszukommen. Investiert in Immobilien. Lebt jeweils das halbe Jahr in seiner Zweitwohnung in den Bergen.

Das (schwache) T-Quadrat mit Mond im Brennpunkt

1929 *Sonnenfinsternis in Konjunktion zum Mond*:
Große Enttäuschung darüber, daß er es nicht bewerkstelligen konnte, das Football-Team der Universität zu managen und mit ihm zu verreisen. Die Konsequenz daraus war die Beendigung seines juristischen Studiums.

1939 *Der Transit-Uranus in Konjunktion zum Radix-Mond:*
Gesundheitsprobleme. Leitet die Entwicklung des Key-West-Overseas-Highway. Präsentierte die Konstruktion dem amerikanischen Präsidenten F. D. Roosevelt.

1946/47 *Der progressive Mars in Konjunktion mit dem Radix-Mond:*
Kehrte aus dem Krieg zurück. Aufenthalt in einem medizinischen Zentrum der Marine aufgrund von Anpassungsschwierigkeiten an das Leben als Zivilist. Lernte seine spätere Frau kennen. (Ihr Steinbock-Aszendent und ihr Merkur in der Jungfrau stehen im Trigon zu seinem Mond.)

1952/53 *Die progressive Venus in Konjunktion mit dem Radix-Mond:* Bemühte sich mit Erfolg darum, eine Spar- und Darlehens-Gesellschaft zu gründen. Reisen nach Washington. Geburt des zweiten Kindes.

1964 *Der Transit-Neptun in Opposition und der Transit-Jupiter in Konjunktion zum Radix-Mond. Der progressive Mond kehrt zu seiner Radix-Stellung zurück:* Das schwierigste Jahr seines Lebens. Seine Frau war schwer krank, schließlich erholte sie sich von einer Operation am offenen Herzen. Verlust an Geldern, die er in Key-West-Motels investiert hatte. Schwerste Krise an seinem Arbeitsplatz führte zur Zerstörung von Freundschaften und zum teilweisen Ruhestand.

1965/66 *Der Transit-Uranus und -Pluto in der Jungfrau (1. Haus) im Trigon zum Radix-Mond:* Unglücklich am Arbeitsplatz. Große Reise nach Europa und Ruhestand.

1970 *Der Transit-Saturn in Konjunktion zum Radix-Mond; der Jupiter in Opposition zum Mond:* Tod der Mutter.

1977-79 *Sonnenfinsternis in Konjunktion mit dem Radix-Mond; Rückkehr des progressiven Mondes zur Radix-Stellung; der progressive Uranus und der progressive Aszendent befinden sich in Opposition zum Radix-Mond; der progressive Uranus ist stationär im Steinbock (5. Haus) und bildet dort ein exaktes Trigon zum Radix-Mond:* Längerwährende gesundheitliche Probleme mit entzündetem Dickdarm. Bestürzt darüber, daß seine Kinder plötzlich und unter schwierigen (gerichtlichen) Begleitumständen ihre Beziehungen beenden. Errichtete ein zweites Heim in Nord-Carolina. Reiste häufig zwischen den beiden Wohnungen hin und her und versuchte, dem ältesten Sohn zu helfen. Kaufte und verkaufte Land. Beschloß, das Zuhause in Miami zu verkaufen.

Stationäre und rückläufige Bewegung

Noch wichtiger als ein progressiver Planet, der dein T-Quadrat aspektiert, ist eine Richtungsänderung der Planeten im Brennpunkt von rückläufiger zu direkter Bewegung. (Ein Planet ist rückläufig, wenn es aufgrund der Beziehung zwischen seiner Umlaufbahn um die Sonne und jener der Erde um diese den Anschein hat, als ob er sich rückwärts bewege.) Sonne und Mond können nicht rückläufig sein. Ob im Geburtshoroskop oder in der Progression: rückläufige Planeten weisen auf Dinge hin, die du auf eigene Weise bewerten, nochmals bearbeiten oder entwickeln mußt, bevor du sie frei zum Ausdruck bringen kannst. Wie die Planeten im 12. Haus, zeigen sie oft Facetten von dir, die durch deine Eltern nicht gefördert wurden und als Folge davon verborgen blieben oder auf einer psychischen Ebene wirken. Rückläufige Planeten deuten nicht nur auf Energien hin, die nach innen gerichtet sind; sie hemmen auch den freien Ausdruck und wirken manchmal auf indirekte, zwanghafte oder sonstwie unbewußte Weise. Dennoch geben sie dir nicht nur die Fähigkeit, das Wesen dieser planetarischen Energie zu verstehen, sondern veranlassen dich auch, diese Energie in Übereinstimmung mit deiner inneren Stimme auszudrücken.

Ein rückläufiger Planet im Brennpunkt wird im allgemeinen weniger äußere Probleme schaffen als ein direktlaufender, aber er wird sich auf deine Gefühle, Gedanken, Einstellungen und/oder den physischen Körper stark auswirken. Es ist unwahrscheinlich, daß er mehrere Jahre hindurch rückläufig bleibt. Da viele der Ausdrucksmöglichkeiten deines T-Quadrats während der Jahre, in denen dein Planet im Brennpunkt rückläufig ist, verborgen bleiben, wird seine Richtungsänderung auf dich eine dramatische Wirkung haben. Die psychische Krise, die du während des stationären Zeitraumes erlebst, wird deine Energien wieder anpassen. Du kannst dann damit beginnen, die Widersprüche und Fähigkeiten dieses Planeten, die sich in dir entwickelt haben, nach außen frei auszudrücken und die Erkenntnis, die du während dessen rückläufiger Periode gewonnen hast, in offene Handlungen umzusetzen.

Wenn dein Planet im Brennpunkt direktläufig ist und rückläufig wird, können sich die äußeren Umstände, die durch dein T-Quadrat beeinträchtigt werden, von selbst auflösen oder zumindest weniger problematisch werden. Manchmal stammt der größte Stress im Leben nicht aus dem Haus, in dem der Planet im Brennpunkt steht, sondern aus dem Haus, das er regiert. Ist der Planet im Brennpunkt erst einmal rückläufig, wird er mehr seiner rückläufigen Bedeutung gemäß leben, als wenn er rückläufig ist und direktläufig wird. Du wirst auf die inneren Dimensionen deines Planeten eingestimmt, und ein Großteil deiner Energie wird nach innen gerichtet, sobald du beginnst, den Lebensbereich, den er beeinflußt, zu beurteilen und zu verstehen. Gelegentlich, wenn das T-Quadrat stark ist, beeinträchtigen die internen Manifestationen des Planeten im Brennpunkt — wenn er rückläufig wird — den physischen Körper. Das führt zu gesundheitlichen Problemen, die für gewöhnlich erst überwunden werden können, wenn die Konflikte im Zusammenhang mit diesem Planeten konfrontiert und gelöst wurden.

Der Zeitraum, während dem ein Planet stationär ist, bevor er eine rückläufige oder direktläufige Wendung nimmt, ist unterschiedlich und hängt von seinem Wesen ab. Ein äußerer Planet kann in der Progression mehrere Jahre hindurch (ein Tag entspricht einem Jahr) innerhalb eines Grades verbleiben. Die stationären Perioden des Planeten im Brennpunkt sind für gewöhnlich die wichtigsten und schwierigsten Perioden deines Lebens, weil die intensive Energie, die durch diesen Planeten freigesetzt wird, meist eine völlig neue und unerwartete Richtung nimmt. Wenn dein progressiver Planet im Brennpunkt stationär ist, kann seine Wirkung sehr beherrschend werden. Möglicherweise drückst du ihn zwanghaft und unangemessen aus; dann solltest du dich mehr auf deinen leeren Raum einlassen und versuchen, der Spannung einen Ausweg zu bieten. Es ist durchaus möglich, daß du, was den Ausdruck dieses Planeten, Zeichens und Hauses betrifft, blockiert bist und einen Stillstand erlebst. Diese Periode ist wirklich eine Herausforderung, die dich allerdings in die Lage versetzen kann, das höchste Potential deines T-Quadrats zu verwirklichen. Achte auf die Aspekte, die dein Planet im Brennpunkt in der stationären Phase bildet (besonders jene zu T-Quadrat-Planeten), denn diese können auf Möglichkeiten hinweisen, durch die du die angestaute Energie dieser Periode freisetzen kannst.

Wenn nicht der Planet im Brennpunkt, sondern ein anderer Planet rück- oder direktläufig wird, wirst du einen ähnlichen Einfluß erfahren, doch der Bereich im Brennpunkt deines T-Quadrats wird nicht ganz so tief beeinflußt. Wird ein Planet stationär, der nicht an deinem T-Quadrat beteiligt ist, beeinflußt er nur dann einen Lebensbereich, der von deinem T-Quadrat beherrscht wird, wenn dieser Planet im Geburtshoroskop oder in der Progression einen Aspekt zu T-Quadrat-Planeten bildet.

Die folgenden Aufstellungen weisen auf einige der Energien hin, die du erfahren kannst, wenn ein Planet deines T-Quadrats in der Progression stationär und dann rückläufig wird. Sie beschreiben auch die möglichen Auswirkungen eines jeden Planeten, der in deinem Geburtshoroskop stationär oder rückläufig ist.

Einflüsse stationärer und rückläufiger Planeten in der Progression

MERKUR

Stationäre Phase: 6 - 12 Monate.
Krise im Denken, in der Kommunikation, im Austausch mit anderen; zu mental; das Denken dreht sich im Kreis; geht ins Detail; muß durch Erfahrungen hindurchgehen, sie analysieren und assimilieren; zwanghaftes Reden; Schwierigkeiten, mit anderen in Verbindung zu kommen; innere Nervosität und Unruhe.

Rückläufige Phase: 20 - 25 Jahre.
Kontemplativ; mit geistigen Vorgängen beschäftigt; geistige Hyperaktivität; leicht erregbar, überlastet; literarisch; phantasie-verbunden; Fähigkeit zum Schreiben; intuitiv; auf die universalen Ebenen eingestimmt; erkennt Feinheiten, Atmosphäre, verborgene Botschaften; geistesabwesend; sieht über äußere Kleinigkeiten hinweg; introspektiv; Selbstanalyse; Selbstkritik; Zweifel an den geistigen und verbalen Fähigkeiten; ängstlich.

Rückläufig/stationär im Radix:
Denken/Kommunikation wurde von den Eltern erschwert; Schwierigkeiten im Kontakt mit anderen Menschen oder mit dem Umfeld; wechselweise zu kommunikativ oder sehr unzugänglich; indirekte oder zusammenhanglose Kommunikation.

VENUS

Stationäre Phase: 6 - 12 Monate.
Krise in den Wertvorstellungen, in der Liebe, in persönlichen Beziehungen; konzentriert sich auf Beziehungen und Liebe; beurteilt; schätzt soziale und materielle Bedürfnisse ein; strebt danach, beliebt zu sein; pflegt angenehmes, freundliches Verhalten; äußerst künstlerisch; ist sich äußerer und innerer Schönheit bewußt.

Rückläufige Phase: 40 - 43 Jahre.
Einsamkeit; zieht sich aus Beziehungen zurück; asketisch; wendet sich nach innen für emotionale Befriedigung; wünscht sich selbst zu gefallen; kümmert sich nicht um das Äußere; narzistisch; bequem und zügellos; hat außergewöhnliche Gelüste; ästhetische Empfindsamkeit; auf innere Schönheit eingestimmt; bewertet; entwickelt eine eigene, einzigartige Wertordnung; macht sich Gedanken über Liebe und Beziehungen; gesellschaftlich unkon-

ventionell; Abneigung gegen gesellschaftliche Rituale; schätzt ungewöhnliche oder seltene Eigenschaften an anderen; fühlt sich nicht wert, geliebt zu werden; ist anderen gegenüber zu empfindlich; hat Schwierigkeiten, Liebe zu geben oder zu empfangen.

Rückläufig/stationär im Radix:
Fühlte sich als Kind ungeliebt; hatte zurückhaltende Eltern; ist nicht materialistisch; hat ungewöhnlichen Geschmack in materiellen Dingen.

MARS

Stationäre Phase: 1 - 2 Jahre.
Krise im Hinblick auf unser Handeln und auf Energie-Freisetzung; hyperaktiv; energiegeladen; antreibend; vorwärtsdrängend, ungestüm; sehr aggressiv; starke sexuelle oder körperliche Aktivität; in seine eigenen Wünsche und Aktivitäten vertieft; Vorbereitung auf einen Neubeginn.

Rückläufige Phase: 60 - 80 Jahre.
Langsam im Handeln; muß Handlungen sorgfältig beurteilen; anspruchslos; Schwierigkeiten in der Erfüllung von Wünschen; fühlt sich erschöpft; bezweifelt seine Fähigkeit zum Erfolg; hat Angst vor dem Handeln.

Rückläufig/stationär im Radix:
Fühlt sich mißbraucht; hat Angst, Neues zu beginnen; unbewußte Motive und Wünsche; handelt auf Umwegen oder unredlich; verborgene Talente und Fähigkeiten; inspiriertes Handeln; Handlungen, die von Idealen angeregt werden oder die emotionale Energie hervorrufen; aktive Erforschung der Seele; aufgestauter Ärger; leicht frustriert; defensiv; sexuell entweder beherrschend oder nicht erregbar bzw. unerweckt; sexuell unterdrückt; selbstzerstörerisch; setzt sich selbst herab; fühlt sich durch Konkurrenz von außen bedroht.

JUPITER

Stationäre Phase: 2 - 3 Jahre.
Krise im Verstehen, in der allgemeinen und gesellschaftlichen Ausrichtung; muß Verständnis entwickeln und zeigen; philosophisch; in die Zukunft vertieft; überoptimistisch; maßlos; Schwierigkeiten im Aufnehmen von Erfahrungen; wechselnde Ausrichtung; bereit, sich nach innen oder außen zu wenden.

Rückläufige Phase: 118 - 124 Jahre.
Glaubt an sich selbst; mit dem inneren Reichtum im Einklang; entwickelt in

nere Weisheit; nachdenklich; erforscht die Seele; versucht, zu verstehen; philosophisch; eher spirituell als religiös; hält sich an Prinzipien; entwickelt ein persönliches Moral- und Glaubenssystem; wahrt Verständnis; erwirbt inneren Reichtum.

Rückläufig/stationär im Radix:
Lehnt die Glaubensstruktur und gesellschaftliche Ordnung der Eltern ab; Standpunkt; konzentriert sich auf die eigene Zukunft; plant; genießt die eigene Gesellschaft; gibt nicht viel aus; ist nicht großzügig; eher darauf aus, zu erhalten statt zu geben; geistig überlastet; braucht «Raum», um alles aufzunehmen; unbewußt fordernd; unbewußt materialistisch.

SATURN

Stationäre Phase: 4 - 5 Jahre.
Krise, die sich auf Arbeit, Verantwortung, Selbstbeherrschung auswirkt; man sieht sich Hindernissen und Begrenzungen gegenüber; Erwachsenwerden; Umgang mit Schmerz, Verlust, Isolation; Entwicklung von Stärke; über-kontrolliert, diszipliniert oder selbstverleugnend; stark beschäftigt mit Sicherheit, Verantwortung, Erfolg; äußerst ehrgeizig; zwanghafter Arbeiter.

Rückläufige Phase: 134 - 142 Jahre.
Selbstverleugnung; stoisch; verlangt von sich selbst außerordentlich viel; fühlt sich unzulänglich und minderwertig; Selbstzweifel; ängstlich; negativ; melancholisch; erwartet Fehlschläge; ist übervorsichtig.

Rückläufig/stationär im Radix:
Schwacher Vater: keine geordneten Familienverhältnisse; es fehlte an Disziplin; fühlt sich isoliert; hat das Bedürfnis, sich zurückzuziehen; selbstbeherrscht; gehemmt; verschlossen; blockiert sich; nach außen hin schwach bei innerer Festigkeit und Härte; widersteht Veränderungen; Bewältigung von Schmerz, Furcht, Verlust, Beschränkungen; Zähigkeit; Überwindung innerer Widerstände; arbeitet an seinen Problemen; verlangt eher nach psychischer als nach äußerer Sicherheit; fühlt sich durch Konkurrenz bedroht; hat Schwierigkeiten mit der Autorität; von innen her zur Arbeit motiviert; zieht es vor, allein zu arbeiten; wechselweise arbeitsscheu und zwanghaft arbeitend.

URANUS

Stationäre Phase: 5 - 8 Jahre.
Krise, die sich auf die Persönlichkeit, Freiheit, geistige Gesundheit auswirkt; entfremdet; distanziert; hinterfragt seine Rolle in der Gesellschaft;

setzt sich intensiv mit Übersinnlichem oder mit Gesellschaftsreformen auseinander; befreit sich aus Beschränkungen; lehnt sich auf; wandelt sich; blitzartige Einsichten; mentales Bombardement; exzentrisch; extreme Höhen und Tiefen; keine Stabilität; zweifelt an der eigenen geistigen Gesundheit.

Rückläufige Phase: 148 - 154 Jahre.
Intuitiv; mit den universellen Ebenen im Einklang; selbständiges Denken; originelle Ideen; folgt der inneren Führung; auf die innere Stimme ausgerichtet; widersteht äußeren Einflüssen; braucht psychische Freiheit; psychologisch/metaphysische Ausrichtung; fühlt sich den anderen entfremdet; ist mit der Gesellschaft uneins; Ich-Transformation; verändert eher sich selbst als die Gesellschaft; nach außen hin konventionell, innerlich jedoch individualistisch.

Rückläufig/stationär im Radix:
Die Eltern unterdrückten Individualität und Freiheit; nervös; ständiger psychischer Reiz; rebelliert ohne Grund; rebelliert gegen sich selbst; eigentümliches Verhalten; extremes Temperament.

NEPTUN

Stationäre Phase: 6 - 8 Jahre.
Krise, die sich auf Ideale, Spiritualität und Kreativität auswirkt; Beschäftigung mit spirituellem oder kreativem Dienst; wird von Verwirrung überwältigt; Mangel an Klarheit; allzu lebhafte Vorstellungen; kreativ; inspiriert; sucht nach Jenseits-Erfahrungen; verliert sich in Phantasien; physisch und emotional überaus empfindlich; eine Periode des Übergangs und des emotionalen Fließens.

Rückläufige Phase: 154 - 161 Jahre.
Im Einklang mit der inneren Vision; offen für Inspiration; äußerst aufnahmefähig; aufgeschlossen gegenüber Eindrücken; aktives Phantasie- und Traumleben; unbewußt von Phantasien und Träumen geleitet; Schwierigkeiten in der Unterscheidung zwischen Wirklichkeit und Phantasie; Schwierigkeiten beim Umsetzen von Idealen in praktische Handlungen; emotional verwirrt; gibt sich Illusionen hin; flüchtet sich in die Innenwelt; neigt dazu, «abzuheben»; physisch und psychisch überaus empfindsam; spirituell; fähig, über das Ich hinauszugehen.

Rückläufig/stationär im Radix:
Die Familie behinderte Kreativität und Spiritualität.

Stationäre Phase: 6 - 8 Jahre.
Krise, die sich auf den Ausdruck von Macht und Sexualität auswirkt; hohe Intensität; starke Emotionen; leidenschaftlich; vom Verlangen überwältigt; sexuell besessen; zwanghaft; fixiert; hat das Gefühl, die Kontrolle über sich zu verlieren; aufbrausend; aggressiv; eindringlich; scheut keine Auseinandersetzung; tätigt drastische Veränderungen; verwirft alte Muster; entfremdet; unfähig, mit anderen in Verbindung zu treten; fühlt den Drang, die Oberfläche der Wirklichkeit zu durchdringen.

Rückläufige Phase: 156 - 162 Jahre.
Seelenforscher; durchdringt das Bewußtsein; ist fähig, sich mit dem eigenen Ich auseinanderzusetzen und es zu transformieren; innere Kraft und Intensität; extreme Gefühle; innere Erhebung und Transformation; machtvolle, unterdrückte Gefühle; aufgestaute Energie.

Rückläufig/stationär im Radix:
Die Familie hatte einen hemmenden Einfluß; beschäftigt sich mit der Kontrolle von Gefühlen und Leidenschaften; unterdrückt die Gefühle und explodiert dann unkontrollierbar; zwanghaft; selbstzerstörerisch; verurteilt sich selbst; zurückgezogen; fühlt sich psychisch isoliert.

Das Solar

Ein Solar ist ein Jahreshoroskop, das auf die grad- und minutengenaue Wiederkehr der Sonne auf ihre Radixposition berechnet wird. Da dieses Horoskop deine Energien und Ausrichtung in einem bestimmten Jahr beschreibt, ist die solare Wiederkehr ein gutes Hilfsmittel, um die Entfaltung deines Geburtshoroskops zu verstehen; sie klärt die Bedeutung von Transiten und Progressionen und gibt Aufschluß über bedeutsame Einflüsse, die durch Transite und Progressionen vielleicht nicht angezeigt werden.

Eine der hilfreichsten Anwendungsmöglichkeiten des Solarhoroskops besteht darin, es als Anhaltspunkt für die Kanalisierung der Energien zu nehmen, die durch Aspekte im Geburtshoroskop entstehen. Betrachte die Planeten deines Geburtshoroskops, die ein Quadrat oder eine Opposition bilden — besonders jene, die an deinem T-Quadrat beteiligt sind. In welcher Beziehung stehen sie im Solar zueinander? In den Jahren, wo das Solar enge Konjunktionen, Trigone oder Sextile zwischen zwei Planeten aufweist, die im Geburtshoroskop im Quadrat oder in Oppositionen stehen, kannst du das konstruktive Zusammenwirken dieser Planeten erfahren. Besonders durch die Konjunktion kannst du Lektionen lernen, die dir bei der Lösung deiner T-Quadrat-Probleme helfen.

Wo steht im Solarhoroskop dein Planet im Brennpunkt?
Dort, in diesem Zeichen und Haus, mußt du seine Energien einsetzen. Steht er an einer Achse, in seinem eigenen Zeichen oder Haus oder in seinem Radix-Zeichen, -Haus oder -Grad, wird sein Einfluß das ganze Jahr hindurch stark sein.

Was geschieht mit dem Zeichen und Haus des leeren Raumes deines T-Quadrats im Geburtshoroskop, und was geschieht mit dem Herrscher dieses Zeichens und Hauses?
Wenn einer dieser Herrscher im Solar eine starke Position einnimmt, wird dieses Jahr der Entwicklung seiner charakteristischen Eigenschaften dienen. Wenn im Solar in dem Zeichen oder Haus Planeten stehen, in dem sich im Radix der leere Raum befindet, werden sie dir helfen, die Schwächen zu überwinden, die hier angezeigt sind.

Aspektiert im Solar der Planet im Brennpunkt deines Radix-T-Quadrats den Herrscher des leeren Raumes?[4]
Stehen beide im Quadrat oder in Opposition zueinander, erlebst du zwischen ihnen einen Konflikt, wirst jedoch ebenfalls dazu angeregt, sie zu integrieren. Stehen diese Planeten im Trigon, Sextil oder in Konjunktion zueinander, kann eine solche Integration leicht vonstatten gehen, aber du mußt dir darüber klar werden, wie du die harmonische Ausdrucksweise beibehalten willst, wenn das Jahr des Solarhoroskops endet.

Befindet sich im Solar ein T-Quadrat, wird es sich nicht als so bedeutend oder stark erweisen wie das T-Quadrat deines Geburtshoroskops. Es wirkt jedoch auf ähnliche Weise. Achte darauf, wo der Planet im Brennpunkt dieses Solar-T-Quadrats in deinem Geburtshoroskop steht; sein Radix-Einfluß wird durch die Stellung in Zeichen und Haus des Solarhoroskops kanalisiert. Du wirst diesen Planeten, sein Zeichen und Haus in diesem Jahr überbetonen, und es ist nötig, den leeren Raum des Solar-T-Quadrats durch die Integration des Planeten im Brennpunkt zu entwickeln.

Die lunare Wiederkehr (das Lunar) ist ein Monatshoroskop und wird auf die grad- und minutengenaue Rückkehr des Mondes auf seine Radixposition berechnet. Ein Lunar wird ähnlich wie ein Solar interpretiert. Lunare weisen auch auf Zeiträume (Monate) hin, in denen du am erfolgreichsten deine T-Quadrat-Planeten integrieren kannst. Die Berechnungen der Lunare sind besonders für jene Menschen ein nützliches Hilfsmittel, deren Radix-Mond betont ist — z.B als Planet im Brennpunkt, an einer Achse oder im eigenen Zeichen oder Haus.

Horoskopvergleiche

Der Ausdruck des T-Quadrats wird auch von der Dynamik deiner persönlichen Beziehungen beeinflußt. Die Radix-Planeten von Menschen, die in deinem Leben Bedeutung haben, können zu den Planeten deines T-Quadrats in Konjunktion, in Opposition, im Trigon oder im Sextil stehen und dadurch neue Energiekanäle schaffen oder bereits bestehende aktivieren und ihnen eine andere, anhand der Radix-Aspekte nicht zu vermutende Richtung geben. Die Planeten im Horoskop eines anderen Menschen, die zu deinem T-Quadrat Aspekte bilden, werden die gleiche Wirkung haben, wie sie dieselben Planeten im Transit hätten. Aber du wirst diese Energien in bezug auf die betreffenden Person erleben.

Zu Beginn dieses Kapitels wurden die Einflüsse unterschiedlicher Aspekte auf dein T-Quadrat besprochen, jedoch deren Bedeutung im Horoskopvergleich nicht besonders betont. Mit Menschen, deren Planeten eine Konjunktion zu deinen T-Quadrat-Planeten bilden, wirst du wahrscheinlich enge Verbindungen erleben (besonders wenn es sich um den Planeten im Brennpunkt handelt), weil sie dich anregen, indem sie deine Radix-Planeten und -Aspekte verstärken. Dabei aktivieren sie wahrscheinlich deine T-Quadrat-Energien und zwingen dich, den Konflikten, die durch dein T-Quadrat angezeigt werden, ins Gesicht zu sehen. Obwohl du vielleicht ein besonderes Gefühl der Anziehung zu diesem Menschen verspürst, darfst du ihnen nicht erlauben, dich aus deinem inneren Zentrum hinauszuziehen. Vieles hängt vom Wesen der Planetenverbindung ab. Der Saturn eines Menschen, der in Konjunktion zu deinem Uranus im Brennpunkt steht, kann dich noch unberechenbarer, eigenwilliger und rebellischer machen.

Bei Menschen, deren Planeten ein Trigon oder Sextil zu deinen T-Quadrat-Planeten bilden (besonders zum Planeten im Brennpunkt), wirst du in deinem Selbstausdruck eine Erleichterung erfahren. Mit ihnen werden viele Probleme deines Lebens scheinbar verfliegen. Alles wird leichter, fließender und weniger frustrierend sein. Diese Menschen haben wahrscheinlich eine beruhigende Wirkung auf dich und leiten dich an, deine Energien konstruktiv auszudrücken. Das geschieht auf eine Art und Weise, die auf den Planeten bezogen ist, der den Aspekt bildet, und auf den Bereich, in den er bei deinem Geburtshoroskop fällt. Du mußt jedoch sorgfältig darauf achten, daß du dich nicht zu sehr auf diese Menschen stützt. Ihre Hilfe kann dich schwächen und davon abhalten, die Probleme deines Lebens selbst zu lösen, oder sie kann dich stärken und befähigen, mit deiner Entwicklung freier und leichter fortzufahren.

Menschen, die im leeren Raum deines T-Quadrats Planeten haben, werden auf dich wahrscheinlich einen bedeutungsvollen Einfluß ausüben. In einem geringeren Ausmaß trifft dies auch für Personen zu, die Planeten zwar in einem anderen Zeichen, jedoch im leeren Haus haben. Du kannst dich sogar zu diesen hingezogen fühlen, weil sie Eigenschaften verkörpern, die dir fehlen. Diese Menschen werden dir helfen, dein Gleichgewicht wiederzugewinnen und die Schwächen und Unzulänglichkeiten deines leeren Raumes zu überwinden, obwohl dein Umgang mit ihnen nicht immer leicht sein wird. Weil sie dein T-Quadrat aktivieren, zwingen sie dich zu wachsen und neue Verhaltensmuster zu entwickeln. Du mußt jedoch vorsichtig sein, wenn du dich darauf verläßt, daß diese Menschen dich ins Gleichgewicht bringen oder den leeren Raum deines T-Quadrats für dich ausdrücken. Solange du diese Qualitäten nicht selbst verkörperst, wirst du entdecken, daß die Probleme, die dein T-Quadrat repräsentiert, wieder aufleben, sobald diese Menschen auf dein Leben keinen Einfluß mehr haben.

Menschen sind sehr komplizierte Wesen und von einer Vielzahl unterschiedlicher Planeten, Zeichen und Häuser beeinflußt. Du wirst dich wahrscheinlich mit den Personen am besten vertragen, bei denen ein oder mehrere Planeten zu deinem T-Quadrat eine Konjunktion, ein Trigon oder ein Sextil bilden, aber auch wenn sie in Opposition zu deinem Planeten im Brennpunkt stehen. Du wirst besonders vom Umgang mit Menschen profitieren, die eine Betonung in einem oder mehreren der folgenden drei Zeichen haben: Die beiden Zeichen, die zu deinem Planeten im Brennpunkt im Trigon stehen, und das Zeichen deines leeren Raumes.

Neben dem Horoskopvergleich kann auch das Composit, das auf den Halbsummen zwischen den Planeten zweier (oder mehrerer) Geburtshoroskope basiert, einen Einfluß darauf haben, wie du dein T-Quadrat ausdrückst. Konjunktionen, Trigone oder Sextile, die im Composit einer deiner Beziehungen aufscheinen und die zwei Planeten miteinander verbinden, welche in deinem Geburtshoroskop ein Quadrat oder eine Opposition bilden, können ein Hinweis sein, daß diese Beziehung die Möglichkeit bietet, diese beiden Facetten in dir in Harmonie zu bringen. Ein T-Quadrat im Composit wirkt auf ähnliche Weise wie ein T-Quadrat im Radix und kann das Verhältnis zwischen zwei Menschen zerstören, wenn nicht der leere Raum des Composits gepflegt wird und die Energien, die am T-Quadrat beteiligt sind, nicht konstruktiv kanalisiert und in Synthese gebracht werden.

Mondknoten und Achsen

Welchen Aspekt ein Planet zu deinem T-Quadrat bilden mag — sei es nun im Transit, in der Progression oder durch den Einfluß einer anderen Person —, er zwingt dich, die Lektion dieses Planeten mit der Lektion des aspektierten Planeten zu integrieren. Da die günstigen und ungünstigen Dimensionen jedes einzelnen Planeten bereits in dem Kapitel über die Planeten im Brennpunkt beschrieben wurden, müssen wir uns hier nicht damit befassen. Jedoch geben auch jene Aspekte, an denen Aszendent, MC oder die Mondknoten beteiligt sind, Hinweise auf Kanalisierungsmöglichkeiten für den Ausdruck des Planeten im Brennpunkt und sollten deshalb in Betracht gezogen werden.

Dein progressiver Aszendent oder der Aszendent einer anderen Person, der einen Aspekt zu einem deiner T-Quadrat-Planeten bildet, kann dich dazu bringen, dich mit diesem Planeten zu identifizieren und ihn offen auszudrücken. Der Einfluß dieses Planeten kann, entsprechend der Zeichen- und Hausposition, dein Denken und Empfinden beherrschen und dein Bewußtsein verändern. Dieser Planet beeinflußt deine Vorstellung über dich selbst und deine Ausrichtung im Leben; außerdem beeinträchtigt er deinen Energiefluß und deine Verbindung zum physischen Körper. Wenn er nicht mit den anderen Planeten integriert wird, kann es zu Gesundheitsproblemen oder zu Schwierigkeiten im Selbstausdruck kommen. Sonst wird er es dir ermöglichen, einen Energieausstoß zu erfahren — und zwar von Energie, die speziell dem Wesen dieses Planeten und seiner Stellung in deinem Horoskop entspricht.

Dein progressives MC oder das MC einer anderen Person, das zu einem T-Quadrat-Planeten einen Aspekt bildet, kann deine Ausrichtung der Allgemeinheit gegenüber sowie deine beruflichen Ziele und Tätigkeiten beeinflussen. Die MC's unterstützen dich dabei die Energien des Planeten im Brennpunkt in dein öffentliches Leben miteinzubeziehen. So kann der Planet im Brennpunkt Gelegenheiten für beachtliche Leistungen schaffen.

Aspekte mit deinem T-Quadrat, die durch die Transit-Mondknoten gebildet werden (das gilt auch für die Mondknoten in der Progression, die im Laufe des Lebens einen Aspekt jeweils stärken oder schwächen können), beeinflussen ebenfalls dein T-Quadrat. Konjunktionen des absteigenden Mondknoten können Menschen oder Ereignisse aus der Vergangenheit in dein Leben bringen, die es dir ermöglichen, über Energien des aspektierten Planeten zu verfügen, die jedoch nicht unbedingt deiner eigenen Entwicklung förderlich sind. Konjunktionen des aufsteigenden Mondknoten führen dich durch eine zwischenmenschliche Verbindung oder neue Erfahrungen zur höchsten Ausdrucksmöglichkeit des aspektierten Planeten. Wenn der aufsteigende Mondknoten durch deinen leeren Raum läuft, kannst du den größten Nutzen daraus ziehen, wenn du dich auf diesen Lebensbereich konzentrierst. Durchläuft der absteigende Mondknoten den leeren Raum des T-Quadrats, neigst du möglicherweise dazu, dich in dein leeres Haus und Zeichen zurückzuziehen, aber du mußt darauf achten, den Planeten im Brennpunkt dabei auf konstruktive Weise auszudrücken. Trigone und Sextile zwischen der Mondknotenachse und deinen T-Quadrat-Planeten haben keine große Bedeutung, aber sie können uns bei der Anwendung der Hilfsmittel unterstützen, die im Zeichen und Haus des absteigenden Mondknoten liegen, um dadurch die Energien des aspektierten Planeten in das Zeichen und Haus des aufsteigenden Mondknoten umzuleiten.

Aspekte zwischen der Mondknotenachse anderer Menschen und deinem T-Quadrat-Planeten beeinflussen die anderen mehr als dich. Sie deuten darauf hin, auf welchem Wege du sie veranlaßt, von den Hilfsmitteln ihrer Vergangenheit Gebrauch zu machen, die durch ihren absteigenden Mondknoten gekennzeichnet werden, und wie du sie dazu bringst, mit den wichtigen Lebensaufgaben, die ihr aufsteigender Mondknoten anzeigt, zu kämpfen bzw. mit ihrer Erfüllung zu beginnen.

Kapitel 7

Umgang mit dem T-Quadrat:

Theoretischer Teil

Wenn du dieses Buch liest, weil du ein T-Quadrat hast, versuchst du wahrscheinlich dich zu verstehen und herauszufinden, wie du die durch das T-Quadrat verkörperten Energien wirksamer ausdrücken kannst. Das Studium der Planeten, Zeichen und Häuser, die an deinem T-Quadrat beteiligt sind, kann dir bewußt machen, wie sie in deinem Leben wirken und eine intellektuelle Aufgeschlossenheit gegenüber anderen Formen des Seins mit sich bringen. Dieses Verständnis kann dein Leben verändern, indem es deinen Horizont erweitert, neue Möglichkeiten offenbart und dich befähigt, bewußtere Entscheidungen zu treffen. Doch Verständnis allein reicht für gewöhnlich nicht aus, um bedeutende und dauerhafte Veränderungen zustande zu bringen. Du mußt die Veränderung *wollen*. Deine Entschlossenheit zur Erfüllung deines inneren Potentials und zur Erhöhung deiner Zufriedenheit muß so stark sein, daß du bereit bist, Verwirrung und sogar Angst und Schmerz zu erleben, die in Erscheinung treten können, wenn du negative Verhaltensmuster aufgibst und sie durch neue Gedankengänge, Handlungen und Erfahrungen ersetzt (was zunächst Schwierigkeiten machen kann).

Jeder Gewinn ist auch ein Verlust. Jeder Versuch, deine Zukunft zu lenken, ist auch eine Zerstörung deiner Vergangenheit. Sogar wenn das, was du zurückläßt, dich nicht erfüllt, ist der Verlust dieser Verhaltensweise, Erfahrung oder Handlung oft schmerzlich, weil es ein Teil von dir geworden ist. Um zu wachsen, um die Chance wahrzunehmen, aus dir mehr zu machen, als du gegenwärtig bist, mußt du auch bereit sein, das, was du warst, hinter dir zu lassen.

Möchtest du dich verändern? Wie schwerwiegend sind die Probleme in Verbindung mit deinem T-Quadrat? Wie oft treten diese Probleme in Erscheinung? Denke für einen Moment darüber nach, auf welche negative Art und Weise du die Energien deines T-Quadrats möglicherweise ausdrückst. Was *stimmt nicht* in deinem Leben?

1. *Leidest du?*

2. *Bist du deprimiert? Fehlt es dir an Vitalität und Anregung? Ist deine Energie blockiert?*

3. *Bist du in deinen Beziehungen und/oder Aktivitäten unglücklich?*

4. *Kannst du dich selbst nicht leiden?*

5. *Siehst du in deinem Leben keinen Sinn oder kein Ziel?*

6. *Fühlst du dich hilflos, festgelegt in Verhaltensmustern, Beziehungen oder Aktivitäten, die dir keine Erfüllung mehr geben?*

7. *Fühlst du dich durch Neigungen, Zwänge oder Fixierungen irgendwelcher Art getrieben?*

8. *Hast du oft das Gefühl, nicht im Gleichgewicht zu sein, als ob du dein Zentrum verloren hättest?*

9. *Beeinträchtigt ein Bereich deines Lebens einen anderen derart, daß du daran gehindert wirst, in diesen beiden Bereichen gut zu arbeiten?*

10. *Ist dein Leben eng und beschränkt, weil du ständig alle Erfahrungen vermeidest, die Furcht bzw. Ängstlichkeit aufkommen lassen könnten? Hältst du eine starre Lebensweise aufrecht, weil du dich von unbekannten Möglichkeiten bedroht fühlst?*

11. *Bist du oft in Auseinandersetzungen mit dir selbst oder mit anderen Menschen verwickelt?*

12. *Hast du Gesundheitsprobleme, die psychische Ursachen haben könnten?*

13. *Hast du eine Seite in dir oder einen Lebensbereich auf Kosten anderer Eigenschaften oder Interessen übermäßig betont?*

14. *Erlebst du eine große Diskrepanz zwischen deinem Potential und deinen Leistungen? Gelingt es dir nicht, in Übereinstimmung mit deinen Wertvorstellungen zu leben? Bist du unfähig, deine Ziele zu erreichen?*

Wenn du eine oder mehrere dieser Fragen mit «Ja» beantwortet hast, überlegst du vielleicht, wie extrem dein spezieller Konflikt und wie groß deine Bereitschaft ist, die nötigen Energien zu seiner Lösung einzusetzen, um ihn für statt gegen dich arbeiten zu lassen.
Was gewinnst du, wenn du deine alten Verhaltensmuster weiter fortsetzt? Aufmerksamkeit, Mitleid, Fürsorge, Sicherheit, kleines Risiko? Bist du bereit, auf den sicheren «zweiten Platz» zu verzichten und neue Wege zu entdecken,

um diese Bedürfnisse zu befriedigen?
Bist du bereit, das aufregende Leben extremer Schwankungen oder krampfhafter Aktivität aufzugeben, um wenigstens gelegentlich Harmonie und inneren Frieden zu erleben?
Warum leistest du Veränderungen gegenüber Widerstand? Fürchtest du dich vor einem Verlust? Ist es wichtig, diesen Verlust zu verhindern?

Wenn sich Menschen intensiv mit dem Verlust alter Verhaltensmuster beschäftigen, entwickeln sie für gewöhnlich keine neuen, weshalb ihnen die mögliche daraus resultierende Erfüllung versagt bleibt. Veränderungen stellen sich selten ein, während du dich auf einen Verlust konzentrierst, denn Gefühle der Angst und der Entbehrung hindern dich daran, einen Schritt vorwärts zu gehen. Um dauerhafte und bedeutsame Veränderungen herbeizuführen, mußt du dich ununterbrochen auf dein neues Verhalten konzentrieren, dir vorstellen, wie du es in dein Leben einbaust und wie lohnend das für dich ist. Diese Art der Konzentration kann dich motivieren und dich deinen persönlichen Zielen näherbringen. Doch zuerst mußt du dir über deine Ziele klar werden. Du mußt nicht nur den Wunsch zur Veränderung haben und daran glauben, daß du es schaffst, sondern du mußt auch fähig sein, dich selbst innerlich klar als den Menschen vor dir zu sehen, der du sein möchtest.

Wie du dein T-Quadrat meisterst

Nur du kannst die besondere Art der Veränderungen bestimmen, die du dir vorstellst. Eine solche Definition ergibt sich aus dem Verständnis der vielen Variablen, die durch dein T-Quadrat verkörpert werden sowie durch das Verstehen der Art und Weise, wie sie in Beziehung zueinander wirken und wie sie arbeiten könnten, wenn jeder einzelne Planet, jedes Haus und jeder Aspekt integriert wäre. Trotzdem kann dir dieses Kapitel dabei helfen, den Vorgang und das Ergebnis zu begreifen, die eine Synthese jener Energien mit sich bringt, die bisher an im Inneren ausgetragene Kämpfe und/oder zwanghafte Aktivitäten verschwendet wurden.

Wenn du beginnst, deine inneren Konflikte zu lösen, lernst du auf die Stimme eines jeden Planeten, Zeichens und Hauses zu hören und alle Teile von dir zu erfahren, ohne zu urteilen. Jeder Teil anerkennt den Wert des anderen und hat nicht länger das Verlangen, die Persönlichkeit zu beherrschen. Wenn diese verschiedenen Seiten in dir in Kontakt kommen und einander akzeptieren, kannst du die vielfältigen Bedürfnisse, Gefühle, Gedanken und Triebe in dir kennenlernen. Eine von allen Seiten auf dich einwirkende drückende Spannung wird dich vielleicht lähmen. Aber, wenn dein Bewußtsein sich erweitert und alle Teile deines Ichs erreicht hat, bricht ein Höheres Selbst durch diese Vielfältigkeit und errichtet ein Zentrum in deinem Herzen und in deinem Bewußtsein.

C. G. Jung bezieht sich auf dieses Höhere Selbst als «Transzendente Funktion». Roberto Assagioli, Begründer der Psychosynthese, nennt es: «der Wille». Gurdjieff, der russische Mystiker, lehrt uns «das Gesetz der Drei», welches, wie die Hegelsche Dialektik, eine «ausgleichende Kraft» postuliert, welche die Polaritäten in eine Synthese bringt, die durch entgegengesetzte Kräfte geschaffen werden.

In deinem T-Quadrat sind diese gegensätzlichen Kräfte die Oppositions-Planeten. Das Höhere Selbst könnte diese Kräfte in eine Synthese bringen, indem es durch deinen Planeten im Brennpunkt in Erscheinung tritt und sich im Zusammenwirken mit deinem leeren Zeichen und Haus ausdrückt. In dem Gesamtbild des Horoskops ist höchstwahrscheinlich die Sonne, das Zentrum des Sonnensystems, der Ursprung dieses Höheren Selbstes. Doch obwohl sich das Höhere Selbst durch die Sonne oder den Planeten im Brennpunkt zeigen kann, geht es nicht nur von diesen beiden Einflüssen aus, sondern entspringt vielmehr dem Zusammenwirken aller deiner Planeten. Es mildert die Konflikte, die zwischen deinen Planeten, Zeichen und Häusern bestehen, indem es ihre Energien in Synthese bringt, sie kanalisiert und ihren Ausdruck reguliert. Das Höhere Selbst arbeitet wie der Dirigent eines Orchesters und befähigt dich, deine eigene planetarische Symphonie zu leiten und in Übereinstimmung mit ihrer himmlischen Musik zu leben.

Wenn sich dein Höheres Selbst entwickelt, kann sich jeder Teil von dir ausdrücken und mit jedem anderen Teil zusammenwirken. Du bist jederzeit in der Lage, die Energien aller deiner Planeten, Zeichen und Häuser in Anspruch zu nehmen und dir diese Kombination von Energie und Bewußtsein nutzbar zu machen. Dadurch kannst du alte Konflikte in deinem Leben lösen oder transzendieren, ob sie sich nun auf dein T-Quadrat beziehen oder auf andere Planeten, die dein Horoskop beeinflussen.

> *Die alte Frage: »Wer bin ich?« sollte mit tieferer Einsicht in die Frage »Wer* **sind** *ich?« abgeändert werden. Nur derjenige, der mehrere Selbste in sich hat, hat sein Selbst, und nur, wenn wir unseren Selbsten treu sind, können wir unserem Selbst treu sein.*
>
> *— Anaïs Nin*

Wirklicher Wille ist eine Kraft, die nicht nur aus den oftmals widersprüchlichen Wünschen besteht, die zu den verschiedenen «Ichs» gehören — er entstammt dem Bewußtsein und wird von ... einem einzelnen, permanenten Ich regiert.

— Gurdjieff

Der Wille ist eigentlich die Aktivität des Selbstes, das über der Vielfalt steht. Was so leichthin als «gespaltener Wille» bezeichnet wird, kann als der Konflikt zwischen dem zentralen Willen und einer Vielzahl von Trieben und Zwängen, von Verlangen und Wünschen erkannt werden... Der Wille gleicht einem Orchesterleiter.

— Roberto Assagioli

Der Verwandlungsprozeß

Dieser Prozeß der Vereinigung deiner Psyche und der Entwicklung eines Höheren Selbstes ist für gewöhnlich nicht leicht. Wie es scheint, hängt er in großem Ausmaß von der Position der äußeren Planeten im Horoskop sowie von deren Beeinflussung durch Transite und Progressionen ab, und auch davon, wie groß deine Fähigkeit ist, dir ihre Energien nutzbar zu machen. Der Schmerz des Gespaltenseins bei der Konfrontation bzw. Integration widersprüchlicher Teile von dir, die du vorher aus deinem Bewußtsein ausgeschlossen hattest, ist vielleicht durchaus notwendig. Vielleicht mußt du dich von einigen deiner normalen Aktivitäten zurückziehen und in dich gehen, deine Energien sammeln, statt sie zu verströmen, wodurch du es einem neuen Selbst ermöglichst, durch psychische Hitze zu verschmelzen.

Du kannst von Uranus unerwartet durchgeschüttelt und gezwungen werden, wackelige Grundlagen neu aufzubauen, so daß du mit universellen Ebenen deines Wesens in Kontakt kommst und die Befreiung erlebst, die im Ausbrechen aus den Fesseln der Vergangenheit liegt. Du kannst dich auf neptunische Weise verwandeln, wenn du die nebeligen Gänge deiner Seele betrittst, wo Zerrspiegel und Geheimgänge dich verwirren und lähmen, bis du deine innere Führung erkennst und ihr folgst.

Bevor du dein Zentrum entwickelst, mußt du vielleicht die Lektionen Plutos, des Planeten der Transformation, lernen. Möglicherweise mußt du das Fehlen eines Zentrums erleben, in das «schwarze Loch» in dir hinabsteigen und die oftmals überwältigenden Ängste verspüren, die aus der Konfrontation mit deiner eigenen Nichtigkeit entstehen. Pluto lehrt dich, daß die tiefsten, bedeutungsvollsten und dauerhaftesten Veränderungen in Erscheinung treten, wenn du zum Vakuum im innersten Kern deines Wesens vordringst und aus dem unermeßlichen Energie-Reservoir schöpfst, das dort verfügbar ist. Wenn die Leere vollständig erfahren wird, wird sie zu einer «fruchtbaren», wenn die neu entdeckte Energie dich durchströmt. Aus der Leere steigt die Fülle empor, aus der Dunkelheit das Licht. Du bist wiedererwacht, wiedergeboren.

Gemäß der Alchimisten, die sich sowohl mit der Umwandlung der Materie als auch der des Geistes beschäftigt hatten, beginnt der Prozeß psychischer Integration mit der Trennung der Elemente. Die Atome unseres Wesens müssen aufgespalten werden, um wieder vereint zu werden. Weil alle Ebenen unserer psychischen Existenz und unseres Bewußtseins beteiligt sein müssen, wenn die Integration des Gesamt-Selbstes in Erscheinung treten soll, lehrten die Alchimisten, daß die Haupthindernisse für die psychische Umwandlung Eile und Verzweiflung oder Mutlosigkeit sind. Vereinigung muß auf allen Bewußtseinsebenen stattfinden; transzendentales Bewußtsein muß alle Lebensbereiche durchdringen. Deshalb braucht die Integration der Psyche Zeit und erfordert Geduld und Vertrauen. Ralph Metzner erklärt in seinem ausgezeichneten Buch *»Maps of Consciousness«* über Alchemie, daß die psychische Vereinigung in der Luft (dem Bewußtsein) geboren, auf der Erde (der physischen Erfahrung) gestärkt, mit Wasser (Gefühlen, Mitleid) behandelt und im Feuer (Energie, Leidenschaft, Wut, Verlangen) erprobt werden muß.

Viele Pfade führen zur psychischen Integration. Du bist vielleicht fähig, dein Höheres Selbst zu entfalten, ohne dich in die Dunkelheit vorzuwagen. Wenn du dich auf die Lösung jener Probleme konzentrierst, die das T-Quadrat verkörpert, kannst du dich von ihren negativsten Erscheinungsformen befreien und durch diesen Prozeß mit einem Zentrum in dir in Kontakt kommen, das eine Regulierung des Energieausdrucks aufrechterhalten kann.

Das Kapitel 8 bietet spezielle Techniken an, die dir im Umgang mit deinen T-Quadrat-Problemen und beim Aufbau eines Zentrums helfen können, das die vielfältigen Wesensteile in dir lenken kann. Aber bevor du diese Techniken ergründest, kannst du damit beginnen, dein Bewußtsein zu erweitern, indem du dein T-Quadrat von einigen neuen Gesichtspunkten aus betrachtest. Der Intellekt allein führt nicht zum Verständnis oder zur Förderung einer dauerhaften Wandlung. Wenn du dich und deine weitreichenden

Möglichkeiten voll verstehen willst, mußt du dich durch viele verschiedene Linsen betrachten, und das schließt die Linse der Phantasie und der Symbolik mit ein.

Es ist in der Tat bitter, hinter unseren erhabenen Idealen enge, fanatische Überzeugungen zu entdecken ... und hinter unseren hochtrabenden Ansprüchen nichts als nacktes Geltungsbedürfnis, kindische Gier und Selbstgefälligkeit... Das ist ein unvermeidliches Stadium in jeder Psychotherapie. Wie die Alchimisten sagen: Es beginnt mit dem «nigredo» (der Schwärze), deren Erschaffung die unverzichtbare Voraussetzung zur Synthese ist, denn solange die Gegensätze nicht gesammelt und in das Bewußtsein gebracht wurden, können sie niemals vereint werden.

— C. G. Jung

Wenn dir etwas feindlich gegenübersteht und an dir zerrt, laß es wachsen; es geschieht, damit du Wurzeln schlägst und in Bewegung bleibst. Dieses Gezerre ist ein Segen, der bewirkt, daß du aus dir selbst geboren wirst, denn Wahrheit zeigt sich nicht von selbst und wird nicht auf spektakuläre Weise erreicht... Du mußt wissen, daß jeder unlösbare Widerspruch, jede nicht wieder gutzumachende Auseinandersetzung dich zwingt, zu wachsen, um diese Dinge zu absorbieren... Denn je mehr ein Mensch über sich selbst hinauswächst, desto höher liegt der Punkt, von dem aus er seine Streitgespräche und Meinungsverschiedenheiten betrachtet, bis sie zuletzt bis zur Nichtigkeit zusammenschrumpfen.

— Antoine de Saint-Exupéry

Analogien

Wenn du deinen Planeten im Brennpunkt überbetonst, ohne zu versuchen, die Energien all deiner Planeten zu integrieren und ins Gleichgewicht zu bringen, so ist das, als ob du dein Auto in Bewegung setzt, indem du wiederholt das Gaspedal trittst. Aber wenn du den Motor derart hochjagst, verschwendest du Treibstoff, verursachst überflüssigen Lärm und läßt deinen Vergaser absaufen, und vielleicht entsteht auch noch ein Motorbrand. Warum sollst du deinen psychischen Motor ausbrennen lassen, wenn du deine physische und geistige Gesundheit jahrelang erhalten kannst, indem du mit dem Treibstoff sparsam umgehst, der dir kostenlos von deinen Radix-Planeten zur Verfügung gestellt wird?

Eine beliebte Analogie für das T-Quadrat ist der Tisch, dem ein Bein fehlt und der deshalb aus dem Gleichgewicht geraten ist. Beachte, daß der Tisch sich auf das Bein stützt, das kein Gegenüber hat, jedoch, wenn er angestoßen wird, in jene Richtung kippt, wo das Bein fehlt. Ein Stoß in die Richtung seiner schwachen Stelle bringt den Tisch nicht wieder ins Gleichgewicht; ebensowenig befähigt dich die Überbetonung deines leeres Zeichens und Hauses, mit den Energien deines T-Quadrats auf ausgewogene Weise umzugehen. Eine der wichtigsten Lektionen des T-Quadrats ist, daß du die Eigenschaften, die dein leerer Raum anzeigt, so konstruktiv wie möglich entfalten mußt, statt dich in ihre negativste Ausdrucksform zurückzuziehen. Letzteres wäre der Fall, wenn du deinen Planeten im Brennpunkt zu stark betonst und dadurch das innere Gleichgewicht störst, was sich auf dein Leben verheerend auswirken würde.

Denke auch über einen Schmetterling nach, der nicht fliegen kann, weil einer seiner Flügel beschädigt oder nicht richtig entwickelt ist. Zuerst muß der unterentwickelte Flügel wachsen oder heilen; dann muß der Schmetterling lernen, beide Flügel zu benutzen, beide ins Gleichgewicht zu bringen. Auf ähnliche Weise mußt auch du lernen, nicht nur mit den beiden Flügeln einer Planeten-Opposition zu fliegen, sondern auch einen fehlenden Flügel wachsen zu lassen, indem du die Eigenschaften pflegst und entwickelst, die der leere Raum deines T-Quadrats anzeigt — und diese Eigenschaften mußt du dann mit dem Ausdruck deines Planeten im Brennpunkt koordinieren.

Die Planeten deines Geburtshoroskops schlendern und tanzen über die Bühne deines Lebens wie eine Gruppe von Marionetten, von denen jede an Schnüren hängt, die vom Puppenspieler bedient werden. Die Planeten deines T-Quadrats können sehr wohl die Hauptfiguren in der Komödie oder dem Drama verkörpern, das du in dieser Inkarnation zur Aufführung bringst, aber sie sind auch nicht zu halten, wenn du nicht wie der Puppenspieler in der Lage bist, dich über das Schauspiel zu erheben und seine Handlung zu lenken. Solange du dich mit jeder der Marionetten völlig identifizierst, fühlst du dich wahrscheinlich hilflos und in die Fäden deiner Marionetten-Persönlichkeiten verwickelt. Nur wenn du dich über die Bühne des Lebens erhebst und die Bewegungen deiner einzelnen Persönlichkeiten koordinierst, kannst du das Potential deines kosmischen Dramas darstellen.

Eine andere passende Analogie für das T-Quadrat ist das Pendel. Ein Pendel schwingt nach rechts und links, bis an den äußersten Punkt. Auf ähnliche Weise erlebst du vielleicht deinen Planeten im Brennpunkt, der dich zuerst in die eine und dann in die andere Richtung führt (oftmals hin und her zwischen dem Zeichen und Haus im Brennpunkt und dem leeren Zeichen und Haus), ohne in der Mitte eine Pause zu machen. Stell' dir vor, wie anders dein Leben wäre, wenn du die Schwankungen deines inneren Pendels unter Kontrolle hättest und es veranlassen könntest, kleinere, weniger extreme Schwünge zu machen, so daß du den Vorteil erleben könntest, den die Lenkung der Energien von einem ausgewogenen Mittelpunkt in dir mit sich bringt.

Stell' dir auch vor, wie dich die Planeten deines T-Quadrats in drei Richtungen zerren, als ob du ein Seil um die Taille hättest, an dem dich jemand nach vorne zieht, während zwei andere Personen an jedem deiner Arme in entgegengesetzte Richtungen zerren. Was würdest du tun, um dein Gleichgewicht wiederzugewinnen? Wahrscheinlich würdest du dich zurücklehnen, aber schließlich würde dein Widerstand erlahmen und dein Körper mit der Zeit nach vorne kippen (in die Richtung deines Planeten im Brennpunkt).

Wenn du wüßtest, wie die riesigen Energievorräte, die dir zur Verfügung stehen, zu sammeln und zu kanalisieren sind, könntest du wie ein Meister der Kampfsportarten aus den äußeren Kräften, die dich angreifen, Energie schöpfen und auf unbegrenzte Zeit in einer konzentrierten Haltung verharren. Aber nur wenige Menschen haben so starke Fähigkeiten oder können hoffen, sie zu entwickeln. Überlege, was passieren könnte, wenn du dem Druck dieser gegensätzlichen Kräfte nachgeben würdest und du es dir erlaubtest, in die Richtung deines Planeten im Brennpunkt zu fallen.

Die taoistische Weltanschauung gründet sich auf die Dualität von Yin und Yang, die Wechselwirkung zwischen zwei gegensätzlichen Energien im Universum, von denen eine als weiblich und empfangend und die andere als männlich und handelnd betrachtet wird. Da die Natur der Energie in einer ständigen Bewegung und Veränderung liegt, wird Yin ständig zu Yang und umgekehrt. Gegensätzliche Energien führen zu- statt auseinander. Ähnlich ist es in der Astrologie, wo der Widder zur Waage führt, der Stier zum Skorpion und jedes andere Zeichen zu seinem gegenüberliegenden Pol. Wie die

Häuser und Zeichen sich in der Mitte des Horoskops kreuzen, so kreuzen sie sich auch in dir und führen jeden Augenblick zu deinem Standort auf Erden.

Was bedeutet das oben beschriebene Phänomen des Fallens in den Bereich des Brennpunktes, wenn seine Eigenschaften überbetont werden? Denk' zum Beispiel darüber nach, was geschehen könnte, wenn du ein Zeichen auf ganz extreme Weise ausdrücken und dabei die Energien des gegenüberliegenden Zeichens völlig ignorierst. Wenn du die Eigenschaften des Steinbocks überbetonst, indem du dich zum Erfolg zwingst und deine Gefühle vollständig kontrollierst, so daß du unfähig bist, in deinem Leben persönliche Erfüllung zu finden, würdest du, wenn dein Unglück groß genug wäre, damit beginnen, dich den Krebs-Erfahrungen des Nährens, des Pflegens und der tiefen Gefühle öffnen. Auf ähnliche Weise würde jede übertriebene Ausdrucksform irgendeines Planeten oder Hauses mit der Zeit zur Entwicklung der gegensätzlichen Eigenschaften führen. Wenn du den Planeten, das Zeichen und das Haus im Brennpunkt zum Ausdruck bringst und seinem Druck auf dich nachgibst und nicht versuchst, das Gleichgewicht zu halten, wirst du wahrscheinlich zu guter Letzt im Kreis schwingen und dein T-Quadrat vom Bereich des Brennpunktes bis zum leeren Raum umrunden. Hoffentlich beginnst du dann nicht, zwischen diesen beiden Seiten in dir hin- und herzuschwanken, sondern lernst, beide zu vereinen und alle deine Planeten, Zeichen und Häuser zu integrieren, indem du dir der Bedürfnisse jedes einzelnen bewußt bleibst und ihren Ausdruck von deinem inneren Zentrum aus — in Harmonie mit deinem Höheren Selbst — lenkst.

Laß deinen Motor nicht mit einem benzingetränkten Vergaser laufen. Früher, als du denkst, wird er Feuer fangen.

— Max Alth

Jungs Therapieform ist eher darauf zugeschnitten, die Fehler des Patienten zu verstärken, als sie zu verringern. Das Gleichgewicht kommt als Ergebnis des Lernens aus den eigenen Fehlern.

— Joseph Campbell

Kapitel 8

Umgang mit dem T-Quadrat:

Praktischer Teil

Die in diesem Kapitel angebotenen Methoden können dir dabei helfen, dein T-Quadrat zu verstehen und dir neuer Wege zum Ausdruck und zur Kanalisierung seiner Energien bewußt zu werden. Außerdem können diese Techniken durch das Erschaffen eines Zentrums in dir dich mit Alternativen bekanntmachen, durch welche du dein Wissen in konstruktive Handlungen umsetzen kannst. Diese Methoden stammen:

— aus meiner Erfahrung in der Deutung von Horoskopen;
— aus Studium, Übung und Praxis in Gestalttherapie, Transaktionsanalyse, Psychosynthese und Meditation;
— aus dem lebenslangen Führen eines Tagebuches und aus mehrjähriger Erfahrung im Unterricht mit der von mir entwickelten Methode des «Tagebuch-Schreibens für persönliches Wachstum»;
— aus zweien meiner unveröffentlichten Bücher: *»The Book of Possibilities«* (*»Das Buch der Möglichkeiten«*, ein Arbeitsbuch zur Entdeckung und Verwirklichung unserer «Wunsch-Träume») und *»A Passing of Clouds«* (*»Vorüberziehende Wolken«*, eine Sammlung persönlicher Einsichten).

Dieses Kapitel besteht aus Techniken, die man grob als astrologisch, introspektiv, dialogisch, meditativ, kreativ und praktisch klassifizieren könnte. Wenn du in deinem Horoskop eine Betonung des Luft-Elements, einen starken Merkur oder Planeten in der Jungfrau hast, dann fühlst du dich vielleicht von den astrologischen und introspektiven Techniken angezogen, die ihrem Wesen nach analytisch sind. Wenn bei dir eine Feuer-Betonung vorherrscht oder Sonne, Mars oder Mond in deinem Horoskop eine markante Position innehaben, ziehst du vielleicht den Ansatz der Gestalttherapie, das innere Zwiegespräch oder einen kreativen Ansatz vor, die es dir ermöglichen, dich mit den verschiedenen Wesensteilen in dir zu identifizieren und sie direkt zu erfahren statt sie zu analysieren oder dich von ihnen abzusondern.

Steht bei dir eine Wasser-Betonung oder ein dominanter Neptun im Vordergrund, möchtest du vielleicht meditativ-intuitive Techniken ausprobieren, um dich von deinen emotionalen Konflikten zu lösen, sie zu transzendieren und um ein inneres Zentrum zu schaffen, das alle Teile deines Wesens koordiniert. Vielleicht interessierst du dich dann für Fantasiereisen oder kreative Techniken, die dein Vorstellungsvermögen anregen. Wenn du eine Erd-Betonung oder einen stark gestellten Saturn oder Merkur hast, fühlst du dich möglicherweise bei praktischen Techniken am wohlsten, durch die du konkrete Aktionspläne entwickeln kannst.

Unter diesen Techniken kannst du einige Arten von Psychotherapie oder persönlicher/spiritueller Entwicklung auswählen, die du ausprobieren willst und die dir für dich passend erscheinen, weil ihr Ansatz mit einem Schwerpunkt deines Horoskops im Einlang steht oder mit den Energien deines Planeten im Brennpunkt harmonisiert. Du kannst auch dem gegensätzlichen Pfad folgen, der auf den Planeten, das Zeichen oder Haus deines leeren Raumes ausgerichtet ist und der dir hilft, diese Eigenschaften auszudrücken.

Die folgende Aufstellung ist eine rein subjektive Einteilung von Therapien und verwandten Entwicklungswegen nach Planeten, die diese Techniken und Ansätze am besten ausdrücken. Bedenke, daß die angeführten Entwicklungswege auch die Häuser und Zeichen betreffen, die von den Planeten beherrscht werden.

Welchen Ansatz oder welche Technik du auch anwendest, sie wird dir nur helfen, wenn du wirklich den Wunsch hast:

— dein Bewußtsein zu erweitern;
— eine konstruktive Einstellung zu entwickeln;
— ein neues Verhalten einzuüben, das dir helfen kann, die Probleme deines T-Quadrats zu lösen;
— deine Begabungen und Stärken vollkommener auszudrücken;
— inneren Frieden zu finden.

WELCHER WEG EIGNET SICH FÜR DICH?

Aktionstherapie	*Mars, Saturn*
Astrologie	*Uranus, Merkur*
Bibliotherapie	*Merkur, Jupiter, Saturn*
Bewegungstherapie	*Mars, Sonne, Neptun*
Bioenergetik	*Mars, Pluto*
Einzeltherapie	*Mond, Merkur, Venus*
Ernährungstherapie	*Merkur, Mond*
Fantasiereisen	*Neptun, Jupiter*
Gestalttherapie	*Sonne, Mond, Mars*
Jungsche Therapie	*Neptun, Mond, Pluto*
Karate	*Mars, Neptun, Pluto*
Kunsttherapie	*Sonne, Venus, Neptun*
Logotherapie	*Jupiter, Neptun, Mondknoten*
Meditation	*Merkur, Neptun*
Kinesiologie	*Mars, Saturn, Pluto*
Mystik	*Neptun, Jupiter*
Primärtherapie	*Pluto, Mond, Sonne*
Psychotherapie	*Mond, Merkur, Pluto*
Psychoanalyse	*Mond, Merkur, Pluto, Mars*
Psychodrama	*Sonne, Mars, Mond, Neptun*
Psychosynthese	*Neptun, Jupiter, Sonne*
Ratio-emotionale Therapie	*Merkur, Jupiter*
Realitätstherapie	*Merkur, Saturn, Mars*
Reichsche Therapie	*Mars, Pluto*
Rolfing	*Mars, Saturn, Pluto*
Selbstbewußtseins-Training	*Mars, Sonne*
Tai Chi	*Neptun, Mars*
Transaktionsanalyse	*Merkur, Mond, Saturn*
Verhaltenstherapie	*Mars, Saturn*
Yoga	*Mars, Sonne, Neptun*

1. *Werde dir aller positiven Erscheinungsformen deines Planeten im Brennpunkt bewußt, die seinem Wesen, seinem Zeichen und Haus entsprechen. Die Konzentration auf die positiven Eigenschaften wird den Einfluß der negativen Seiten abschwächen und es dir ermöglichen, erfolgreicher zu arbeiten.*

   Die vorangegangenen Kapitel über Planeten, Zeichen und Häuser sollten dir helfen zu verstehen, welche Energien du entwickeln mußt. Du solltest jedoch die Bedeutung des Planeten, des Zeichens und Hauses als Gesamtheit betrachten und herausfinden, wie alle drei zusammenwirken können; außerdem mußt du dein Verständnis in wirksames Handeln umsetzen.

   Beispiel: Eine Frau mit dem Mond als Planeten im Brennpunkt in den Fischen (11. Haus) ist zu abhängig von ihren Freunden, zu empfindlich ihren Reaktionen gegenüber und läßt sich allzuleicht von deren Meinungen beeinflussen. Sie könnte ihre Abhängigkeit verringern, wenn sie mit anderen Frauen zusammenwohnen, einer spirituellen oder musikalischen Gruppe beitreten oder ihre Idee verwirklichen würde sich im Rahmen des Programmes «Große Schwester» um ein benachteiligtes Mädchen zu kümmern.

2. *Verstehe den leeren Raum deines T-Quadrats und seine konstruktivsten Erscheinungsformen. Überdenke alle möglichen Bedeutungen seines Zeichens und Hauses und wie diese nutzbringend zusammenarbeiten könnten. Entscheide, welche dieser Ausdrucksweisen deines leeren Raumes du entwickeln willst. Wie möchtest du sie entwickeln?*

   Da dein leerer Raum auf die «Löcher» in deiner Persönlichkeit hinweist, solltest du mit solchen Menschen Umgang pflegen, die eine Betonung dieses Zeichens oder Hauses haben oder die durch den Herrscher dieses Zeichens stark beeinflußt werden. Von ihnen kannst du erfahren, welche Qualitäten oder Erfahrungsbereiche du nicht entwickelt hast und vielleicht lernen, auf welche Weise die Entwicklung dieses Zeichens und Hauses für dich von Nutzen sein könnte.

   Beispiel: Ein Mann mit einem T-Quadrat zur Sonne im Steinbock (6. Haus) ist unzufrieden, weil er zwei Arbeitsstellen hat, um seine Schulden zu bezahlen, und weil er unter seiner schlechten Gesundheit leidet. Seine Gesundheit könnte sich verbessern, und er könnte glücklicher sein, wenn er seinen Krebs im 12. Haus ausdrücken würde — d.h. besser auf sich achten würde, indem er nahrhaftes Essen kocht und seine emotionalen Bedürfnisse befriedigt, indem er zu seiner Familie tiefere Verbindungen schafft oder seine Sonntage allein verbringt und sich am Wasser erholt.

3. *Benutze Dane Rudhyars «Astrologischer Tierkreis und Bewußtsein» oder Marc Edmund Jones' «The Sabian Symbols» und suche das Sabische Symbol für deinen leeren Raum — den Grad gegenüber deinem Planeten im Brennpunkt. (Nimm das Sabische Symbol für 17 Grad, wenn deine genaue Position 16 Grad und 01 Minuten beträgt. Aber nimm das Symbol für 16 Grad, wenn die Position genau 16 Grad und 00 Minuten ist). Steht am Brennpunkt deines T-Quadrats eine Konjunktion, dann suche beide Grade und außerdem den Grad der Halbsumme dieser beiden Planeten.*

   Obwohl das Sabische Symbol für den Planeten im Brennpunkt wichtig ist, scheint das Symbol für den leeren Raum bedeutungsvoller zu sein. Dieses Symbol und seine Interpretation (dunkel und unbestimmt, aber äußerst sinnträchtig) bietet normalerweise einen Schlüssel zu den Mängeln, die der leere Raum anzeigt, da es auf die zu entwickelnde Eigenschaft oder Annäherungsweise schließen läßt. Denk' darüber nach, assoziiere frei. Überlege, welche Bedeutung es in deinem Leben hat und was es dich lehren kann.

   Beispiel: Eine Frau mit einem Merkur im Brennpunkt, der auf 16 Grad 18 Minuten im Widder (6. Haus) steht und ein genaues Quadrat zum Mond im Krebs (8. Haus) bildet, ist auf eine Ehe fixiert, die vor fünf Jahren zu Ende ging. Anstatt neue Beziehungen einzugehen, hat sie seitdem zwanghaft gearbeitet. Das sabische Symbol für ihren leeren Raum auf 17 Grad Waage ist nach Rudhyar:
   Ein pensionierter Kapitän beobachtet, wie Schiffe in den Hafen ein- und auslaufen.
   Seine Interpretation des Hauptgedankens lautet:
   Die Fähigkeit, ein objektives und gelassenes Verständnis menschlicher Erlebnisse zu gewinnen, die einen dereinst sehr stark betrafen.

4. *Lerne zu verstehen, wie du den Herrscher deines leeren Zeichens anwendest, und zwar dem Zeichen und Haus deines Horoskops entsprechend, in dem er steht. Wie könntest du seinen positivsten Ausdruck auf deinen leeren Raum anwenden? Weil du es gewöhnt bist, mit diesem Planeten Erfahrungen zu sammeln und ihm Ausdruck zu verleihen, hast du einen Anhaltspunkt, wie du dein leeres Zeichen entwickeln könntest (es sei denn,*

der Herrscher ist in deinem Horoskop schwach gestellt, oder du hast nicht gelernt, seine Energien erfolgreich zu kanalisieren). Sogar wenn der Herrscher des leeren Raumes an deinem T-Quadrat beteiligt ist, kannst du von ihm lernen, wenn du ihn wenigstens gelegentlich nutzbringend eingesetzt hast. Du kannst dieselbe Technik auch beim Herrscher deines leeren Hauses anwenden (z.B. Mars als Herrscher des 1. Hauses, Venus als Herrscher des 2. Hauses, usw.).

Beispiel: Eine Frau mit einem T-Quadrat zu Neptun in der Waage (1. Haus) übernimmt leicht die Gefühle anderer und ist überaus mitleidig; sie ist nicht fähig, in persönlichen Beziehungen ihre Bedürfnisse zu behaupten. Mars, der Herrscher ihres leeren Zeichens, steht in Konjunktion zu ihrer Sonne im Schützen (3. Haus). Wenn sie sich darum bemüht zu verstehen, wie sie das, was sie will, erreichen und wie sie sich im täglichen gegenseitigen Umgang mit anderen behaupten kann, findet sie auch heraus, wie sie in ihren wichtigen Beziehungen direkter und bestimmter sein könnte. (Trotz ihrer Schwierigkeiten leistet sie gute Arbeit als Aushilfslehrkraft; außerdem befleißigt sie sich auf ihrem Weg in die Schule eines ziemlich agressiven Fahrstils.)

5. *Ziehe alle möglichen Wege in Betracht, die für eine konstruktive Anwendung der Energien deines Planeten im Brennpunkt und seines Zeichens auf dein leeres Haus in Frage kommen: z.B. Jupiter als Planet im Brennpunkt im Krebs (8. Haus), der als Jupiter im Krebs im 2. Haus wirkt. Du kannst die Energien deines Planeten im Brennpunkt auch in Übereinstimmung mit deinem leeren Zeichen und Haus ausdrücken: z.B. Jupiter als Planet im Brennpunkt im Krebs (8. Haus), der als Jupiter im Steinbock (2. Haus) wirkt. Jede dieser Techniken kann dir bei der Integration deines Planeten im Brennpunkt mit deinem leeren Raum helfen, indem du eine Brücke zwischen den beiden Häusern und Zeichen schaffst. Nur wenn du neue Methoden und Ansätze für deine Erfahrungen und Verhaltensmuster erkennst, kannst du damit beginnen, das Potential deines T-Quadrats zu verwirklichen.*

Beispiel: Die Frau aus dem Beispiel 3, die ein T-Quadrat zu Merkur im Widder (6. Haus) hat, nutzt ihren leeren Raum zur Verstärkung der negativen Erscheinungsformen ihres Planeten im Brennpunkt. Sie beherrscht jedes Gespräch und läßt die andere Person völlig unbeachtet. Wiederholt spricht sie über ihre vergangene Ehe und ihre psychischen Probleme, insbesondere über ihr Gefühl der Isolation, da sie sieben Tage in der Woche an Projekten arbeitet, die sie nicht mag. Würde sie ihren Merkur im Widder auf vorteilhafte Weise im 12. Haus einsetzen, wäre das ein aktiver Versuch zu verstehen, wie sehr ihre Ich-Bezogenheit die Menschen von ihr abstößt oder wie sie die Arbeit, die sie allein leistet, erfüllender machen könnte. Wenn sie Merkur in der Waage (12. Haus) ausdrücken würde, könnte das eine Hilfe für sie sein, ihr inneres Gleichgewicht zu erhalten und dadurch weniger zwanghaft zu arbeiten, über ihre vergangene Ehe objektiv nachzudenken und daraus zu lernen, sich auf aktuelle Beziehungen zu konzentrieren und neue Beziehungen zu schaffen, die für beide Teile nutzbringend sind. Dabei könnte sie ihre innersten Gedanken mitteilen, aber auch andere zufriedenstellen, wenn sie auf deren Bedürfnisse eingeht und ihnen hilft, mit ihren persönlichen Beziehungen zurechtzukommen.

6. *Ein ähnlicher Weg zum Verständnis dessen, wie du den Ausdruck deines Planeten im Brennpunkt und den leeren Raum integrieren könntest, besteht darin, sich eine Konjunktion zwischen dem Planeten im Brennpunkt und dem Herrscher des leeren Zeichens oder Hauses vorzustellen (z.B. Saturn als Planet im Brennpunkt im Stier (4. Haus) wirkt als Saturn/Pluto-Konjunktion im Skorpion (10. Haus)). Wenn du die Bedeutung einer solchen Konjunktion verstehst, die entweder in deinem Zeichen im Brennpunkt oder im leeren Zeichen stattfindet, kannst du vielleicht neue Möglichkeiten für die Entwicklung deines leeren Zeichens in Übereinstimmung mit den Energien deines Planeten im Brennpunkt finden.*

   Beispiel: Eine Frau mit einem T-Quadrat zu Venus in der Jungfrau (9. Haus) (wobei Venus ihr Waage-MC beherrscht und Saturn in den Zwillingen (6. Haus) eine Opposition zu Mond im Schützen am Ende des 11. Hauses bildet) hat schließlich ihren Dr. phil. in Archäologie der Mayas erworben, findet jedoch weder als Archäologin noch als Lehrerin an einem College eine Stelle. Indem sie sich vorstellte, wie ihre Venus eine Konjunktion zu Neptun bildete, und zwar zuerst in der Jungfrau und dann in den Fischen, kam sie darauf, sich für einen Job zu bewerben, der sich mit der Planung des Kulturprogrammes des Stadtmuseums befaßte. Außerdem wollte sie ihre photographischen Fähigkeiten verbessern, um Photographien von Mexiko an Illustrierte zu verkaufen.

7. *Denke über die positiven Ausdrucksmöglichkeiten jedes Quadrats und der Opposition deines T-Quadrats nach, indem du in Betracht ziehst, wie die Planeten, Zeichen und Häuser, die an den einzelnen Aspekten betei-*

ligt sind, zusammenarbeiten könnten. Die vorhergehenden Kapitel über die gegenüberliegenden Zeichen und Häuser sollten dir helfen, deine Oppositionen sowie die Planeten, Zeichen und Häuser deiner Quadrate zu integrieren.

Jeder Aspekt deines Horoskops ist ein Kanal für die Energien zwischen zwei Planeten. Dieser kann auf eine je nach Art des Aspektes bestimmte Weise in Erscheinung treten. Du kannst die Energie des Aspektes so lenken, daß sie eine Vielzahl anderer Manifestationsmöglichkeiten eröffnet. Häufig verhilft uns die folgende Interpretation zu einem besseren Verständnis für die harmonische Zusammenarbeit der beiden Planeten: Stell' dir die Quadrate als Trigone oder Sextile vor (die in den vom Quadrat angesprochenen Häusern und Zeichen wirken) und interpretiere die Opposition, als ob sie eine Konjunktion wäre (die in jedem der beiden Häuser und Zeichen wirkt). Sobald du dieses Verständnis gewonnen hast, kannst du damit beginnen, die Quadrate und Oppositionen deiner Planeten, Zeichen und Häuser in ihrer höchstmöglichen Form auszudrücken.

Beispiel: Ein Mann hat ein T-Quadrat zu Merkur im Skorpion (12. Haus), die Opposition besteht aus Saturn im Löwen (9. Haus) und Mond im Wassermann (3. Haus). Saturn und Merkur bilden ein exaktes Quadrat. Dieser Mann verübelt es sich, daß er die Erwartungen seines Vaters nicht erfüllt — keine praktischen Fähigkeiten entwickelt und nicht auf die medizinische Hochschule gelangte. Er arbeitet als Hilfskraft in einer psychiatrischen Klinik und kommt jeden Abend erschöpft und niedergeschlagen nach Hause. Wenn er sein Merkur/Saturn-Quadrat so anwenden würde, als ob es ein Trigon wäre (vielleicht, indem es von Anfang des Löwen zum Ende des Skorpions reichen würde), könnte er versuchen, eine andere Arbeit zu finden (möglicherweise auf einem ähnlichen Gebiet), die psychisch geringere Anforderungen stellt. Dann könnte er in seiner Freizeit motiviert sein, seine Kenntnisse im Schreiben oder seine Fähigkeiten als Forscher zu entwickeln, oder er könnte sich einem praktischen Studienkurs widmen, der es ihm ermöglichte, seine eigenen Erwartungen zu erfüllen und sich weniger Gedanken um die Erwartungen seines Vaters zu machen.

8. *Auch noch auf eine andere Weise läßt sich das Potential deiner Quadrate und Oppositionen erkennen: Stell' dir die beteiligten Planeten in den gegenüberliegenden Zeichen und Häusern vor. So könnte z.B. Mond im Schützen (2. Haus) in Opposition zu Uranus in den Zwillingen (8. Haus)*

als Mond in den Zwillingen (8. Haus) in Opposition zu Uranus im Schützen (2. Haus) wirken. Wenn du diese Möglichkeiten ergründest, baust du eine Brücke zwischen den Seiten in dir, die zuvor kollidierten.

Beispiel: Eine Frau hat ein T-Quadrat zu Uranus im Krebs (4. Haus) mit einer Opposition zwischen dem rückläufigen Jupiter im Widder (12. Haus) und Saturn in der Waage am Ende des 6. Hauses, in Konjunktion zum Deszendenten. Sie fühlt sich oft hin- und hergerissen zwischen ihrem Verlangen, allein zu sein (zu lesen, nachzudenken und ihr Tagebuch zu schreiben), ihren beruflichen Verpflichtungen (die sie nicht mag, die aber gut bezahlt werden) und einer anspruchsvollen Liebesbeziehung.

Seitdem diese Frau Jupiter in ihrem 6. und 7. Haus ausdrückt, arbeitet sie nur noch in Teilzeit, so daß sie sich freier fühlt und nicht mehr so unter Druck steht. Nachdem sie eine schwierige Beziehung beendet hatte, geht sie jetzt eher lockere, jedoch befriedigendere Verbindungen mit anderen Menschen ein. Als sie Saturn in ihrem 12. Haus zum Ausdruck brachte, nutzte sie auf produktive Weise ihre Freizeit, beendete einen kurzen Roman und verbrachte einige Monate damit, sich über neue Anstellungsmöglichkeiten zu informieren. Sie hat entschieden, der Zeit für sich selbst höchste Priorität einzuräumen — auch um den Preis des geringeren Einkommens. Die Interpretation des Hauptgedankens für ihren leeren Grad lautet nach Rudhyar:
Der Wille, das, was bleibenden Wert hat, ans Tageslicht zu bringen ... und die unwesentlichen Dinge loszulassen.

9. *Entdecke Wege, um die Planeten deiner Opposition in Synthese zu bringen und integriere sie mit deinem leeren Raum, indem du dir vorstellst, wie diese beiden Planeten in Konjunktion im leeren Zeichen und Haus zusammenwirken würden. Wie könnten sie zusammenarbeiten und dir überdies bei der Überwindung der Unzulänglichkeiten deines leeren Raumes helfen?*

Beispiel: Die oben beschriebene Frau ist in einem Labor als medizinisch-technische Assistentin angestellt. Da diese Arbeit ihre nach innen gerichtete und literarische Natur nicht ausfüllt, wird sie häufig von einem Gefühl der Sinnlosigkeit bedrängt; die Spannung, die sie erfährt, setzt sie frei, indem sie umzieht oder ihre Labor-Jobs wechselt. Diese Frau beginnt nun damit, ihren Jupiter in Konjunktion zu Saturn im Steinbock im 10. (leeren) Haus auszudrücken, indem sie andere Möglichkeiten erkundet. Sie möchte Erwachsene in kreativem Schreiben und Traumdeutung unterrichten und als Lehrling in einer Druckerei, die Gedichtbände herausgibt, in das Verlagswesen eintreten.

10. *Studiere die Bedeutung der Trigone und Sextile sowie der Quintile zu deinen T-Quadrat-Planeten, besonders zu deinem Planeten im Brennpunkt. Ziehe alle Planeten, Zeichen und Häuser in Betracht, die an jedem einzelnen Aspekt beteiligt sind. Wie könnten diese Aspekte konstruktive Kanäle für den Ausdruck der Energie schaffen, die durch dein T-Quadrat freigesetzt wird?*

    Beispiel: Eine Frau mit einem T-Quadrat zu Venus in den Fischen (5. Haus) hat ihre Stelle als Grundschullehrerin verloren und läßt es nun zu, daß die Bedürfnisse ihrer beiden Töchter ihr Leben beherrschen. Da sie beide jeden Nachmittag in die Tanzschule fährt, könnte sie ihr Trigon zwischen der Venus im Brennpunkt und Mars im Skorpion (1. Haus) aktivieren und zur selben Zeit wie ihre Töchter einen Tanzkurs besuchen. Dadurch würde sie sich aktiv und wirksam ihrem Selbstausdruck widmen und gleichzeitig den ihrer Töchter fördern.

11. *Obwohl der aufsteigende Mondknoten vielleicht keinen Aspekt zu deinem T-Quadrat bildet, kann er einen großen Einfluß auf deine allgemeine Ausgeglichenheit und Harmonie haben, wenn du die Eigenschaften, die durch sein Zeichen und Haus sowie durch die Position seines Herrschers repräsentiert werden, förderst. Die Entwicklung deines aufsteigenden Mondknotens gleicht der Entwicklung deines leeren Raumes. Vielleicht fühlst du dich dabei irgendwie unzulänglich und bist im Ausdruck dieser Energien unsicher, aber wenn du diesem Vorschlag folgst, ist die Belohnung unermeßlich. Wenn du dich auf deinen aufsteigenden Mondknoten einstimmst, kommt es zu einer Anpassung an die höchsten Energien des Universums, und du bist fähig, die Planeten deines T-Quadrats und jene des restlichen Horoskops konstruktiver auszudrücken.*

    Beispiel: Ein Mann mit einem T-Quadrat zum Mond in der Jungfrau (8. Haus) wurde dreimal geschieden — jedes Mal aus demselben Grund. Er verbrachte seine Tage mit Lesen, während seine Frau arbeitete und die Rechnungen bezahlte. Sein absteigender Mondknoten steht im Schützen (12. Haus), sein aufsteigender in den Zwillingen (6. Haus). Hätte er sein Wissen in eine praktische Tätigkeit umgewandelt, z.B. sich um eine Stelle im schriftstellerischen oder im Nachrichten-Bereich bemüht, wären die Konflikte seines T-Quadrats, die seine Ehen zerstört haben, vielleicht zu vermeiden gewesen.

12. *Bleibe dir der Aspekte bewußt, die durch Transite und Progressionen zu deinen T-Quadrat-Planeten entstehen, und achte auf die Ausdrucksmöglichkeiten, die sie für die Spannung bieten, die durch dein T-Quadrat geschaffen wird. Ziehe alle Möglichkeiten in Betracht, um diese Einflüsse zusammen mit den aspektierten Planeten auszudrücken und nutze die Gelegenheiten, die sie dir bieten.*

Beispiel: Eine Verlegerin mit einem T-Quadrat zu Merkur in den Zwillingen (2. Haus) wollte ein Berufs-Selbsthilfe-Buch schreiben. Sie war jedoch unfähig, sich auf ein Projekt über einen längeren Zeitraum hinweg zu konzentrieren. Da sie jedoch von einem Pluto-Transit in ihrem 6. Haus wußte, der dann ein Trigon zu ihrem Merkur bildete, begann sie mit dem Manuskript, das sie unter dem Druck des Transit-Saturns durch die Jungfrau (6. Haus) beendete. Saturn wurde dort stationär und stand im Quadrat zu ihrem Merkur im Brennpunkt.

EINE FALLSTUDIE: T-QUADRAT ZUR SONNE

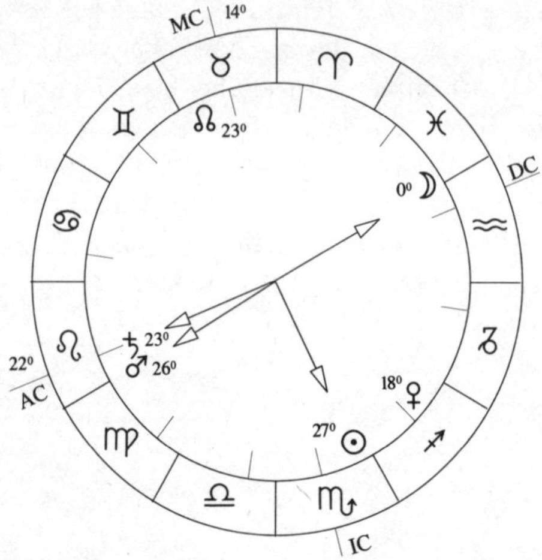

Tom ist Möbeltischler und lebt mit seiner Frau in einer abgelegenen Gegend Maines. Sein T-Quadrat zur Sonne im Skorpion, seine Mars/Saturn-Konjunktion am Aszendenten und sechs Planeten in fixen Zeichen beeinflussen ihn dahingehend, daß er beträchtliche Energien in seine Arbeit investiert und außerordentlich frustriert ist, wenn Probleme auftauchen. Normalerweise läßt er seinen aufgestauten Ärger an seiner Fische-Frau aus, indem er sie beschuldigt, auf seine Bedürfnisse nicht einzugehen, obwohl er diese in den meisten Fällen gar nicht ausdrückt. Ein Grund für Toms Konflikte liegt in seiner Neigung, sich zu Hause zu verstecken, wo er außerordentlich aufwendige und teure Möbelstücke baut, die sich in seiner Umgebung nur wenige Menschen leisten können. Überdies weiß von deren Existenz auch kaum jemand etwas, weil er mit der Öffentlichkeit so wenig Kontakt hat.

Würde Tom seine Mond/Mars/Saturn-Opposition integrieren, könnte er mit seinen Gefühlen in Verbindung bleiben. Dadurch könnte er nicht nur im Alltag seine emotionalen Bedürfnisse besser ausdrücken, sondern auch mehr auf sich achten und konstruktive Kanäle für die Freisetzung seiner Frustrationen entdecken. Er würde mehr Energie aufwenden, um die Beziehung zu seiner Frau zu intensivieren, die aufgrund ihrer Sensibilität seinen Stimmungen gegenüber bereits unsicher geworden ist. Wenn er seiner Sonne im Brennpunkt im Stier (10. Haus) Ausdruck verleihen würde sowie seinen aufsteigenden Mondknoten ausdrückte, würde er praktischer werden und sich mehr für die finanziellen Mittel und Wertvorstellungen der Leute interessieren, die seine Arbeiten kaufen könnten. Der Einfluß seiner Sonne an dieser Stelle würde ihn motivieren, potentielle Kunden aufzuspüren und sich einen Namen zu schaffen und nicht darauf zu warten, daß andere ihn entdecken. Das Sabische Symbol für Toms leeren Raum (27 Grad Stier) ist nach Rudhyar:

Eine alte Indianerin verkauft Kunsthandwerk ihres Stammes an Passanten.

Die Interpretation des Grundgedankens lautet:

Friedliche Anpassung an Bedürfnisse der Gemeinschaft.

Aufgrund von Unkosten durch die Geburt eines Kindes ziehen Tom und seine Frau in die Nähe einer großen Stadt und eröffnen ein kleines Möbelgeschäft. Er hat damit begonnen, jeden Tag zu joggen, um seine Spannungen zu lösen und baut jetzt kleinere, praktischere Möbelstücke — zusätzlich zu den wunderbar gearbeiteten, aber sehr teuren Vitrinen, die seine Spezialität sind.

Introspektive Techniken

1. *Schau zurück auf vergangene Erlebnisse, in denen du deinen Planeten im Brennpunkt, das Zeichen und Haus in dem er steht, auf nachteilige Art und Weise ausgedrückt hast.*
Was hast du gemacht? Was hat dich dazu angeregt? Was hast du gewonnen oder verloren? Was kannst du aus jeder dieser Erfahrungen lernen? Wie kannst du deren Wiederholung vermeiden?

2. *Wirf einen Blick auf vergangene Erlebnisse, in denen du deinen Planeten im Brennpunkt, das Zeichen und Haus in dem er steht, konstruktiv ausgedrückt hast.*
Was hast du gemacht? Was hat dich dazu angeregt? Was kannst du von jeder dieser Erfahrungen lernen? Wie kannst du weiterhin diesen Planeten auf konstruktive Weise ausdrücken?

3. *Denke über die Bedeutung des leeren Raumes in deinem T-Quadrat nach.*
Wie und warum vermeidest du, ihm Ausdruck zu verleihen? Welche seiner Eigenschaften beunruhigen dich? Warum? Mit welchen Argumenten dir selbst gegenüber vermeidest du es, dieses Zeichen oder Haus zu entwickeln? Wie könntest du deine Einstellungen und Handlungen ändern?

4. *Wirf einen Blick auf vergangene Erlebnisse, in denen du Zeichen und Haus deines leeren Raumes konstruktiv ausgedrückt hast.*
Wie hast du das gemacht? Was hat dich motiviert? Wie hast du dich gefühlt? Was hast du gewonnen? Was kannst du aus diesen Erfahrungen lernen? Wie kannst du dieses Zeichen und Haus weiterentwickeln und damit fortfahren, es konstruktiv auszudrücken?

5. *Wirf einen Blick auf vergangene Erlebnisse, in denen du folgende Einflüsse positiv oder negativ ausgedrückt hast:*

— andere T-Quadrat-Planeten;
— Oppositionen und Quadrate des T-Quadrats;
— Sextile und Trigone zu deinem T-Quadrat;
— progressive Aspekte oder Transit-Aspekte zu deinem T-Quadrat;
— Aspekte mit Planeten aus den Horoskopen anderer Menschen.

Frag' dich, wie auch bei dem Planeten im Brennpunkt und dem leeren Raum, wie und warum du so gehandelt oder reagiert hast, und wie du diese Energien zu deinem Vorteil ausdrücken kannst.

Dialog-Techniken

1. *Gestalte entweder mündlich oder schriftlich einen Dialog zwischen:*
- *den Oppositions-Planeten deines T-Quadrats;*
- *dem Planeten im Brennpunkt und einem der Planeten, die im Quadrat zu diesem stehen;*
- *dem Planeten im Brennpunkt und dem Herrscher des leeren Zeichens;*
- *einem Planeten des T-Quadrats und einem Radix-Planeten, der zu diesem im Trigon oder Sextil steht;*
- *einem T-Quadrat-Planeten und einem Planeten aus dem Horoskop einer anderen Person, der den Planeten des T-Quadrats aspektiert;*
- *einem T-Quadrat-Planeten und einem Planeten, der zur Zeit im Transit oder progressiv einen Aspekt zu diesem bildet.*

Diese Dialog-Techniken sind außerordentlich machtvoll. Nicht nur, daß sie dir helfen zu verstehen, wie deine Planeten untereinander in Beziehung stehen und wirken — sie können dich auch befähigen, auf experimentelle Weise ihre gegensätzlichen Energien zu integrieren. Du mußt dich jedoch auf den Dialog emotional einlassen, dich mit jedem einzelnen betroffenen Planeten identifizieren und dich selbst vom Standpunkt dieses Planeten aus zum Ausdruck bringen.

Vielleicht möchtest du dich zuerst mit den oben erwähnten und nachfolgenden Techniken auf die Weise vertraut machen, daß du Dialoge zwischen Planeten, Zeichen *oder* Häusern gestaltest, und nicht gleich versuchst, die Vielfältigkeit des Zusammenwirkens von Planet, Zeichen und Haus zu erfahren. Du entdeckst vielleicht, daß du in der Identifikation mit einem Planeten sein Zeichen und Haus unbewußt mit ausdrückst, oder du erfährst die Energien des Planeten, indem du dich mit seinem Zeichen und Haus identifizierst. Die folgenden Seiten beschreiben den Zweck dieses Prozesses in Form eines Zwiegespräches, und wie du diese Vorgehensweise in Abstimmung mit deinem Horoskop anwenden kannst. Die Dialoge und Dramatisierungen im letzten Kapitel dieses Buches lassen erkennen, wie die oben angeführten Techniken und andere Methoden dieses Abschnittes in der Lage sind:
- deine Kreativität zu wecken;
- dir zu erlauben, die verschiedenen Teile deines Selbstes zu erfahren und sie miteinander in Verbindung zu bringen;
- mit der Lösung deiner Lebensprobleme zu beginnen und das Potential deines Geburtshoroskops zu erfüllen.

Beispiel: Eine Frau mit einem T-Quadrat zu Mars im Widder (5. Haus) schwankt auf dramatische Weise zwischen ihrer Sonne im Steinbock (2. Haus) und ihrem Mond im Krebs (8. Haus) hin und her. Ein Jahr lang treibt sie sich selbst unbarmherzig an, um mit ihrer Arbeit im Verkauf Erfolg zu haben, vermeidet jegliche emotionale Verwicklung und lehnt eine finanzielle Unterstützung durch ihre wohlhabende Mutter völlig ab; im nächsten Jahr gibt sie ihre Stellung auf, läßt sich auf zahllose Affären ein und pflegt die Beziehung zu ihrer Mutter, von der sie dann auch wieder verschwenderische Geschenke annimmt.

»Ich möchte selbständig sein«, sagt ihre Sonne zum Mond, »du bist zu abhängig.« Ihr Mond antwortet: »Versuch nicht immer, mich auszuschließen! Ich möchte geliebt werden. Und warum sollte ich arbeiten, wenn meine Mutter mir Geld schickt?«

Nachdem sie einige Dialoge zwischen Sonne und Mond geführt hat, beginnt diese Frau zu erkennen, daß sie gelegentlich die Hilfe ihrer Mutter annehmen kann, ohne zu abhängig zu werden, und daß sie aus ihren Beziehungen Befriedigung gewinnen kann, ohne eine «Alles-oder-Nichts»-Einstellung zur Liebe aufrechtzuerhalten.

2. *Führe entweder mündlich oder schriftlich einen Dialog mit deinem Planeten im Brennpunkt. Bringe zum Ausdruck, wie du ihn empfindest. Sage ihm, welche Probleme er dir macht und welchen Nutzen er dir gebracht hat bzw. bringen kann. Frage ihn, was er möchte und was er braucht und warum er zufrieden oder unzufrieden ist. Erlaube deinem Planeten zu antworten und dich über die Rolle aufzuklären, die er in deinem Leben spielt. Sprich auch mit dem Herrscher deines leeren Zeichens oder Hauses und mit anderen Planeten innerhalb oder außerhalb deines T-Quadrats.*

   Beispiel: Ein Schütze mit Betonung des 11. Hauses und einem T-Quadrat zu Neptun in der Waage (9. Haus) treibt ständig von einer spirituellen Bewegung zur anderen. Wenn er von einer Bewegung enttäuscht ist, wird er zum erklärten Anhänger einer anderen — bis er dort dieselbe Ernüchterung erfährt. In einer Beratung führte er den folgenden Dialog mit Neptun:

   Klient: Du enttäuschst mich immer. Zuerst machst du mein Leben bedeutungsvoll und ich wachse über mich hinaus — dann ziehst du mir den Boden unter den Füßen weg.

Neptun: *Du vertraust den Menschen zu leicht. Du möchtest erleuchtet werden, aber du erwartest, daß die anderen das für dich tun.*

Klient: Was soll ich denn tun?

Neptun: *Meditiere öfter. In Gruppen ist es die Energie der anderen Menschen, die dich emporhebt, nicht deine eigene.*

Klient: Was brauchst du?

Neptun: *Ich muß gehört werden.*

Klient: Wie kann ich dich hören?

Neptun: *Achte darauf — sei aufmerksam. Ich bin immer hier.*

Klient: Wer bist du?

Neptun: *Ich bin dein innerer Führer.*

Klient: Soll das heißen, daß ich nicht mehr in das spirituelle Zentrum gehen und nur mehr alleine meditieren soll?

Neptun: *Nein. Aber erwarte nicht, daß sie dir das geben, was ich dir geben kann. Ich habe das, wonach du suchst, aber du möchtest es nicht hören.*

Klient: Warum möchte ich davon nichts hören?

Neptun: *Weil du dann nicht mehr in das spirituelle Zentrum zu gehen brauchst und dann die Freunde verlierst, die du dort hast.*

Als dieser Mann erkannt hatte, daß es sein Wunsch war, mit spirituell ausgerichteten Menschen verbunden zu sein, ging er weiterhin zu spirituellen Gruppen, jedoch ohne sich vorzumachen, dort Erleuchtung finden zu können. Außerdem meditierte er häufiger.

3. *Beginne einen Dialog zwischen zwei Planeten deines T-Quadrats und lasse schrittweise einige der anderen Planeten an der Unterhaltung teilnehmen, als ob du eine Bürgerversammlung leiten würdest, die von deinen «Teil-Persönlichkeiten» besucht wird. Höchstwahrscheinlich wird dein Planet im Brennpunkt der selbsternannte Vorsitzende sein, der das Treffen beherrscht. Laß ihn zu deinen anderen Planeten sprechen, aber erlaube diesen zu antworten und ihre Bedürfnisse und Reaktionen auszudrücken. Wähle einen wesentlichen Konflikt aus deinem Leben und finde heraus, ob deine Planeten sich auf eine Vorgehensweise einigen können, die es dir ermöglicht, als Einheit statt als Konglomerat unzusammenhängender Teile zu arbeiten.*

Beispiel: Schreibe einen Dialog analog zu Punkt 1 in diesem Kapitel (du mußt keine Geschichte schreiben, sondern nur ein Zwiegespräch).

4. *Stelle mit Freunden, mit Familienmitgliedern oder mit anderen Astrologie-Studenten dein T-Quadrat oder dein ganzes Horoskop schauspielerisch dar. Laß deine Spieler ihre Rolle wählen oder wähle du aus. Beschreibe kurz die einzelnen Planeten, so daß die Mitspieler verstehen, wie du sie erlebst. Vielleicht möchtest du daran teilnehmen (eventuell als Planet im Brennpunkt) — halte dich sonst im Hintergrund und beobachte deine Psyche in Aktion. Als Thema deines Dramas (oder deiner Komödie) wählst du am besten ein Problem, das sich auf dein T-Quadrat bezieht, und das derzeit von besonderer Bedeutung für dich ist.*

   Beispiel: Eine Frau mit einem T-Quadrat zum Mond im 6. Haus könnte den Konflikt inszenieren, der darin besteht, einen sicheren und bequemen Arbeitsplatz zugunsten einer herausfordernden neuen Position aufzugeben.

Meditative Techniken

1. *Anstatt einen Dialog zu führen — sei es nun laut oder auf dem Papier —, gönne dir ein paar Minuten Entspannung durch Meditation und inszeniere dann in deiner Phantasie eine Begegnung mit einem deiner T-Quadrat-Planeten oder mit dem Herrscher deines leeren Raumes. Laß den Planeten auf seine Weise und ohne dein Zutun auftreten; er kann als Teil-Persönlichkeit erscheinen — vielleicht als einsames Kind (mit Mond im Steinbock) oder als Stierkämpfer (mit Mars im Stier) oder als Prinzessin (mit Venus im Löwen). Frag' ihn, was er braucht, was er möchte und was er dich lehren kann — und höre genau auf seine Antwort. Du könntest ihm auch erlauben, dir ein Geschenk zu machen, bevor er dich verläßt.*

   Beispiel: Eine Frau mit einem T-Quadrat zu Venus in den Zwillingen (7. Haus) führte einen Phantasie-Dialog mit einem Schmetterling. »Ich möchte frei sein, um zu fliegen«, sagte ihr der Schmetterling, »ich brauche Platz, damit ich meine Flügel ausbreiten kann... Ich kann dich lehren, den Nektar von einer Blume zu trinken, ohne ihren Blütenblättern in die Falle zu gehen.« Der Schmetterling gab ihr einen seiner Fühler als Geschenk und sagte zum Abschied: »Benutze ihn, um die richtige Blume zu wählen.«

2. *Meditiere über das Sabische Symbol deines Planeten im Brennpunkt oder des leeren Grades und visualisiere das mit dem Symbol verbundene Bild. Wenn du dafür Rudhyars Interpretationen in dem Buch »Astrologischer Tierkreis und Bewußtsein« liest und dazu frei assoziierst, kann dir dies bei der Einstimmung auf seine Bedeutung helfen. Laß es zu, daß Assoziationen von selbst auftauchen und dir die Lehren deines Planeten im Brennpunkt oder des leeren Grades enthüllen.*

   Beispiel: Eine Frau hat ein T-Quadrat mit Venus als Planet im Brennpunkt in den Zwillingen (7. Haus) und einer Opposition zwischen Mond in den Fischen (4. Haus) und Saturn in der Jungfrau (10. Haus). Sie behauptet, unbedingt heiraten zu müssen. Da sie jedoch zwischen der Sehnsucht nach Liebe und der Angst vor Nähe hin- und hergerissen ist, läßt sie sich nur auf kurze, oberflächliche Beziehungen ein, in denen sie ungewöhnliche sexuelle Erfahrungen im Zusammenhang mit Drogen erlebt (Neptun bildet ein exaktes Trigon zur Venus), die als Ersatz für echte Intimität dienen. Das Sabische Symbol für ihre Venus:
   In einem Dorf im Norden zerteilen die Männer während des Winters das Eis eines zugefrorenen Teiches. Rudhyars Interpretation: ... *die umsichtige Nutzung natürlicher Güter zur Befriedigung zukünftiger Bedürfnisse.*
   Diese Frau konnte leicht über den zugefrorenen Teich meditieren, aber bei der Visualisierung der Zerkleinerung des Eises brach sie in Tränen aus. Indem sie sich zugestand, während der Meditation über dieses Bild zu weinen, begann sie die tiefsitzenden Bedürfnisse zu erkennen, die sie verleugnet hat, und sie erkannte, daß sie diese Bedürfnisse ausleben und das Risiko eingehen mußte, sie mit anderen zu teilen, wenn sie wirklich eine ernsthafte Beziehung wollte.

3. *Meditiere über deinen Planeten im Brennpunkt, dein leeres Zeichen und Haus oder über deinen Planeten im Brennpunkt, den du dir in deinem leeren Zeichen und Haus vorstellst. Laß Bilder in dir hochsteigen, die diese Seiten deines Horoskops verkörpern. Wenn keine Bilder erscheinen, entwickele selbst welche und meditiere darüber oder beginne mit einem der bildlichen Vergleiche für die Planeten, die du unter dem Titel «Planetarische Bilder» auf der Seite 194 findest. Verwende ein Bild, das nur mit dem Planeten in Verbindung steht oder eines, das auch sein Zeichen und Haus beinhaltet.*

Beispiele:

- Pluto im Krebs (5. Haus): Ein Sporttaucher, der unter Wasser ein Wandgemälde malt.
- Pluto im Steinbock (11. Haus): Ein Archäologe, der prähistorische Werkzeuge einer menschlichen Gemeinschaft auf einem Berggipfel entdeckt.
- Mond im Schützen (2. Haus): Eine Decke über einer Aussteuertruhe.
- Mond in den Zwillingen (8. Haus): Ein überdachter Durchgang, der ein Geldinstitut und die Praxis eines Psychologen miteinander verbindet.
- Merkur im Widder (10. Haus): Eine Fliege, die unter der Zimmerdecke umhersaust.
- Merkur in der Waage (4. Haus): Zwei Fliegen treffen sich auf dem Fußboden eines Zimmers.

Anmerkung: Du kannst diese Technik auch mit Bildern versuchen, die ein Zusammenwirken deiner Planeten-Opposition als Konjunktion beinhalten oder den Ausdruck dieser Planeten in den jeweils gegenüberliegenden Zeichen und Häusern.
Um diese Einheit ... der Gegensätze ... zu erreichen, versuchte der Alchimist nicht nur, sich diese gemeinsam vorzustellen, sondern auch, sie im gleichen Atemzug auszudrücken. (C. G. Jung)

4. *Sobald du den positiven Ausdruck deines Planeten im Brennpunkt, der Quadrate, der Opposition, des leeren Raumes sowie der Trigone und Sextile verstanden hast, kannst du beginnen, dir dich selber dabei vorzustellen, wie du diese Energien ausdrückst. Diese Visualisierungen — wenn sie mit deiner Meditation verbunden sind — werden nicht nur deinen Wunsch nach der Offenbarung neuer Charakterzüge verstärken, sondern auch den physischen Zustand schaffen, den du dir vorstellst.*

5. *Entwickele ein Mantra, das sich auf den positiven Ausdruck deines Planeten im Brennpunkt im leeren Raum oder auf den leeren Raum selbst bezieht. Achte darauf, daß es positiv formuliert ist (z.B. «Ich bin die Menschheit; die Menschheit ist ich» für Widder im 11. Haus und nicht: «Ich bin nicht alleine»). Vielleicht möchtest du ein inspirierendes Zitat verwenden, das du nicht nur während des Tages häufiger wiederholst, sondern auch als Poster an die Wand hängst. Wenn dein leerer Raum das 7. Haus ist, erschaffe ein Mantra, das sich auf* ***deinen*** *Ausdruck des Zeichens oder Planeten bezieht und nicht auf den einer anderen Person.*

Beispiele

Steinbock (2. Haus):	*Um dem Leben standzuhalten, brauchen wir eher weniger als mehr.* (Thoreau)
Jungfrau (1. Haus):	*Hilf dir selbst, dann hilft dir Gott.* (Euripides)
Wassermann (9. Haus):	*Ihr sollt die Wahrheit suchen, und die Wahrheit wird euch befreien.* (Hl. Johannes)
Schütze (11. Haus):	*Es ist nicht zu spät, nach einer besseren Welt zu streben.* (Tennyson)
Steinbock (12. Haus):	*Ich bin der Führer meiner Seele.* (Henley)
Fische (3. Haus):	*Lebe das ideale Leben — genau jetzt.* (Miller)
Schütze (7. Haus):	*Wo du keine Liebe findest — liebe, und du wirst sie finden.* (Hl.Johannes)
Widder (12. Haus):	*Das glücklichste Leben, das es gibt, ist eine beschäftigte Einsamkeit.* (anonym)
Schütze (5. Haus):	*Erforsche dein eigenes Herz, denn da sind beide — Rama und Allah.* (Kabir)
Stier (11. Haus):	*Der einzige Weg, einen Freund zu haben, ist, einer zu sein.* (anonym)
Löwe (1. Haus):	*Sei dir selbst ein Licht.* (Upanischaden)
Steinbock (1. Haus):	*Die Welt wird vollkommen sein für den, der selbst vollkommen ist.* (Miller)

6. *Frag' das I-Ging, das Tarot, die Runen oder die Astro-Würfel über Probleme im Zusammenhang mit deinem T-Quadrat (z.B.: wie kann ich meinen Planeten im Brennpunkt am besten ausdrücken? Was kann ich von meinem T-Quadrat lernen?). Denk' über die erhaltenen Antworten nach und schenke deiner Intuition Beachtung. Trage deine Fragen, die Antworten und deine freien Assoziationen in ein Notizbuch ein.*

PLANETARISCHE BILDER

SONNE	König, Präsident, Regierungszentrale, Filmstar, Hahn, Aorta, Solarplexus, Angelpunkt, Feuerstelle, Hauptstraße, Bühne, Dirigent, Grundbesitzer
MOND	Decke, Wolle, Schnecke, Beutel, Moor, Backofen, Gebärmutter, Ei, Korb, Hängematte, Krug, Milch, Küche, Ebbe und Flut, Frucht, Schwamm, Tintenfisch, Bauernhaus, Quelle, Robe, Kanu
MERKUR	Übermittler, Telegraf, Telefon, Marktplatz, Ameisenhügel, Mikroskop, Reibeisen, Kettenglied, Tausendfüßler, Chamäleon, haarfein, Brücke, Fliege, Verbindung, Salat, Papagei, Brieftaube
VENUS	Magnet, Honig, Blume, Zucker, Sahne, Parfum, Satin, Duett, Begleitung, Chor- oder Tanzgruppe, Hochzeit, Essig und Öl, Skala/Waage, Garten, «Venus-Fliegenfalle» (Pflanze), Schmetterling, Taube, Park, Regenbogen, Vene, Harem, Prinzessin
MARS	Auto, Lastwagen, Motor, Gaspedal, Sympathikus (anat.), rotes Licht, Arterie, offene Tür, Verstärker, Gewehr, Krieger, Gladiator, Athlet, Schwert, Streichholz, Treibstoff, Dynamit, Feuer, Jagdhunde, Schlange, Waldhorn, Militärkapelle, Flagge

JUPITER	Verwalter, Wohltäter, Schutzengel, Nomade, Spur, Sonnenblume, Rolltreppe, Teleskop, fliegender Teppich, Prophet, Füllhorn, Bankett, Weihnachtsmann, Ballon, Giraffe, Clown, Parade, Berg- und Talbahn, Vorstadt
SATURN	Gebäude, Fundament, Festung, Gebirge, Fels, Zaun, Filter, Mauer, Zement, Kammer, Anker, Eisberg, Schalentier, rotes Licht, Insel, Rückgrat, Türschloß, Bremsen, Wachhund, Wüste, Baum, Kontrolle, Trauerweide
URANUS	Blitz, Elektrizität, Diamant, funkelnder Geist, Energieladung, Albatros, seltenes Tier, Hermaphrodit, Zwerg, Zigeuner, Tornado, Erdbeben, Trommelfell, Komet, Rakete, Meteor, Explosion, Ausrufungszeichen, Aubergine, schwarzes Schaf
NEPTUN	Nebel, Dunst, Trugbild, Wolke, Nebelvorhang, Dampf, Silhouette, Maskerade, Prisma, Spiegel, Einhorn, Seide, Welle, Kerze, Sieb, Schaf, Guerilla, Harfe, Heckenschütze, Trance, Labyrinth, Kristallkugel, Seifenblase, Delphin, Gral, Riesenrad
PLUTO	Röntgenstrahlen, vergrabener Schatz, Vulkan, schwarze Kerzen, Wespe, Baß, Schatten, Tiefseetaucher, Sammelbecken, Reservoir, Bombe, Abwasserkanal, Kerker, Keller, geheime Verbindung, Tunnel, Schlucht, Schacht, Schmelzofen, Friedhof, Ouija-Brett, Drache, Dämon, Phönix, Unterholz, Lava, Mitternacht

1.: **Unorthodoxes Denken** — *Entwickele dein kreatives Denken durch Brainstorming-Bilder, die deine Quadrate und Oppositionen ausdrücken. Diese bildhaften Vorstellungen können im Dialog, in der Meditation oder beim Schreiben genutzt werden, und sie sind machtvolle Archetypen, die kreative Vorhaben inspirieren können.*

Beispiel: Bildliche Ausdrucksformen für mein eigenes Mond/Uranus-Quadrat: Zigeunerzelt, emanzipierte Schnecke, platzendes Wasserrohr, Hurrikan, ein vom Tornado getroffenes Haus, ein schwarzes Schaf füttern, Flickendecke, automatische Küche, wilder Indianerstamm, Brutkasten, Heizdecke, berstendes Ei, Home-Computer, Feuerwerk, nonkonformistische Hausbesitzerin, Känguruh-Beutel, Haus der sieben Zwerge.

2.: **Schreiben** — *Die Planeten deines T-Quadrats sind die beste Quelle für Charaktere von Geschichten und Stücken. Lerne sie kennen, indem du ein Tagebuch über sie führst und/oder einen Dialog mit ihnen beginnst. Erlaube ihnen, in der ersten Person (Ich-Form) zu sprechen, damit du dich allmählich mit ihren Energien identifizieren kannst.*

3.: **Schreiben** — *Finde das Hauptthema deines T-Quadrats in bezug auf deinen Planeten im Brennpunkt heraus und schreibe ein Märchen darüber. Oder schreibe eine Geschichte, deren Charaktere durch deine T-Quadrat-Planeten repräsentiert werden, oder schreibe ein Stück, in dem deine T-Quadrat-Planeten ein Gespräch führen. Laß es zu, daß die Handlung, das Thema, der Konflikt und die Lösung sich aus deinem eigenen Leben heraus entwickeln; zwinge sie nicht in irgendeine vorher festgelegte Form. (Denke über die Figuren, Handlungen und Themen deiner Lieblingsromane, -stücke oder -Filme nach — das kann dir helfen, die passende Methode zu finden.) Diese Art des Schreibens kann nicht nur äußerst kreativ und machtvoll sein — sie kann dich auch verwandeln.*

Beispiel: Die Filme: «Der Zauberer von Oz», «Begegnung der Dritten Art» und «Tausend Clowns» kann ich mit meinen T-Quadrat-Planeten in Beziehung setzen — sie haben mir geholfen, kreative schriftstellerische Ideen zu entwickeln. Um meine T-Quadrat-Planeten auszudrücken, habe ich zwei Märchen geschrieben — eines über ein Mädchen, das anders sein mußte, und ein anderes über eine Prinzessin, die von zu Hause weglief, um mit einer «idealen» Familie zu leben. Das Recht zu bleiben erwarb sie, indem sie einem exzentrischen Gnom diente. Das letzte Kapitel dieses Buches, das keine Geschichte im eigentlichen Sinn ist, war die erleuchtendste Erfahrung, die ich je beim Schreiben hatte.

4.: **Kunst** — *Du erleichterst den schöpferischen Vorgang, wenn du die linke Hand nimmst (wenn du Rechtshänder bist) oder die rechte (wenn du Linkshänder bist), um die Eindrücke deiner T-Quadrat-Planeten, des leeren Raumes oder deines gesamten T-Quadrats zu zeichnen. Nimm eine Farbe, die dir passend erscheint. Achte auf Gefühle, die während des Zeichnens in dir emporsteigen. Du könntest auch Imaginationen zu den Sabischen Symbolen deines T-Quadrats oder zu T-Quadrat-Meditationen zeichnen.*

Das Ziel sollte eine frei fließende Kreativität sein; du kannst ein fertiges Produkt auch weiterentwickeln (Zeichnungen als Antwort auf Fragen wie z.B.: «Wo bin ich gewesen?», «Wo bin ich jetzt?», «Wohin gehe ich?», «Was blockiert mich?» können auch hilfreich sein). Die Bedeutung jeder Zeichnung mit Worten zu beschreiben, kann es dir ermöglichen, Einsichten über die ausgedrückten Energien zu gewinnen.

5.: **Musik** — *Denke über deine Lieblingslieder nach. Welche sind ein Ausdruck für dein T-Quadrat? Welche Lieder repräsentieren deinen leeren Raum? Schreibe ein Lied oder entwickele ein Musikstück, das mit deinen T-Quadrat-Planeten in Beziehung steht.*[5]

Praktische Techniken

1. *Mache dir einen Aktionsplan, der darauf ausgerichtet ist, das Potential deines T-Quadrats zum Ausdruck zu bringen. Lege dein Ziel und kleine realistische Aufgaben fest (die mit jedem deiner Planeten übereinstimmen), die du regelmäßig erfüllen kannst. Wenn Widerstände auftauchen, setze dich mit ihnen auseinander und überprüfe in diesem Zusammenhang nochmals deinen Plan. Belohne dich selbst für Fortschritte.*

2. *Führe ein «Anerkennungs-Verzeichnis», wo du in kurzen Worten jedes Erlebnis einträgst, in dem du dein T-Quadrat konstruktiv ausgedrückt hast.*

3. *Versuche so zu handeln, als ob du die Konflikte deines T-Quadrats gelöst hättest, indem du bei sorgfältig ausgewählten Situationen neue Verhaltensweisen ausprobierst. Zuerst mag dir dieses Verhalten gekünstelt vorkommen, aber mit etwas Zeit und Übung kann dein Ausdruck spontan werden.*

4. *Achte auf ernährungsbedingtes Ungleichgewicht in bezug auf deinen Körper. Nimm jene Vitamine, Mineralien und Salze zu dir, die mit dem*

Zeichen, Haus oder Herrscher des leeren Raumes in Beziehung stehen.[6] *Wenn der leere Raum im 1. oder im 6. Haus liegt, wenn er von Planeten regiert wird, die im 1. oder 6. Haus stehen oder wenn er vom Herrscher deines Aszendenten mitregiert wird, dann können viele deiner Konflikte mit Ernährungsfehlern zusammenhängen bzw. durch sie verstärkt werden.*

5. *Wahrscheinlich ist keine Aktivität so zweckdienlich für die Lösung deiner T-Quadrat-Konflikte wie der zielstrebige Einsatz für ein praktisches Ideal. Wenn du dich einer Aufgabe widmest, die mit allen deinen Planeten harmoniert, kann dieser Vorgang dein inneres Zentrum oder Selbst wecken. Dadurch bist du in der Lage, die Energien deines T-Quadrats ins Gleichgewicht zu bringen und zu lenken.*

Gestalttherapie und Astrologie

(Auszug aus dem Artikel von Tracy Marks, »Turning Oppositions into Conjunctions«, 1977)

Die Gestalttherapie eine relativ neue, von Fritz Perls entwickelte Form der Psychotherapie, lehrt uns, daß wir mit uns selbst Frieden schließen können, wenn wir bereit sind, die folgenden Teile unseres Wesens anzunehmen und völlig zu erfahren:
— jene Teile, die ständig gegeneinander kämpfen;
— jene Teile, die wir unterdrücken und verleugnen;
— jene Teile, die wir nach außen auf andere Menschen in unserer Umgebung projizieren.

Um uns bei der Integration dieser gegensätzlichen Kräfte in uns zu helfen, empfehlen die Gestalt-Therapeuten die Anwendung einer Technik, die dem Psychodrama ähnelt. Es handelt sich dabei um die Personifizierung zweier unterschiedlicher «Persönlichkeiten», welche in uns im Streit miteinander liegen, um sie durch Dialoge in eine Beziehung zueinander zu bringen. Jede «Persönlichkeit» muß sich mit der anderen auseinandersetzen, muß ihr zuhören und sie akzeptieren, bevor es zu einem Kompromiß kommen kann und beide fähig sind zusammenzuarbeiten.

Gestalttherapie kann mit der Astrologie verglichen werden, weil ihre Sicht auf den Prozeß vom inneren Konflikt zur Integration des Selbstes der Bedeutung ähnelt, die zwei verwandte Zyklen in der Astrologie haben:[7]
— der Zyklus des Mondes (vom Neumond zum Vollmond und wiederum zum Neumond)
— und die Planeten-Zyklen (von der Konjunktion zur Opposition und wieder zur Konjunktion).

Aber wir können nicht nur unsere Oppositionen und Konjunktionen im Sinne der Gestalttherapie-Theorie verstehen, sondern auch die Gestalttherapie-Technik anwenden, um die inneren Konflikte, die unsere Oppositionen ausdrücken, zu lösen. Das gilt in geringerem Maße auch für die Quadrate in unserem Horoskop. Wenn wir in der Lage sind, eine Opposition in eine Konjunktion oder ein Quadrat in ein Trigon zu verwandeln, dann können wir auch den Konflikt lösen, der durch dieses Quadrat oder durch die Opposition dargestellt wird.

... Nach der Gestalttherapie sind die meisten von uns unfähig, die Polaritäten oder Widersprüchlichkeiten in uns über einen längeren Zeitraum hinweg zu erfahren. Wenn wir uns im Konflikt zwischen zweien unserer Wesensteile fühlen (z.B. zwischen unseren beruflichen Pflichten und unserem Verlangen nach Entspannung), neigen wir dazu, uns mit einer Seite zu identifizieren und die andere nach außen zu projizieren, so daß wir sie als eine fremde Kraft empfinden, die unser Glück beeinträchtigt. Wenn sie erst einmal als äußere Kraft wahrgenommen wird (wie z.B. als «der Beruf» oder «der Chef»), fühlen wir uns hilflos einem äußeren Druck — etwas oder jemanden, der nicht wir selber sind — ausgeliefert. Nur wenn wir unsere eigenen Projektionen anerkennen (wie z.B. durch die Affirmation: «Ich möchte eine Arbeit, die mich fordert»), sind wir in der Lage, Macht über unser Leben zu gewinnen.

Eine andere Methode, mit inneren Konflikten fertigzuwerden, besteht darin, sie zu verdrängen. Beurteilen wir ein bestimmtes Verhalten oder ein Gefühl als negativ, weigern wir uns oftmals es in uns selbst anzunehmen. Wir stoßen es zur Seite und geben vor, daß es nicht existiert. Aber durch Verleugnen werden wir es nicht los; vielmehr wird durch Verleugnung das Verhalten oder das Gefühl ins Unbewußte verdrängt, wo es unseren ursprünglichen Absichten zuwiderläuft oder, wenn unsere Wachsamkeit schläft, in unser Bewußtsein dringt und die Kontrolle über unsere Handlungen übernimmt. Dann handeln wir zwanghaft. Wir wissen nicht, warum wir dieses oder jenes tun, und wir fühlen uns, als ob wir von einer fremden Macht besessen wären.

Ein dritter Weg, um mit inneren Widersprüchen fertig zu werden, ist die Introjektion (das «Hinunterschlucken»). Das heißt, wir verleiben uns etwas als Ganzes ein, ohne es zu verdauen. Übliche Introjektionen sind die ausgesprochenen oder unausgesprochenen Regeln unserer Eltern oder einer Gruppe, die wir oft als «ich sollte...» ausdrücken. Aber die meisten «ich sollte...» sind eigentlich getarnte «du sollst...» — die Stimmen von Leuten der Vergangenheit oder der Gegenwart, die wir glauben zufriedenstellen zu müssen, um uns selbst gut zu fühlen. Weil sich ein «du sollst...» fremd anfühlt, weist es unsere Psyche oft zurück oder lehnt sich dagegen auf. «Du sollst abnehmen» führt zur Eiscreme-Schlemmerei; «du sollst arbeiten» führt dazu, daß wir einen Tag vor dem Fernsehapparat vertrödeln.

In der Gestalttherapie wird die Spaltung unseres Bewußtseins in zwei gegeneinander kämpfende Teile als die Schlacht zwischen «Topdog» und «Underdog» bezeichnet. «Topdog» ist der Teil in uns, der versucht, uns herumzukommandieren. Er ist oft ein Konglomerat von Ratschlägen und Anweisungen unserer Eltern, wie wir zu sein hätten. «Underdog» ist der Teil in uns, der uns gegen «Topdog» verteidigt. Er macht dies mit solchen Protesten wie «ich mag nicht...», «ich bin müde...» und «laß mich in Ruhe...». «Underdog» bettelt, schmeichelt, macht Ausflüchte, rebelliert. Die meisten Schlachten gewinnt «Underdog», weil er ein Meister in der Kunst ist, seinen Willen durchzusetzen. Er lehnt eine Zusammenarbeit einfach ab. Da er ein machtvoller Teil von uns ist und nicht etwas von außen Übernommenes, kann «Topdog» ohne ihn nicht agieren.

Wenn «Underdog» die Schlacht gegen «Topdog» gewinnt, genießen wir das außerordentlich, aber unser Leben wird chaotisch. Wir vernachlässigen unsere Pflichten; wir geben jeder Laune nach, ohne an die Folgen zu denken; wir verlieren die Anerkennung der Leute, die für uns wichtig sind und auch unsere Selbstachtung; wir fühlen uns schuldig. Wenn «Topdog» gewinnt (und er gewinnt nur, wenn er «Underdogs» widerwillige und für gewöhnlich befristete Unterstützung), benehmen wir uns so, wie wir es sollten. Wir arbeiten schwer; wir sind höflich; wir tun alles, was Mutter und Vater Freude machen würde und entwickeln uns zu anerkannten Mitgliedern der Gesellschaft. Aber nach einer Weile beginnen wir uns leer und niedergeschlagen zu fühlen. Wir tun «das Richtige», aber es scheint nicht richtig zu sein, weil wir keinerlei Gefühle der Zufriedenheit daraus beziehen.

Der Kampf zwischen «Topdog» und «Underdog» kann auf verschiedene Weise charakterisiert werden:

ich sollte	ich möchte
Pflicht	Vergnügen
Vernunft	Instinkt
Verlangen nach Anerkennung	Verlangen nach unserem eigenen Weg
Stärke	Schwäche
Gesellschaft	das Selbst
Unabhängigkeit	Abhängigkeit
Selbständigkeit	Hilflosigkeit
Leistungsfähigkeit	Faulheit

Gewöhnlich sind «Topdog» und «Underdog» zwei Gegensätze in uns, die so gut wie gar nicht in das Alltagsleben integriert werden können. Prallen diese Gegensätze aufeinander, werden sie übertrieben und verzerrt. Sie sind wie zwei Leute, die im selben Haus wohnen und keine Rücksicht aufeinander nehmen, und die beide versuchen, die Herrschaft über den Haushalt zu gewinnen. Wenn «Topdog» der strenge Vater wird, wird «Underdog» zum eigensinnigen Kind. Je mehr «Topdog» verlangt, desto mehr Widerstand leistet «Underdog». Keiner gibt auch nur einen Zentimeter nach... Kaum hat einer sich für gewisse Zeit durchgesetzt, schon verlangt der andere nach Beachtung und kämpft um die Vorherrschaft. Wir schwanken zwischen vernünftigem und irrationalem Verhalten hin und her, bewegen uns zwischen Hemmung und Extravaganz.

Wie können wir aus diesem Dilemma herauskommen? Die Lösung liegt nicht darin, daß wir dem Pfad des «Topdog» oder des «Underdog» folgen, sondern in der vollen Erfahrung beider Möglichkeiten, indem wir so lange eine Verbindung zwischen den beiden herstellen, bis sie bereit sind, einander anzuhören und sich auf eine Vorgehensweise zu einigen. Wenn das geschieht, verschwinden sowohl «Topdog» als auch «Underdog» und machen einer neuen Stimme Platz, die keine Widersprüche und keine Gegensätze in sich trägt. Diese neue Stimme ist zum Teil ein Kompromiß von «Topdog» und «Underdog»; sie hat von jedem einige Eigenschaften übernommen und andere verworfen. Aber sie ist mehr als ein Kompromiß, denn sie hat sich unabhängig von den beiden entwickelt und ist offen für neue Wege des Denkes und Handelns. Wenn sich diese Stimme bemerkbar macht, sind wir nicht länger an die sich wiederholenden Zyklen der Vergangenheit gebunden; wir sind frei, vorwärts zu gehen und unsere innere Einheit zu erleben.

Aber wie, so mögen wir fragen, hilft uns die Gestalttherapie nun dabei, «Topdog» und «Underdog» zueinander zu bringen, so daß wir nicht länger zwischen diesen Extremen in uns hin- und herschwanken? Das wichtigste an dieser Technik ist die Identifikation mit beiden, «Topdog» und «Underdog», und daß wir einen Kontakt zwischen ihnen herstellen, indem wir einen Dialog zwischen ihnen schaffen. Wir werden zu «Topdog» und sagen «Underdog», was wir von ihm halten und wie er sein sollte; dann werden wir zu «Underdog» und verteidigen uns — machen Ausflüchte, schreien, heulen, beschimpfen «Topdog» oder finden andere Methoden, um mit seiner ständigen Tyrannei fertigzuwerden. Dann werden wir wieder zu «Topdog» und pendeln so lange zwischen den beiden hin und her, bis wir eine Lösung oder einen toten Punkt erreicht haben. Wenn wir tatsächlich steckenbleiben und uns mehr denn je zuvor des Abgrundes zwischen den beiden bewußt sind, können wir uns für eine Weile leer fühlen — hilflos, gelähmt, erschöpft. Wenn das geschieht, wollen wir vielleicht aufhören und den Dialog zu einem späteren Zeitpunkt fortsetzen, nachdem wir Gelegenheit hatten, die Energien zu assimilieren, die in uns aufgestiegen sind. Auch wenn wir nicht sofort eine Lösung gefunden haben, heißt das noch nicht, daß der ganze Vorgang nutzlos war. Anstatt uns mit jedem einzelnen Teil in uns völlig zu identifizieren und diese Teile in eine Beziehung zueinander zu bringen, beginnen wir damit, eine Brücke zu bauen, die diese beiden schließlich miteinander verbinden wird.

Eine Methode, mit einem stockenden Dialog umzugehen, besteht natürlich darin aufzuhören. Ein anderer Weg besteht darin, uns zu erlauben, diesen toten Punkt voll zu erleben. In der Gestalttherapie wird dieser tote Punkt oder diese Leere nicht als Sackgasse angesehen, sondern eher als fruchtbare Leere. Aus diesem Gefühl der Leere wird sich schließlich die neue Stimme erheben — jedoch erst, wenn «Topdog» und «Underdog» sich vollständig und kraftvoll ausgedrückt haben. Ein reiner Wortschwall genügt da nicht; wir müssen uns so vollständig mit jeder Seite identifizieren, daß wir vor Wut zittern oder in Tränen ausbrechen. In einer Gruppe, mit einem Therapeuten oder einem Freund werden wir wahrscheinlich intensiver am Dialog beteiligt sein als wenn wir allein sind, denn die Gegenwart von Menschen, die uns unterstützen, ermutigt uns, weiter zu gehen, als wir es selbst tun würden. Doch wir können auch allein emotional in den Dialog hineingehen, wenn wir laut sprechen oder in ein Tagebuch schreiben.

Welche Fassung wir auch wählen — solange wir mit dem Dialog fortfahren und ihn von Zeit zu Zeit wieder durchspielen, haben wir gute Aussichten, daß sich die neue Stimme einmal vernehmen lassen wird. Entweder in der fruchtbaren Leere oder während des Gespräches zwischen den gegensätzlichen Energien werden wir dann einen Augenblick der Erleuchtung, einen Bewußtseinswandel, erleben. In diesem Moment gehen wir über den Konflikt zwischen «Topdog» und «Underdog» hinaus; wir entdecken eine alternative Daseinsform.

... Da wir jetzt den Ablauf des Dialoges in der Gestalt-Therapie verstehen — wie stellen wir es nun an, diesen auf einen astrologischen Kontext anzuwenden? Als erstes studieren wir unser Horoskop und wählen eine Opposition oder ein Quadrat aus, das wir hinsichtlich unserer persönlichen Konflikte verstehen können. Wir könnten uns an dieser Stelle ein paar Minuten Zeit nehmen, um diesen Aspekt auf objektive Weise zu studieren, um seine astrologische Bedeutung zu verstehen und um darüber nachzudenken, auf welche besondere Weise wir ihn in unserem Leben erfahren. Wenn wir die Opposition oder das Quadrat ganz eindeutig im Sinne der beteiligten Planeten, Zeichen oder Häuser erleben, können wir nun mit einer dieser drei Möglichkeiten beginnen (z.B. eine Mars/Venus-Opposition, unabhängig von ihrer Zeichen- oder Hausstellung) und nicht mit allen dreien gleichzeitig.

Sobald wir uns auf die Bedeutung des Aspektes ausgerichtet haben, können wir den Dialog beginnen. Zuerst identifizieren wir uns mit einem der Planeten (und/oder seinem Zeichen oder Haus). So, als wären wir dieser Planet, sprechen oder schreiben wir in der ersten Person (Ich-Form) darüber, wie wir empfinden und was wir wollen. Dann identifizieren wir uns mit dem zweiten Planeten, beschreiben unsere Gefühle und was wir vom Standpunkt dieses Planeten aus wollen. Als nächstes sind wir wieder der erste Planet und antworten dem zweiten, indem wir ihm mitteilen, was wir über das eben Gesagte denken oder fühlen. Der zweite Planet antwortet daraufhin wieder dem ersten und so fort, bis wir nicht mehr weiterkommen. Während des Dialoges müssen wir unser astrologisches Wissen beiseite lassen, so daß jeder Planet ganz spontan sprechen kann, gleichgültig ob das, was er sagt, im astrologischen Sinne stimmt oder nicht. Die Astrologie hat uns dabei geholfen, einen speziellen Konflikt zu beschreiben und uns darauf zu konzentrieren; unser Organismus muß ihn jetzt vollständig erleben und eine mögliche Lösung finden.

... Wenn wir das Gefühl haben, fertig zu sein, können wir noch Nutzen daraus ziehen, indem wir über das Geschehene nachdenken. Wir können den Konflikt klar definieren. Dann können wir uns fragen, wie wir einen Kompromiß oder eine Synthese zwischen den beiden gegensätzlichen Energien erreichen können, auch wenn es sich nur um eine vorübergehende Einigkeit handelt. Wenn wir wirklich an einen toten Punkt kommen und keine Lösungsmöglichkeit finden, können wir uns wieder der Astrologie zuwenden und genau untersuchen, wie diese beiden Planeten harmonisch zusammenarbeiten könnten.

Kapitel 9

Ganz werden

Widerspreche ich mir selbst? Nun gut, dann widerspreche ich mir eben... Ich bin groß. Ich trage eine unermeßliche Vielfalt in mir.

— Walt Whitman

Dieses Kapitel wurde im Jahr 1979 geschrieben, als Saturn über meine Venus/Saturn-Konjunktion in der Jungfrau ging und ich mit Erfahrungen der Einsamkeit und der Entfremdung kämpfte. Nun, im Jahr 1986, zögere ich, mich in Begriffen meines früheren Selbstes darzustellen, über die ich inzwischen hinausgewachsen bin; ich empfinde es als notwendig hinzuzufügen, daß durch den Prozeß der Begegnung mit meinen T-Quadrat-Planeten, als ich dieses Kapitel schrieb, eine Transformation der psychischen Dynamik meines T-Quadrats vor sich ging. Dadurch verwandelte sich auch die Weise, wie ich mich und die Welt erlebte. Die Folge: neue Quellen der Erfüllung und natürlich neue Konflikte, die gelöst werden müssen.

Meine T-Quadrat-Familie bekämpft sich. Diesmal ist es nicht Uranus, sondern der Mond im Widder, der den Streit entfacht.

»Du hast es mir versprochen!« kreischt der Mond und fällt beinahe von seinem Thron auf dem Nadir (IC). »Ich hätte dir niemals sechs Wochen lang geholfen, ein Buch zu schreiben und dabei alle meine anderen Aktivitäten zu vernachlässigen, wenn du mir nicht versprochen hättest, daß ich im letzten Kapitel alles über mich erzählen darf!«

Neptun im 10. Haus, der in Opposition zum Mond steht, krümmt sich. »Aber du würdest alles preisgeben«, murmelt er unter Tränen, »ich könnte keinem Leser mehr ins Gesicht sehen, wenn du das tust.«

Die Sonne in der Waage im 9. Haus, ebenfalls in Opposition zum Mond, ergreift für Neptun Partei: »Natürlich darfst du dich zum Ausdruck bringen«, beschwichtigt sie den Mond, bevor sie einen anderen Standpunkt einnimmt: »Aber das Buch handelt nicht nur von dir. Wir müssen die Bedürfnisse von uns allen in Erwägung ziehen und außerdem unsere Leser zufriedenstellen.

Wenn wir nun die Weisheit, die wir aus unseren Beziehungen gewonnen haben, einbeziehen...«

»Weisheit aus Beziehungen! Puh!« unterbricht Uranus im Krebs (7. Haus), der zu allen im Quadrat steht und zappelig ist, weil er ein halbes Jahr zwischen den Seiten eines Buches eingeschlossen war und ihm jede gesellschaftliche Anregung außerhalb seiner Radix-Familie vorenthalten wurde. »Ihr wißt nicht das Mindeste über Weisheit! Der Mond will über sich selber reden, die Sonne möchte das Verständnis ausdrücken, das sie im Umgang mit anderen Menschen gewonnen hat und Neptun möchte über die Ideale phantasieren, die er erfüllt, ohne irgendwelche emotionalen Risiken einzugehen. ICH führe diese Familie, nicht einer von euch, und ICH sage, daß wir höhere Ebenen anzapfen und universelle, allgemeingültige Wahrheiten mitteilen müssen, wenn wir über uns selbst und unsere Beziehungen sprechen wollen.«

Uranus greift nach seinem automatischen Schnellfeuergewehr, bereit, jeden der anderen Planeten abzuknallen, um hinauslaufen und etwas Aufregendes erleben zu können — während die anderen schlafen. Aber Sonne in der Waage nimmt seine Hand und tätschelt sie beruhigend. »Uranus«, sagt sie lächelnd, »es gibt keinen Grund zum Streiten. Wir können zusammenarbeiten. Wir alle kümmern uns um unsere eigenen Wahrheiten, seien sie nun persönlich oder unpersönlich und beschäftigen uns mit dem, was wir in unserem Zusammenleben und in Beziehung zu anderen Radix-Familien gelernt haben.«

»Und wir möchten die Menschen inspirieren und ihnen helfen«, erlaubt sich Neptun zu bemerken. »Sogar der Mond kann aus den Wassern unter dem IC schöpfen. Sogar er ist mit dem kollektiven Unbewußten verbunden.«

»Ich möchte über **mich** *sprechen«, beansprucht der Mond.*

»Wir brauchen Hilfe«, erklärt die Sonne in der Waage, während sie den Mond vorsichtig ins Auge faßt und überlegt, ob das Buch wohl jemals veröffentlicht werden kann. »Neptun, telefoniere mit meinem Heim, dem 9. Haus. Rufe dein Halbsextil an, meinen Mitbewohner Merkur in der Jungfrau, und sage ihm, daß wir alle 'rüberkommen. Schließlich ist er es, der dieses Buch schreibt, und so sollte er auch fähig sein, die Situation zu analysieren und eine Lösung zu finden, die für uns alle annehmbar ist.«

Merkur sitzt wie gewöhnlich lesend und schreibend stationär in seinem Stuhl, als seine Verwandten eintreffen. Durch einen Neptun-Transit in ein Quadrat verwickelt, starrt er sie mit verschwommenem Blick durch einen Nebel der Inspiration an.

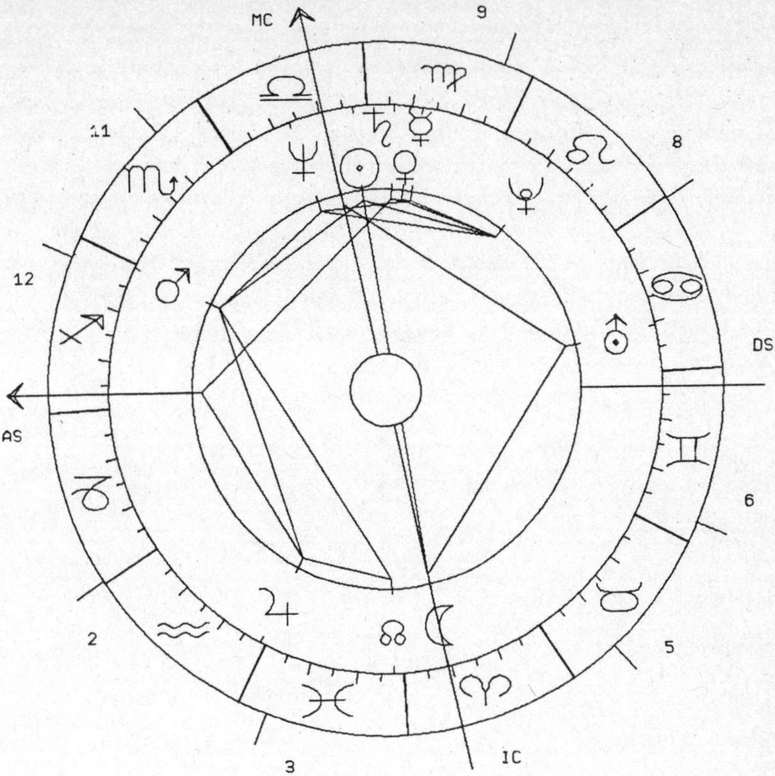

Radix

☉	♎	3	4		☉										
☽	♈	9	22		☍	☽									
☿	♍	17	57				☿								
♀	♍	20	39				☌	♀							
♂	♐	0	38		⚹				♂						
♃	♒	28	50	r					□	♃					
♄	♍	24	1					☌			♄				
♅	♋	9	21			□						♅			
♆	♎	16	34				⚻		∠				♆		
♇	♌	19	9		∠		⚻	⚻					⚹	♇	
☊	♓	27	53	r					△	⚻					☊
AS	♐	26	47							⚹	□				
MC	♎	9	20			☍						□			

TRACY MARKS

26/ 9/1950
12h 35m
MIAMI BEACH, FLORIDA
5hW 0m
80W 8'
25N 47'

»Ich habe diesen Familienkonflikt bereits beurteilt«, überlegt er laut, »und ich stelle fest, daß Mond im Widder sich viele Monate hindurch ruhig verhalten hat, und daß er es verdient, jetzt etwas zu sagen — vorausgesetzt, daß er Neptuns Empfindsamkeit respektiert und es jedem von euch erlaubt, sich auf seine Weise auszudrücken. Aber bevor ihr hier ankamt,« fährt er fort, »las ich gerade Hermann Hesse. Er schrieb einmal eine Botschaft, die sich auf uns alle bezieht. Er spricht mit der Aufrichtigkeit des Mondes und mit dem Verständnis und der Wahrheit, denen sich Uranus und Sonne geweiht haben sowie mit der Inspiration und dem Idealismus von Neptun. Wenn wir es zusammen lesen und unser gemeinsames Ziel anerkennen, wird der Rest des Buches folgen. Saturn, der zur Zeit im Transit eine Konjunktion mit mir bildet, ist entschlossen, es zu vollenden«.

»Laß es uns lesen«, drängt Mond im Widder, »wir wollen beginnen!«

Merkur reicht das Buch von Hand zu Hand weiter:

Mond im Widder:	*Ich bin*
Neptun:	*ein Dichter,*
Sonne im 9. Haus:	*ein Sucher*
Mond im Widder:	*und ein Bekenner,*
Uranus:	*der Wahrheit verpflichtet*
Mond im Widder:	*und der Aufrichtigkeit.*
Neptun im 10. Haus:	*Ich habe eine Mission,*
Merkur/Saturn:	*mag sie auch klein und begrenzt sein,*
Neptun im 10. Haus:	*anderen Suchern zu dabei helfen,*
Sonne im 9. Haus:	*die Welt zu verstehen und mit ihr fertig zu werden,*
alle zusammen:	*und sei es nur durch die Bestätigung, daß sie nicht alleine sind.*

Ich habe mein T-Quadrat nicht gemeistert. Täglich kämpfe ich darum, die Ordnung in meinem planetarischen Haushalt aufrecht zu erhalten, wenn Uranus im Krebs (7. Haus) mich aus der Mitte wegzerrt und darauf besteht, daß ich ihm auf seinem Pfad folge, der abseits dem der anderen planetarischen Mitglieder verläuft, und der ständig neue Quellen der Anregung bringt. Gleichzeitig winkt mich die Sonne in der Waage (9. Haus) heran, um die Mansardenfenster meiner Psyche zu öffnen und die höchsten Bereiche des Verstehens zu erblicken, während sie sich nach Beziehungen sehnt, die auf diesem allgemeinen Verständnis basieren und vor dem Mißklang und dem unerwarteten Austausch im täglichen Umgang zurückschreckt. Mond im Widder am IC macht um jedes Erlebnis voller Begeisterung ein großes Tam-tam und stürzt sich oft in zweifelhafte neue Abenteuer, indem er versucht, seine Bedürfnisse so offen und aufrichtig wie nur möglich zu erfüllen, während er es gleichzeitig ablehnt, sich aus dem Schutz seines Heimes wegzurühren. Neptun in der Waage (10. Haus) reagiert auf jede Situation und jede Person mit übertrieben schmerzlicher Empfindsamkeit, bleibt jedoch weiterhin von seiner Vision erfüllt und erleuchtet und widmet sich mit Vertrauen und Inspiration der Verwirklichung seiner Ideale.

Nein, ich habe mein T-Quadrat nicht gemeistert. Wenn ich auf andere Menschen schaue, um festzustellen, wie sie mit ähnlichen Konflikten fertigwerden, verliere ich leicht die Hoffnung, weil sie mir im Hinblick auf meine Probleme meistens weit voraus sind, obwohl sie vielleicht auf unbeholfene und zögernde Weise sich um die Lösung ihrer Probleme bemühen. Wenn ich mit dem Selbst spreche, das in mir in Erscheinung zu treten beginnt, dem Selbst, das alles verkörpert, was ich gerne werden möchte, fühle ich mich manchmal klein und unbedeutend, weil es so weise, so unvergleichlich einiger und schöner ist als ich. Aber wenn ich den Film meines Lebens zurückdrehe und sehe, welche Fortschritte ich in den letzten zehn Jahren gemacht habe, wie meine planetarischen Wesensteile damit begonnen haben, einander zu erkennen, zu akzeptieren und zu ermutigen, sich bei Gelegenheit sogar mit gegenseitiger Achtung und Zärtlichkeit behandelt haben, dann stehe ich ehrfürchtig vor der Fähigkeit des Menschen, sich zu verändern, zu wachsen und sich zu wandeln — allen vermeintlich unüberwindlichen Unterschieden zum Trotz.

Ich habe das, was die meisten Astrologen als schwieriges Horoskop bezeichnen würden — ein T-Quadrat, keine Trigone innerhalb eines akzeptablen Orbis und nur zwei Sextile (eins davon ist das beinahe universelle Neptun/Pluto-Sextil). Mein T-Quadrat ist besonders stark, nicht nur, weil es an den Achsen steht und eine Vollmond-Opposition beinhaltet (die einer Finsternis folgte), vier Planeten statt drei beteiligt sind und ein exaktes Quadrat enthalten ist, sondern auch, weil sich in der Halbsumme von Sonne und Neptun mein MC befindet, das zum Mond in einer Opposition von nur 28 Minuten Abweichung steht und ein ebenso exaktes Quadrat zum Uranus im Brennpunkt bildet. Außerdem befinden sich das MC und der Mond auch noch in der Halbsumme von Mars und Pluto. Der Mond ist also nicht nur von der übergroßen Empfindsamkeit und dem Idealismus von Sonne und Neptun erfüllt, sondern er ist ebenfalls ein Kanal für das Freisetzen machtvoller Energien.

Mein Horoskop ist widersprüchlich. »Warum«, habe ich mich manchmal gefragt, »muß ich, wenn ich schon als Waage geboren wurde, ein T-Quadrat zum 7. Haus haben, das es mir so schwer macht, befriedigende Beziehungen aufzubauen? Wenn mein T-Quadrat schon zum 7. Haus hin gerichtet sein muß, warum muß der Planet im Brennpunkt dann ausgerechnet Uranus sein, der dem Sicherheitsbedürfnis meiner Venus/Saturn-Konjunktion und meines Mondes am IC vollkommen entgegenwirkt? Und warum muß mit dem Mond am IC, der den Wunsch hat, sich in die behagliche Wärme des Mutterschoßes zurückzuziehen, gerade Uranus im Krebs ein exaktes Quadrat bilden und ständig Flutwellen hervorrufen, die den Mond zum Verlassen seines Verstecks provozieren? Warum müssen die Bedürfnisse des Mondes durch eine Finsternis zurückgewiesen werden, die ihn von den eigenen Nahrungsquellen abschneidet?«

»Warum«, habe ich mich gefragt, »muß Steinbock — das leere Zeichen meines T-Quadrats — eingeschlossen und deshalb so schwer zu entwickeln sein? Warum steht sein Herrscher Saturn mit dem absteigenden Mondknoten in Konjunktion, so daß ich jedes Mal, wenn ich die Energien Saturns oder des Steinbocks ausdrücke, vom aufsteigenden Mondknoten weggeführt werde, der meine Lebensaufgabe verkörpert? Warum muß Mars, wenn er der Herrscher meines leeren Hauses ist, seinen Ausdruck verweigern, indem er unterschwellig im 12. Haus arbeitet und oftmals zwanghaft und unkontrollierbar das Quadrat zu Jupiter aktiviert — welches der einzige wichtige Aspekt zu meinem rückläufigen Jupiter ist, der eigentlich mein leeres 1. Haus regiert?

Mein Horoskop ist voller Widersprüche. Jeder Planet, jedes Zeichen und Haus stört die Entwicklung oder Zufriedenheit eines anderen Planeten, Zeichens oder Hauses. Dennoch habe ich gelernt, wie Saint-Exupéry es ausdrückt,

> *daß jeder unlösbare Widerspruch, jeder nicht wieder gutzumachende Streit* (mich) *verpflichtet zu wachsen, um diesen absorbieren zu können.*

Ich wachse. Ich wachse ins Grenzenlose, dehne mich über jedes Hindernis hinweg aus. Ich beginne, die Oppositionen und Quadrate zu transzendieren. Wenn die Waage in mir dem Widder gegenübertritt und ihn in sich aufnimmt, entdeckt sie die wahre Bedeutung von Harmonie und Gleichgewicht und erfährt in ihren Beziehungen unaussprechliche Erfüllung; wenn Uranus im 7. Haus sich mit Venus/Saturn und Mond einigt, wird sein Bewußtsein so weit ausgedehnt, daß es Risse bekommt, durch die das Licht aus bisher verborgenen Dimensionen hereinströmen und in großem Umfang neue Möglichkeiten eröffnen kann. Ich kämpfe. Ich verfluche mein Horoskop, aber ich segne es auch, und ich würde kein einziges Quadrat und keine Opposition gegen ein Trigon oder Sextil eintauschen, nicht einmal dann, wenn ich mir das Trigon oder Sextil selbst aussuchen könnte.

Ich wachse. Wie es meinem aufsteigenden Schützen und dem Wesen meines 9. Hauses entspricht, wachse ich beständig, so weit und so schnell, daß ich mich oft selbst zum Anhalten ermahnen muß, um die unverstandenen Dinge zu verdauen, auf die ich traf, und um über das Verhalten nachzudenken, das ich zeige. Auf diese Weise kann jede neue Erkenntnis, jedes Verhaltensmuster, tiefer in mich einsinken, bis es den zentralen Kern meines Wesens erreicht und alle meine Gedanken, Gefühle und Handlungen verwandelt.

Ich werde ganz. Langsam, versuchsweise, mit gelegentlichen Rückfällen und Augenblicken völliger Zusammenhangslosigkeit zwischen den vermeintlich unvereinbaren Teilen meines Wesens. Aber ich bin dabei, «ganz» zu werden.

Ich bin jetzt bereit, an dieser Ganzheit und all den voneinander abweichenden Seiten meines Wesens, die zu meinem Integrationsprozeß beitragen, teilzuhaben. Mond im Widder, der von den Erdbeben seines Quadrats zu Uranus durchgeschüttelt wird, setzt flüssiges Feuer aus dem Inneren der Erde frei, aus einem Bereich, der unter den Wassern des IC's liegt, entflammt damit das MC und inspiriert Neptun zu unvorstellbaren poetischen Höhenflügen.

Ich bin bereit, mich einzubringen, weil Jupiter in der Progression direktläufig wird (im 2. Haus nach Campanus, im 3. Haus nach Placidus), und ich werde mir meines inneren Reichtums bewußt und glaube, daß er es wert ist, geteilt zu werden.

Ich bin bereit, etwas von mir zu geben, weil Sonne und Neptun in der Waage endlich beginnen, den Mond im Widder anzuerkennen, dessen Selbstversunkenheit sie als Hindernis für Beziehungen angesehen hatten; sie entdeckten auch, daß die Offenheit und Aufrichtigkeit des Mondes anderen Mut macht, sich ebenfalls offen und aufrichtig auszudrücken, was die Bildung von erfüllenden Beziehungen zur Folge hat.

Ich bin bereit, mich einzubringen, weil Neptun, der sich auf Grund der breiten Kluft zwischen seinem inneren und äußeren Leben von der Öffentlichkeit unverstanden fühlte, so von seinen Idealen entflammt ist, daß er seine Eingebungen nicht länger für sich behalten kann, und sich seine Fische-Gewässer in die äußeren Bereiche meines Lebens ergießen.

Ich bin bereit, mich einzusetzen, weil ich möchte, daß auch andere sich des Lichts bewußt werden, des Leuchtens der Dämmerung, das sich in tausend schimmernden Farben bricht, nachdem wir die Dürreperioden Saturns, die Gewitterstürme des Uranus, die Nebel des Neptuns und die unergründliche Dunkelheit Plutos erfolgreich bewältigt haben. Ich habe die Qual und den Schmerz jedes dieser Planeten erfahren und erlebe sie noch immer, aber ich kenne auch die Belohnungen, die Befreiungen, die Offenbarungen und Erneuerungen, die sie bringen, wenn wir unseren Glauben bewahren, wenn wir versuchen, unsere Selbsterkenntnis zu vertiefen, unsere Ideale hochzuhalten und — wie die Blume ihre Kelche — die weitreichenden Möglichkeiten, die zahllosen Verkörperungen und Spielarten der Schönheit ans Licht zu bringen, die aus dem Innersten unserer vielen Wesensteile emporsteigen.

Die Dynamik meines T-Quadrats

Der wahrscheinlich dramatischste Konflikt, den ich infolge meines T-Quadrats erfahre, ist der Spannungszustand zwischen dem Entschluß, meiner inneren Vision treu zu bleiben, mein Verständnis zu entwickeln und mich frei und unabhängig in der Welt zu betätigen und einem ebenso dringenden Verlangen nach Verwöhnung, Liebkosung und Trost. So werde ich durch Beziehungen, die nicht beide Seiten in mir befriedigen, leicht aus dem Gleichgewicht gebracht. Jene Menschen, die ich am meisten achte und die auch ihrerseits meine Persönlichkeit respektieren oder meine Aufgabe im Leben teilen, sind für gewöhnlich selbst Individualisten, die nicht gewillt sind, ihren Weg lange genug zu verlassen, um auf die Bedürfnisse meines Mondes voll einzugehen; jene «wässerigen» Seelen, die das Verlangen meines Mondes *so gut* zu beruhigen und zu stillen wissen und seine Fähigkeit zur Verantwortung und zur gegenseitigen Fürsorge zu wecken vermögen, leisten dagegen selten einen Beitrag zu den Banden des allgemeinen Verständnisses und des gemeinsamen Zieles, das für mich eine Grundvoraussetzung für eine dauerhafte Beziehung ist, in der beide Seiten Befriedigung finden.

Die Kombination von Neptun in der Waage, Uranus im Krebs und Mond im Widder hatte oft melodramatische Züge an sich. Die meisten der durch Uranus begründeten Beziehungen bestanden (zumindest in der Vergangenheit) — zum Schrecken meiner Venus/Saturn-Konjunktion — mit solchen Menschen, die in irgendeiner Weise zumindest aufgrund ihres Intellektes außergewöhnlich, ziemlich exzentrisch und oftmals unbeständig waren. Entweder war die Natur der Beziehung wegen der persönlichen Eigenarten eines jeden von uns irgendwie ungewöhnlich, oder meine eigene neptunische Einbildungskraft dramatisierte die Situation in einem solchen Ausmaß, daß ich mich von meinen emotionalen Reaktionen überwältigt fühlte und in den meisten Lebensbereichen nicht mehr fähig war, mich nach den Maßstäben meines 9. Hauses zu richten.

Eine zweite Erscheinungsform meines T-Quadrats zu Uranus ist die gefühlsmäßige Intensität, das ständige Verlangen nach Aktivität und Veränderung, das mich drängt, die Erfüllung meiner Ideale und die Erweiterung meines Horizontes so unbarmherzig voranzutreiben, bis ich wie ausgebrannt bin und auf die innerpersönlichen Probleme meines Lebens passiv, überempfindlich und manchmal völlig irrational reagiere.

Eine dritte Erscheinungsform meines T-Quadrats ist die Kluft, die ich zwischen Verständnis und Handeln erlebe (was zum Teil aus der Beziehungslosigkeit meiner Planeten des 9. Hauses zum Rest meines Horoskops resultiert, da größere Aspekte fehlen). Sonne und Neptun folgen weiterhin ihrem Streben nach Weisheit und erreichen ihr Ziel, indem sie den Bedürfnissen des Mondes keine Aufmerksamkeit schenken; der Mond stürzt sich kopfüber in neue Abenteuer, wobei er die Führung der Sonne und die empfindsamen Reaktionen Neptuns ignoriert. Uranus bricht regelmäßig aus dem Kampf aus und verfolgt irgendetwas Neuartiges und Anregendes im Alleingang, oder beschäftigt sich mit aufregenden Beziehungen, die praktisch niemals mit Sonne, Mond und Neptun in Harmonie gebracht werden können.

Wenn die Planeten meines T-Quadrats zusammenarbeiten, unterstützen sie sich gegenseitig auf bemerkenswerte Weise. Mond verleiht dem Streben der Sonne und der Mission des Neptuns seine persönliche Herangehensweise und seine leidenschaftliche Begeisterung; er hilft Uranus dabei, anregende Beziehungen zu entdecken, die ihm nicht nur erlauben, seinen eigenen Gesetzen gemäß zu handeln, sondern die auch emotional nährend sind. Die Sonne stellt sicher, daß diese Beziehungen auch auf allgemeinem Verständnis basieren und daß ihr eigenes Streben nach Verständnis Neptuns Sehnsüchten Substanz verleiht. Sie beschwichtigt den Mond mit seinen ständigen Forderungen und veranlaßt ihn zu überlegen, bevor er sich in eine Aktion hineinstürzt und hält ihn an, die zarten Gefühle Neptuns zu berücksichtigen. Die Objektivität der Sonne, ihre Fähigkeit, auf die Bedürfnisse jedes einzelnen Planeten einzugehen sowie ihre Anteilnahme an Beziehungen außerhalb der planetarischen Familie bringt allen Mitgliedern des T-Quadrats Vorteile.

Auch Neptun kann auf den Mond einfühlsam und mitleidsvoll reagieren, so wie er es auch den Menschen gegenüber macht, die für die Sonne im 9. Haus und für Uranus im 7. Haus wichtig sind. Neptuns Verbindung mit den emotionalen, schöpferischen und spirituellen Bereichen ermöglicht es dem Uranus und der Sonne, die Wahrheiten zu erfahren und für sie einzutreten, ohne sich in den unpersönlichen Reichen des Intellektes zu verlieren. Neptun erfüllt alle Planeten mit seinem Gefühl für Bedeutung und spornt sie an, seinen erhabenen Zielen mit solcher Hingabe zu folgen, daß sie über ihre individuellen Bedürfnisse hinausgehen können und zur Zusammenarbeit fähig sind.

Sogar Uranus ist fähig, zum größeren Nutzen der T-Quadrat-Familie einen Beitrag zu leisten. Sein unabhängiger Geist ermöglicht es der Sonne, ihrem Streben zu folgen, ob sie dabei von anderen unterstützt wird oder nicht. Uranus hilft auch dem Mond, sich aktiv in neuen Vorhaben zu engagieren, auch wenn seine emotionalen Bedürfnisse dabei unbefriedigt bleiben. Die originellen Ideen, die Uranus ständig hervorbringt, sind eine Motivation für die Aktivitäten des Mondes und stimulieren Neptuns Idealismus und Phantasiereichtum. Das intuitive und universelle Bewußtsein von Uranus ist für den Mond ein Ansporn, aus seinen Verbindungen am IC zu schöpfen bzw. das allumfassende Gefühl zu erfahren und auszudrücken, das tief im persönlichen Gefühl verborgen liegt. Uranus ermutigt die Sonne, ihr Wissen zu erweitern und sich nicht auf die Einsichten anderer zu stützen; er ist für Neptun ein Anreiz, seine imaginativen und spirituellen Sehnsüchte durch literarische Bemühungen zu erfüllen, die es ihm erlauben, seine inneren Wahrheiten auszudrücken.

Sonne

Sonne in der Waage (9. Haus) ist verliebt in die Panoramablicke ihrer inneren Reisen; sie läßt sich zu fernen Plätzen hinauslocken, die für gewöhnlich weit entfernt und idyllisch sind und wo sie den Frieden und die Schönheiten der Natur erfahren kann. Als die Sonne ein Kind war, sprach sie mit Gott und bestätigte ihren Glauben durch erleuchtete Erfahrungen, die Neptun in Poesie umsetzte. Als Student mit dem Hauptfach «Vergleichende Religionswissenschaften» versuchte sie, in ihrer Dissertation mit dem Thema «Der Sinn des Lebens» die Lehren zahlloser Philosophien, Religionen und psychologischer Systeme in ein zusammenhängendes Ganzes, in eine Synthese zu bringen und die universellen Gesetze zu erfassen, die verschiedenen Pfaden gemeinsam sind. Die Sonne las immer gerne insbesondere solche Bücher, die ihre Objektivität stärkten und die auch persönlich, konstruktiv, inhaltsreich und erhebend waren.

Die Sonne in der Waage (9. Haus) identifiziert sich mit ihren Überzeugungen und will bei ihren Prinzipien keinen Kompromiß zulassen. Es fällt ihr schwer, Entscheidungen zu treffen, weil sie sich, wie alle Planeten des

9. Hauses, nach allen Richtungen ausdehnen möchte. Nur widerwillig ließ sie sich von einem Saturn-Transit durch das 9. Haus von ihrem Urlaub im Ausland abhalten, und auch nur deshalb, weil Saturn mit dem Schreiben und Veröffentlichen ihrer Bücher in Verbindung steht. Außer dem Schreiben, Veröffentlichen und Beraten liebt die Sonne auch das Lehren — für gewöhnlich im Einzelunterricht oder in kleinen Gruppen, in denen sie mit den Studenten persönlich in Verbindung treten kann.

In Beziehungen schreckt sie vor Auseinandersetzungen zurück und fühlt sich zu Menschen hingezogen, mit denen sie viel Verständnis erlebt. Weltanschauliche Konflikte sind für sie so unangenehm, daß sie intellektuelle Auseinandersetzungen genauso meidet wie Menschen, deren grundlegend andere Überzeugungen sie herausfordern oder Gefühle der Einsamkeit in ihr hervorrufen. Die Sonne gerät aus der Fassung, wenn emotionale Schwankungen ihr inneres Gleichgewicht stören und in Beziehungen eine Unausgewogenheit von Geben und Nehmen besteht.

Zugegeben: Die Sonne möchte von allen geliebt werden — aber die Prinzipien des 9. Hauses erlauben es ihr kaum, die gesellschaftlichen Spiele mitzumachen, durch die man Anerkennung gewinnen könnte. Dennoch entwickelt sie sich oftmals durch gesellschaftliche Kontakte. Wie eine Prinzessin mit verschiedenen Schattierungen von Lavendelblau geschmückt, liebt sie es, ihre Abende in einem exotischen Kaffeehaus oder Club zu verbringen (für gewöhnlich im Ausland und immer ästhetisch ansprechend), wo sie und ein besonderer Mensch ihre Ideen, Träume und die persönlichsten Angelegenheiten austauschen können. Wenn sie in bester Verfassung ist, kann die Sonne ein Beispiel an Charme sein, feinfühlend ihr Verständnis für andere und ihre Anteilnahme an deren Wohlergehen zum Ausdruck bringen, ohne in das künstliche Gehabe zu verfallen, das für Waage oft typisch ist. Der Mond im Widder sorgt dafür, daß ihre Äußerungen aufrichtig sind.

Mond

Jeder Planet meiner T-Quadrat-Familie hat es ein ums andere Mal versucht, den Mond aus seiner Umlaufbahn zu werfen und ihn in ein anderes Sonnensystem zu befördern.[8] Wahrscheinlich ist der Mond der «unbeliebteste Planet» in meinem Horoskop, weil er nur Quadrate und Oppositionen bildet und in der Halbsumme von Mars und Pluto steht. Des weiteren, weil er durch das Zeichen, in dem er steht, dem Widder, mit dem Mars im 12. Haus verbunden ist und weil die Mondfinsternis vor der Geburt ihn mit ziemlich ungewöhnlichen emotionalen Reaktionen ausgestattet hat. «Ich will, was ich will — und zwar sofort!» fordert er nachdrücklich, während die anderen T-Quadrat-Planeten über die Launenhaftigkeit und rücksichtslose Unbeherrschtheit verzweifeln, mit der er die ganze Familie stört.

Die Sonne in der Waage verliert sogar ihr Taktgefühl, wenn sie sich mit der Ich-Bezogenheit und völligen Ahnungslosigkeit befassen muß, mit der der Mond die anderen Planeten überrumpelt oder sich in unkluge Aktivitäten stürzt. Neptun ist gelegentlich peinlich berührt bzw. zu Tränen gerührt, wenn der Mond alle T-Quadrat-Planeten in bedenkliche Situationen hineintreibt, und er fühlt sich betrogen, wenn der Mond so viele Vorhaben beginnt, die seiner Hilfe bedürfen, ihm jedoch nicht erlaubt zu träumen, zu meditieren oder die innere Stille zu erleben, die der Inspiration so förderlich ist. Uranus kann das Verlangen des Mondes nach Schutz und Trost genausowenig ausstehen wie dessen Neigung, sich zu Hause — manchmal für eine Woche — zu verstecken. Dann wiederum ist der Mond so sehr mit seinen Aktivitäten beschäftigt, daß es Uranus nicht gelingt, aus der Familie auszubrechen und mit einem Satz aus der Tür zu springen, um nach aufregenderem Zeitvertreib zu suchen.

Als Kind hielt der Mond einen Winterschlaf im Nadir seines Raumes und tauchte nur auf, um sich zwanghaften Freßanfällen hinzugeben. Obwohl äußerst emotional, drückte er seine Gefühle nur auf den Blättern der Poesie Neptuns oder durch Neptuns romantische Phantasien aus und äußerte selten seine Bedürfnisse. Dann, als der Mond größer wurde (etwa mit 12 Jahren) und sich mit den Menschen in seinem Leben sicher fühlte, riskierte er, seine Bedürfnisse auszusprechen — mit all der Unschuld und dem Charme (dank der Sonne in Waage), die er aufbringen konnte.

»Umarme mich,« sagt der Mond, als Neptun völlig in seinem Lieblings-Phantasieroman aufgeht. »Ich möchte ein paar Tomaten,« sagt der Mond zur Sonne in der Waage, die gerade versucht, eine Entscheidung darüber zu treffen, was sie mit diesem immer länger werdenden Kapitel tun soll. Dann wendet sich der Mond an Uranus, der sich gerade auf einen Klienten vorbereitet, und sagt: »Ich möchte dir erzählen, was ich heute gemacht habe.« »Du Klette! Du Heulsuse! Du kecke Göre!« kreischt Uranus, »Du verzärtelter Einfaltspinsel! Du wimmernder Stiefellecker! Du schniefender Blutsauger! Du rotznäsiger Grünschnabel! Du plärrender, winselnder, quäkender Dummkopf!« Wieder und wieder feuert Uranus mit seinem Schnellfeuergewehr auf den Mond im Widder, zutiefst erstaunt über dessen Fähigkeit, sich auch nach den niederschmetterndsten Schlägen wieder zu erheben.

Für gewöhnlich sucht der Mond Zuflucht in seinem Appartement, reist nur selten in die äußere Welt und fürchtet nichts so sehr wie den Umzugstag, der auf der Liste der Katastrophen und der vernichtenden Ereignisse (die Merkur in der Jungfrau führt) noch etwas über Tod und Scheidung liegt. Selten ärgerlich (dafür ist Mars im 12. Haus zuständig), springt der Mond aber durchaus schroff mit einer Serviererin um, die ihm ein Sandwich *mit* Mayonnaise bringt, nachdem er darauf bestanden hatte, daß sie auf die Bestellung mit Großbuchstaben «OHNE MAYO» schrieb. Normalerweise setzt er seine überschüssigen Energien frei, indem er ein neues Projekt beginnt oder Uranus zu einer Auseinandersetzung oder zur Flucht aus dem Haus provoziert, wo dieser sich nach aufregenden Dingen umsieht.

Die anderen T-Quadrat-Planeten wissen die Ernsthaftigkeit und Aufrichtigkeit des Widder-Mondes oft nicht zu würdigen und unterschätzen auch manchmal seine Macht. Da er genau am IC — in der Halbsumme von Mars/Pluto und Sonne/Neptun — wohnt, ist er oft ein Kanal, der aus den Tiefen der Psyche gespeist wird und alle Planeten des Horoskops mit grenzenloser Energie und Inspiration erfüllt.

Mondfinsternis

Auf und ab, hoch und niedrig, Aufstieg und Fall, Ebbe und Flut. Sonne und Mond schaukeln auf einer Wippe. Sonne hat für eine Minute, eine Stunde oder gar einen Tag die Kontrolle, die dann der Mond übernimmt, der zu einer so rasenden Geschwindigkeit antreibt, daß beiden von den Schwankungen schwindelig wird. Nach jedem Schaukeln sind beide desorientiert; sie taumeln umher wie Verrückte, ihnen ist schwindelig und sie sind so beschäftigt damit, ihren Wirklichkeitssinn wiederzugewinnen, daß sie sich von den Menschen um sie herum isoliert fühlen. Ab und zu feuert Uranus mit seiner Maschinenpistole auf den Drehpunkt der Schaukel, worauf diese von links nach rechts, von rechts nach links und auch auf und ab wirbelt. Dann sind Sonne und Mond für Monate und manchmal auf Jahre hinaus psychisch gestört und verwirrt.

Die bevorzugte Aktivität des Mondes ist das Schaukeln. Es ist die beste Art, die er kennt, um mit der Sonne auf gleiche Höhe zu kommen, die sich ihrerseits zwar nach Gleichgewicht sehnt, den Mond aber auf völlig uncharakteristische Weise beim Tagesbeginn vernichtet hat. An diesem Morgen hätte der Mond die Sonne überstrahlen können; dies eine Mal in 28 Tagen hätte er die Fülle erfahren können, die in der Befriedigung all seiner Wünsche liegt — aber die Sonne hat ihn in den Schatten gestellt. Nun ist der Mond mit kindischer Freude entschlossen, die Schaukel zu beherrschen, sie schneller und schneller anzutreiben, um das Gleichgewicht der Sonne zu stören.

Manchmal werfen die Bewegungen der Schaukel Sonne und Mond hoch in die Luft, wo sie sich für einen kurzen Augenblick treffen und gemeinsam den weiten Ausblick sehen, der sich unter ihnen erstreckt. Hier, in der Klarheit der äußersten Bereiche der Atmosphäre, erleuchtet der Mond die Sonne, die später die Vision und die Erkenntnis weitergibt, die sie beide erfahren haben. Hier erscheinen ihre früheren Konflikte so klein und unbedeutend. Aber Uranus feuert wieder auf sie, und sie stürzen ab.

Auf Erden sind Sonne und Mond selten einer Meinung, aber die Sonne ist so höflich, daß der Mond sich ziemlich nachdrücklich behaupten muß, um gehört zu werden.

»Laß uns gemeinsam etwas lesen und Musik hören,« schlägt die Sonne vor. Der Mond antwortet: »Ich will etwas ***tun.*** *« »Aber ich habe so wenig Energie,« seufzt die Sonne. »Ich bin sicher, wir könnten beide an einem ruhigen gemeinsamen Abend unsere Freude haben. Später kann uns Neptun Wein bringen.«* ***»ich möchte etwas unternehmen!«*** *fordert der Mond mit Nachdruck. »Du kannst das später tun,« sagt die Sonne, »nach dem Wein.« — »Du schaffst mich,« erklärt der Mond, »Ich möchte* ***jetzt*** *etwas unternehmen!!«*

Die Sonne versucht zu kooperieren, der Mond möchte seinen eigenen Weg gehen. Die Sonne strebt Objektivität an; der Mond kann über seine eigenen Bedürfnisse nicht hinaussehen. Die Sonne beurteilt eine Situation; der Mond handelt impulsiv. Die Sonne verlangt nach Frieden und Ausgeglichenheit, der Mond nach Aktivität und Aufregung. Zusätzlich zu all den typischen Widder/Waage-Konflikten sind Sonne und Mond auch deshalb uneinig, weil die Reiselust der Sonne und ihre Freude am Kennenlernen neuer Bereiche dem Mond bedrohlich erscheint. Er klammert sich an die häusliche Sicherheit und an Projekte, die — auch wenn sie oft neu sind — zumindest etwas Vertrautes und Tröstliches haben.

Den Konflikt zwischen Sonne und Mond kann man von den Unterschieden zwischen ihren Eltern ableiten. Ihr Vater — romanisch-jüdischer Abstammung — ist äußerst emotional, heftig, antreibend, gesellig (siehe Beispielhoroskop S. 146). Er ist 14 Jahre älter als ihre Mutter, eine schottische Kanadierin, eine Jungfrau/Steinbock-Frau, die beherrscht, selbständig und irgendwie einzelgängerisch ist. Daß die Sonne als Hauptstudienfach «Vergleichende Religionswissenschaften» wählte, wie auch die daraus folgende spirituelle Entwicklung, wurden durch ihre chaotische religiöse Erziehung beeinflußt. Zuerst besuchte sie mit einer Erzieherin die katholische Messe, dann die baptistische Sonntagsschule mit einem Freund, dann den Tempel (weil der Vater darauf bestand), dann die Presbyterianische Kirche (weil die Mutter es verlangte) und schließlich, nachdem sie eines Tages im Wohnzimmer das Kirchenlied «Jesus liebt mich» gesungen hatte, wieder für fünf Jahre den Tempel. Als Folge davon fühlte sich der Mond sowohl in christlicher als auch in jüdischer Umgebung unsicher und ist jetzt davon überzeugt, daß er nirgends anders hingehört als in sein Heim am IC; da wendet er sich nach innen und entwickelt seine eigene, persönliche Religion, die ein wenig vom spirituellen Streben der Sonne beeinflußt ist.

Sonne und Mond wurden nur einige Stunden nach Vollmond geboren. In ihren besten Zeiten erfahren sie «ein Leben, das damit verbracht wird, der Spur einer Vision zu folgen». Die Höhen über der Schaukel erwecken das Bewußtsein zu einer Klarheit, in der alle Kämpfe der T-Quadrat-Familie und die Ausblicke auf die Welt, in der sie leben, so lebendig und deutlich sind wie Bäume nach einem Regen.

Als sie Kinder waren, machte sie Neptun mit den Offenbarungen der Natur und der Poesie bekannt. Gegen Ende der Pubertät wurden die drei von einem stationären Uranus bombardiert, wodurch sie Trance-Zustände erlebten und Diagramme des Universums empfingen, die sie in keine verständliche Sprache übersetzen konnten. Wie kämpften sie da in der Isolation, um ihre Verbindung mit der Realität aufrechtzuerhalten! Nun, als Erwachsene, versuchen sie ihre Erleuchtungen zu verstecken und ihre weitgespannte Vision in Worten mitzuteilen, die tief, poetisch und persönlich sind.

Gerade jetzt, auf der Spitze der Vollmond-Progression, während sie dieses Kapitel schreiben, betrachten sie sich staunend voller Scheu und Verwunderung. Alles ist leuchtend. Alles ist grenzenlos. Alles, was sie sind, alles, was sie sehen, ist mit Sinn erfüllt.

Neptun

Mit der Sonne in der Waage, seinem weiblichen Gefährten, teilt Neptun in der Waage (10. Haus) die Ehre, der «erhabene» Planet in meinem Horoskop zu sein. Neptun ist ein Poet. Er ist auch ein Mystiker. Scheu und schwer faßbar webt er an einem Gobelin aus Zaubersprüchen über dem MC. In Nebel eingehüllt, wenn niemand ihn sehen kann, singt er seine Melodien und tanzt seine Pirouetten über dem Firmament. Neptun ist in den Höhen zu Hause; er spricht mit den Engeln und übersetzt ihre himmlische Musik in seine eigenen ätherischen Harmonien.

Als Neptun ein Kind war und mit einer Fische-Familie im 3. Haus lebte, inspirierte ihn der aufsteigende Mondknoten dazu, zahllose Gedichte zu schreiben. Er hat kaum geschlafen, denn jedes Gedicht rief eine Trance hervor, die bis zur Morgendämmerung anhielt. Mit starren Augen und oft zu Tränen gerührt über seine Visionen und Offenbarungen, rief Neptun seine Muse an, um Gedichte über sein romantisches und mystisches Sehnen zu verfasen, oder um sich den Schmerz von der Seele zu schreiben, daß er keine Gefährten hatte, die die Mysterien seiner Seele verstanden.

In den frühen Jahren des Heranwachsens, als ein Jupiter-Transit das 3. Haus durchquerte und die progressive Sonne sich einer Konjunktion näherte, schrieb Neptun mindestens ein Gedicht pro Nacht. In *»Stardust» (Sternennebel)* versuchte er, sich mit dem Mond im Widder zu einigen. In *»Beauty of the Dawn« (Schönheit der Morgendämmerung)* enthüllte er seine sich vertiefende Freundschaft zur Sonne.

Wäre Neptun nur nicht am Mittagspunkt (MC) geboren! Empfindlich gegenüber dem Tageslicht, scheint er nicht fähig zu sein, die grellen Mittagsstrahlen zu meiden. Illustrierte und Zeitungen machten ihn ausfindig; Literaturklubs verliehen ihm Auszeichnungen und forderten ihn auf, in großen menschenerfüllten Auditorien zu lesen. Neptun, der die Stille dem Applaus vorzieht, war zu empfindlich für diese Menschenmengen; er nahm ihre Leiden, ihre Ängste, ihre Freuden in sich auf und zitterte, den Tränen nahe. Die Energie von Mond und Uranus war alles, womit er umgehen konnte. Auch die Lehrer lobten ihren vorbildlichen Schüler, dessen Inspiration sich noch auf die irdischsten Themen ausdehnte. Doch dieses Lob bedeutete nur, daß Neptun auch noch gegen das Unverständnis seitens der Mitschüler ankämpfen mußte.

Als der progressive Uranus stationär wurde, rief das eine derartige Krise hervor, daß Neptun darauf verzichtete, seine Poesie in den Dienst der planetarischen Familie zu stellen. Als der Transit-Neptun in das 12. Haus eintrat, versickerten die Fluten der Kreativität im Untergrund, von wo sie nur bei seltenen Gelegenheiten wieder emporstiegen; die leichten Strömungen von Spiritualität und Mitleid führten zu einem Wiedererwachen von Neptuns Idealismus. Neptun erhob sich dann aus dem 3. Haus und ließ sich mehr im 10. Haus nieder.

Mit einer Klarheit der Vision, die sogar Uranus erstaunt, hat Neptun immer seine Sendung im Leben verstanden; die Form hat sich gewandelt, aber die Botschaft verändert sich nie. Als er sechs war und zum ersten Mal seine Muse anrief, wußte er, daß es seine Bestimmung war, zu schreiben. Mit acht beschloß er, daß es seine Aufgabe war, anderen Menschen beim Anzapfen ihrer eigenen Inspirationsquellen zu helfen. Erleuchtet durch die himmlischen Bereiche, in denen er residiert, bleibt Neptun seiner Vision treu, obwohl er die materiellen Bedürfnisse der anderen Planeten vernachlässigt und sich in einem Nebel der Verwirrung verliert, wenn es um die Realitäten der äußeren Welt geht. Neptun hat ein Geschenk — und er hat sein Leben dem Weitergeben dieses Geschenkes gewidmet. Er hat einen Hauch von einem Märtyrer an sich, weil er so wenig für sich verlangt, aber er absorbiert vom Mond im Widder die Fähigkeit, das anzustreben, was er haben will — und Neptun wünscht sich Zeit und Raum und Stille und Einsamkeit, um weiterhin singen zu können.

Neptunische Gedichte

Gedichte von Tracy Marks aus ihrer Gedichtsammlung »*And Still the Birds Sing*« *(Und noch immer singen die Vögel)*, aus ihrer High-school-Zeit.

STERNENNEBEL (1963)

In scheuer Betrachtung der schimmernden Sterne,
allein in einem Zauberland,
strecke ich meine Arme aus, nach dem subtilen Wunder der Nacht,
und ein bißchen Staub von den Sternen fällt in meine Hand.

Ein Schauer durchlief mich, und ich war von Staunen erfüllt,
ein bißchen Sternenstaub könnte mich so reich machen,
ich kaufte Freude und Vergnügen, Liebe und Lachen —
Zufriedenheit, aber alles für mich.

Letzte Nacht stand ich unter diesem silbrigen Himmel,
und die zahllosen Sterne schienen noch immer.
Aber als ich die Hand ausstreckte,
um noch mehr Sternenstaub zu fangen,
bemerkte ich, daß er verschwunden war.

SCHÖNHEIT DER MORGENDÄMMERUNG (1963)

Wenn die Dämmerung erwacht
aus ihrem langen Schlaf,
verzaubert uns ihr verschwommener Glanz,
bis die Schönheit hüfthoch ist.

Wenn die Sonne ihr Licht anmacht,
am Beginn eines neuen Tages,
erleben wir ein Wunder,
und die Schönheit hat das Wort.

Vom Himmelszelt am frühen Morgen,
silbrig blau, rosa und gold,
werden wir die Quellen der Schönheit in unserem Herzen finden,
um sie für immer zu behalten.

Mit Farben, den Farben des Regenbogens,
noch mehr mit ihrem Glanz, der über den Himmel flog,
werden wir die Schönheit malen,
wir werden unsere Leinwand mit der Welt teilen.

Uranus

Peng! Schwirr! Krach! Boing! Bum! Uranus im Krebs (7. Haus) ist heute besonders ekelig. Er schleudert die Seiten dieses Kapitels durch den Raum und lehnt jede Zusammenarbeit ab. »Du wirst mich nicht zwischen irgendwelchen Buchdeckeln einfangen!« brüllt er. Er wirft einen wilden Blick auf den Buch-Plan und entdeckt den begrenzten Raum, der ihm zugeteilt wurde. »Mensch, du hast mir ja nur ein paar Seiten übriggelassen!« protestiert er. »Ich brauche meine Freiheit! Du wirst mir keine Grenzen setzen, niemals!«

Er? Ja, Uranus ist ein «er». Er wechselt allerdings sein Geschlecht; jetzt besteht er darauf, daß Uranus, der vor ein paar Seiten auftauchte (der rückläufige Uranus), seine Schwester ist, die in der Progression auf die T-Quadrat-Familie Einfluß gewann. »Wage es bloß nicht, mich als weiblich zu bezeichnen!« droht Uranus. »Ich bin ein Mann.« Er stolziert durch den Raum und wirft sich in die Brust, unter Zurschaustellung gespielter Tapferkeit. »Ich bin zäh. Ich bin stark. Ich bin frei. Ich bin mein eigener Herr!... Frauen,« er lacht schallend, »Frauen sind ***weich!*** *« Um diesen Punkt noch zu betonen, greift er zu seinem Schnellfeuergewehr und schießt sechs Treffer genau in die Mitte der Steckdose. Die Funken fliegen in alle Richtungen.*

So, wie er mit der Sonne, dem Mond und Neptun zusammenlebt, hat Uranus sicher recht mit seiner Meinung. Die Sonne in der Waage heult los, wenn die Leute ihr ***nicht*** *zulächeln; Neptun weint seine Gedichte aufs Papier, wenn ihm jemand zulächelt; der Mond im Widder jammert jedes Mal, wenn er nicht machen kann, was er will. »Alles Gefühlsduselei!« Uranus schnaubt verächtlich. »Diese anderen Planeten — nichts als blöder, labberiger, weichlicher, tränentriefender Gefühlsbrei!!«*

»Uranus,« sage ich zu ihm und appelliere an seine Krebs-Vorliebe für exotisches Essen (welches der Mond natürlich nicht verdauen kann), »Uranus, stell' dir vor, wir bereiten ein Feinschmecker-Mahl zu, das aus drei Delikatessen besteht. Nennen wir sie Sonne, Mond und Neptun. Nun setzen wir sie einem elektrischen Rührwerk aus und lassen sie dort tagelang herumwirbeln. Was wird dann aus unseren drei Köstlichkeiten?

»Mus!« grinst Uranus und sprüht wie die Steckdose. Seine Augen glühen. Er schwirrt durchs Zimmer, auf der Suche nach einer neuen Zielscheibe.

»Uranus,« frage ich ihn, »was denkst du, wer ist dieses elektrische Rührwerk? Wer ist deiner Meinung nach für den Matsch verantwortlich?«

Uranus feuert auf mich. Seine Augen schießen von links nach rechts, als er versucht, aus der Ecke auszubrechen, in die ich ihn gedrängt habe. Er tritt von einem Bein auf das andere. Er prahlt. »Mensch,« sagt er zu mir, »ich versuche doch nur, ihren Charakter zu formen... Diese drei, sie haben doch überhaupt keine Widerstandskraft. Man muß einfach widerstandsfähig sein, um in dieser Welt zurechtzukommen, diesem Höllenschlund,« sprudelt es aus ihm hervor, »du kannst dich nicht aus allem 'raushalten, Mensch. Du traust keinem. Du kommst keinem nahe. Alles, was du dann hast, bist du, und wenn du das nicht schützt, dann wirst du Matsch, wie die hier!«

»Mich ham' sie beschossen,« fährt Uranus fort, »ich laß kein' mehr auf mich schießen. Du kriegst oft genug ein' vor'n Latz geknallt, Mensch — du mußt lernen, diese Kugeln zurückzufeuern... Neptun, Mond, Sonne,« er schneidet eine Grimasse, »die können noch 'ne Menge von mir lernen.«

»Uranus,« ich starre ihn mit offenem Mund an, überrascht darüber, welcher Charakter da aus meinem 7. Haus herausgetreten war. Nie hätte ich gedacht, das ***der*** *in mir lebt, aber er weist eine unangenehme Ähnlichkeit mit bestimmten Männern auf, die in meiner Vergangenheit Schlüsselpositionen innehatten. »Uranus,« sage ich, »vielleicht packst du es nicht auf die richtige Weise an. Vielleicht ist das, was du brauchst — und was vielleicht auch die anderen brauchen — ein bißchen Liebe?«*

»L-i-e-b-e,« stottert Uranus und wirft mir einen argwöhnischen Blick zu, während er zu verstehen versucht, welchen Trick ich mit ihm spiele. ***»Liebe?«*** *spottet er. »Pah! Liebe ist* ***schwächlich*** *und* ***weich****. Die brauchen keine Liebe. Ich brauch' keine Liebe. Gib mir nur meine Freiheit, Mensch, und ich bring' dir die Glocken zum Läuten — und das sind nicht die Hochzeitsglocken in der Kirche, Mensch, das sag' ich dir!« Aber seine Stimme ist zittrig und schwankend. Sie wird zu hoch und sinkt zu tief ab. Uranus ist verlegen und beunruhigt. »Liebe,« bricht es aus ihm heraus, »was soll denn das überhaupt sein, na?«*

Uranus ist ein Akrobat. Er balanciert auf der feinen, dünnen Grenze zwischen Genie und Wahnsinn. Ungeachtet dessen, daß er zu Brei werden könnte, wenn er von dem gespannten Seil abrutschte, führt er Salti und Radschlagen vor und bringt Sonne und Neptun in der Waage mit seinen verschiedenen Verrenkungen in großer Höhe zum Staunen. Wenn sie beim Versuch, ihr Gleichgewicht zu halten, zögernd einen Schritt auf seinem Weg machen, stößt er sie einfach in den Abgrund hinunter und setzt seine Freiübungen fort. Uranus glaubt nicht, daß er jemanden braucht, was natürlich bedeutet, daß er oft alleine mit den Verwicklungen seiner Seele fertigwerden muß.

Als Uranus ein Kind war, hatte er die Überzeugung, ein Fremder aus einer weit entfernten Galaxie zu sein. Jahrelang hatte er Angst vor Blut (Mars im 12. Haus), weil er sich fürchtete, daß Ärzte bei einer Untersuchung seine fremdartige chemische Zusammensetzung entdecken könnten. Auch seine Eltern waren Fremde — nach Ansicht von Uranus kamen sie aus einem feindlichen Universum. Seine eigene T-Quadrat-Familie wußte nicht, wie sie mit diesem Abtrünnigen in ihrer Mitte fertigwerden sollte. Später bestätigte Uranus seine Überzeugung, indem er im heliozentrischen Horoskop seiner Familie ein T-Quadrat zur Erde feststellte — eine Entdeckung, die beim Mond Lachkrämpfe hervorrief.

Weil Uranus zur Anpassung unfähig war, begann er allmählich, auf seine Einzigartigkeit stolz zu sein. Entschlossen, ein Leben abseits der großen Menge zu führen, entschied er sich, so andersartig wie nur möglich zu sein. Uranus verstand es meisterhaft, genau das Gegenteil von dem zu tun, was von ihm erwartet wurde. Seit sein Vater sich mit der Einflußnahme auf das Leben seiner Kinder beschäftigte (siehe S. 146, das T-Quadrat des Uranus im 5. Haus zu Mond im Stier und Mars im Widder im 8. Haus), hatte Uranus viele Gelegenheiten zur Rebellion. Nach einiger Zeit verweigerte er sich bei so vielen Dingen, daß keine Wahlmöglichkeiten mehr verblieben, und seine Lebensbereiche so eng wurden, daß er, der Freiheit forderte, sich kaum bewegen konnte. Da war der progressive Uranus stationär.

Die Krise, die Uranus erlebte, zerrüttete die T-Quadrat-Familie für einige Jahre. Neptun, unfähig, Gedichte zu schreiben, wurde das Opfer von Halluzinationen; Mond, der sich unterernährt fühlte, aß zehn Mahlzeiten pro Tag; Sonne in der Waage, unfähig, bedeutungsvolle Beziehungen zur Außenwelt zu knüpfen, arbeitete mit den anderen Planeten zusammen und konzentrierte sich — irgendwie zwanghaft — auf ihre religiösen Studien, indem sie versuchte, den Glauben und das Verständnis zu entwickeln, die für ein Überstehen der Krise erforderlich waren. Uranus, der es ablehnte, auf andere angewiesen zu sein, wurde dann gerade noch rechtzeitig von seiner Schwester, der rückläufigen Uranus, gerettet.

Uranus/r (Uranus/r — der rückläufige Uranus) flitzte in die Welt unmittelbar aus einer Encounter-Gruppe, und eine Schleppe von astrologischen Symbolen flatterte hinter ihr her. Sie hatte ihr eigenes System zum Verstehen der Vielschichtigkeit der Seele entwickelt und teilte es Uranus mit, als er ein Kind war (Merkur in der Jungfrau übertrug es in ein Notizbuch). So konnte er sich auf die Archetypen beziehen, die sie ihn nun lehrte. Uranus/r führte den anderen Uranus erst auf dem Pfad der Humanistischen Psychologie empor und dann den Pfad der Astrologie hinunter, brachte ihn schließlich wieder dahin zurück, wo er stand und sagte:
»Nimm alles, was ich dich gelehrt habe und laß es dein Führer sein. Nun aber markiere deinen eigenen Weg. Kennzeichne einen Weg, der zu den Menschen führt und nicht abseits der anderen verläuft. Entdecke die universellen Bereiche, die Wahrheit, die in dir liegt. Du bist deine eigene Befreiung.«

T-QUADRAT ZUM URANUS
ENTFREMDUNG

Kindheits-Gedichte von Tracy Marks, aus der Sammlung mit dem Titel »Und immer noch singen die Vögel«.

DIE ENTSCHEIDUNG (1963)

Oh, ich kann gesellig sein
und aus meinem Leben ein Spiel machen,
kann mein inneres Selbst
verkommen lassen.

Oder ich kann ich selbst sein,
allein — aber frei,
und jeden Tag
voll erfahren.

Was ist am besten?
Ich habe die Wahl,
ich kann mich für das eine
oder für das andere entscheiden.

Aber es ist wirklich schwer,
die zu sein, die ich bin,
beides auf eine Weise,
doch keines ganz.

UNSCHULD (1964)

Sie beschimpften mich,
und ich lachte ihnen ins Gesicht.
Ich sagte, sie hätten nicht recht,
aber ich gehörte nicht zu ihnen,
so lachten sie mich aus.

Sie nannten mich Freak, eine Spießerin,
eine Ausgestoßene, anders, als alle anderen.
Aber, wie könnte ich anders sein
als mein wahres Ich,
anders als das, was ich immer war.

Jeden Tag war ich mitten unter ihnen,
aber ich gehörte nicht dazu.
Niemals entging ich ihren starren Blicken,
bis ich mich auf den Heimweg machte,
allein — ganz allein
mit meinen Tränen.

SONNETT (1968)

Bedau're mich nicht, ich lebe mein Leben
und gebe mein Bestes in allem, was ich tu';
wenn ich Einsamkeit und Streit erfahre,
lerne ich daraus mehr, als von dir.

Spotte nicht über mich, denn ich folge
meiner Überzeugung —
mag sie falsch oder richtig sein.
Wir sind nicht dieselben, kannst du nicht verstehen,
daß es mich nicht kümmert, ob ich dazugehöre?

Ich weiß, mein Charakter wird sich verbessern,
aber wie und wann, das ist meine Sache.
Wenn du glaubst, mir zu helfen, dann mußt
du noch eine ganze Menge über mich lernen.

Warum erwartest du, daß ich mich anpasse?
Ich betone, daß ich **ich selbst** *bin —*
nicht mehr, und nicht weniger.

URANUS, DER BEFREIER

von Tracy Marks

Uranus —
du zerstörst und zertrümmerst
alles, was ich weiß.
Du schleuderst mich erbarmungslos
von Universum zu Universum.

Ich tanze auf elektrischen Teilchen.
Mein Pulsschlag erbebt
von deinem Wechselstrom.
Du ziehst mich an wie ein Magnet.

Ich wehre mich
gegen die elektrostatische Aufladung
deiner Umarmung
und wende mich von dir ab.
Doch mein anderer Pol
zieht dich wieder an.

Uranus —
ich zittere bei deiner Berührung.
Du durchfährst mich,
rasend, wie der Blitz.

Deine Unruhe — dein Vibrieren — dein Antrieb,
deine Anregungen — deine Ablenkungen,
deine Veränderungen — deine Abneigungen,
deine Schwankungen — deine Wechsel — deine Explosionen,
dein Dramatisieren — dein Experimentieren,
deine Neuerungen — deine Befreiungen,
deine Verwandlungen,

lassen mich bebend — gebrochen,
erwachend zurück, Uranus.

Uranus/r schoß mit *ihrem* Schnellfeuergewehr. Uranus war geblendet von dem Licht, das plötzlich um ihn hervorbrach. Es betäubte ihn nicht, wie es sein eigenes Schellfeuergewehr manchmal mit Sonne, Mond und Neptun tat. Ganz im Gegenteil, es machte ihn wach.

Uranus blickte nach innen und blickte nach draußen. Er erlebte die Bande, die ihn mit der Menschheit verknüpften, die wechselseitige Abhängigkeit, die eine Unabhängigkeit tatsächlich erst ermöglichte. Er erfuhr die Gesetze seines eigenen Seins und befolgte sie, da er nicht länger rebellieren mußte, um seine Identität aufrechtzuerhalten. Eine Spur von Rebellion blieb jedoch, denn Uranus empörte sich jetzt gegen seine Kindheit und lehnte sich gegen die Klaustrophobie der stationären Periode auf, während der er kaum atmen konnte. Uranus rebellierte mit der Ankündigung, welch ein bewußtes, hochentwickeltes, empfindsames und fähiges Wesen er — allen Hindernissen auf seinem selbstgewählten Weg zum Trotz — werden würde.

»Ich werde keine so traurige Figur mehr abgeben!« protestiert Uranus und starrt zu Neptun empor, der von seinen stürmischen Höhen aus Gedichte an Heathcliffe schreibt.

»Ich kann mich nicht außerhalb der Welt stellen und fluchen, weil ich nicht dazugehöre!« erklärt er dem Mond, der sich wieder einmal auf sein IC zurückgezogen hat.

Er wendet sich der Sonne zu. »Ich werde nicht mehr meine Maschinenpistole auf Menschen abfeuern und sie schocken oder betäuben. Nein, Mensch, das ist nicht der Weg,« er schüttelt seinen Kopf, »ich werde sie mit ***Licht*** *beschießen!«*

»Ich bin zäh. Ich bin stark. Ich bin frei. Ich bin mein eigener Herr!« versichert Uranus. »Und ich werde mit Sonne, Mond und Neptun in diesem Brei schwimmen, denn ich weiß jetzt, daß man verdammt viel mehr Stärke und Schneid braucht, in diesem Brei zu schwimmen und wieder ganz herauszukommen, als für einige Salti auf dem Drahtseil, während Sonne, Mond und Neptun ertrinken!«

»Ich werd' denen helfen,« sagt er zu mir, »ich werd' denen helfen beim Schwimmenlernen, weil — die sind meine Familie und meine Freunde, und, Mensch, du mußt Feunde haben, weil ohne die, Mann, was soll'n das sonst alles überhaupt... ?«

Uranus, Uranus. Du läßt elektrische Wellen meine Wirbelsäule hinunterjagen. Wie du alles veränderst! Wie du mich verwandelst!

Manchmal schleuderst du mich so erbarmungslos herum, daß die Elektronen meiner Psyche wie Autoscooter aneinanderknallen und mich die Funken versengen. Wie Dädalus, wie Ikarus willst du zu hoch hinaus. Du öffnest den Zugang zu meinem 9. Haus. Du leitest die Stromstöße deiner Quintile und elektrifizierst mein Bewußtsein. Du stiehlst den Triumphwagen der Sonne und schwebst damit über den Himmel; du gleitest auf den Flügeln Neptuns. Elektrizität war nicht zum Fliegen bestimmt, Uranus. Sie ist Feuer in solchen Höhen. Wir werden versengt, wir brennen. Unsere Flügel schmelzen; unser Triumphwagen kommt von seinem Kurs ab und stürzt hinab in den matschigen Brei, in die wilden Wasser des Krebses. Warum, Uranus, warum?

»Ich nehm' jede Erfahrung voll mit,« erklärt Uranus, »keiner soll sagen können, ich hätt' nicht gelebt!«

Du lebst — du lebst. Ein überlegener Geist, ein Alleskönner, der manchmal Genialität aufblitzen läßt. Aber diese Blitze wirken sich auf mein Leben verheerend aus, Uranus. Du zerbrichtst mich. Du zertrümmerst mein 7. und mein 2. Haus. Du versengst meine Tagesordnung. Klienten, Studenten, Freunde — du stößt sie zur Seite, um deine elektrischen Funken durch mich hindurchzuschießen. Ich werde dann ein Elektromagnet, wie du, Uranus. Ich ziehe an; ich stoße ab. Ich stoße ab; ich ziehe an. Jene, die sich zu mir hingezogen fühlen, reagieren auf deinen Magnetismus; ich konnte nicht feststellen, daß sie den gleichen Magnetismus an sich hatten. Du ziehst dramatische, zersetzende Menschen in mein Leben, Uranus. Und dann schiebst du sie alle weg.

Vielleicht habe ich mich nicht voll und ganz zu dir bekannt. Vielleicht habe ich dir nicht meinen Namen gegeben. Ich brauche keine zerstörerischen Menschen in meinem Leben, Uranus. Mein Mond schreit nach mehr; Venus und Saturn klopfen an die Tür meiner Seele und sagen:

»Genug, genug. Nun ist es Zeit, daß du es lernst, deine Grenzen zu finden. Auch ich bringe Freiheit.«

Beziehungen

Uranus weiß wirklich nicht, was er von Venus/Saturn halten soll, Venus/Saturn, die so sicherheitsorientiert sind, die Abenteuer für eine Nacht, verheiratete Männer und offene Beziehungen meiden, die nach Männern verlangen, die sie respektieren können, Männer, die ihr Leben einem höheren Ziel weihen, die loyal, bindungsfähig und vor allem verläßlich sind (für gewöhnlich «doppelte» Steinböcke). Uranus, der nicht gewillt ist, so etwas Langweiliges hinzunehmen, wartet, bis Venus/Saturn in ihre Arbeit vertieft sind, läßt seine elektromagnetischen Strahlen aufblitzen und bringt dann den exotischsten, unkonventionellsten und exzentrischsten Steinbock-Mann oder Saturnier nach Hause, der jemals den Planeten Erde besucht hat — Teufel, die unter einer seriösen und gefestigten Haltung lauern! Und Venus/Saturn fallen darauf rein! Arme Venus/Saturn! Sie wissen nie, was vorgeht, bevor es zu spät ist; dann ziehen sie sich wieder Tag und Nacht in ihre Arbeit zurück, um die Qual des Verlustes auszulöschen. Wenn sie nicht gerade zusammen an einem Buch arbeiten, ignorieren Venus/Saturn und Uranus für gewöhnlich einander, weil sie nur durch ein Sextil verbunden sind. Aber wenn dieses Sextil ausgelöst wird, wie lang auch immer, kann keine Planetenkombination und kein Aspekt den Freuden dieses Zaubers gleichkommen.

Die Geschichte meiner persönlichen Beziehungen zwischen meinem 20. und 30. Lebensjahr [9] die einhergingen mit einem rückläufig-stationären Uranus, könnte den Titel «Die Saga von den doppelten Steinböcken» oder «Enge Begegnungen mit dem 10. Zeichen» tragen. Ich sollte beim Bergsteigen vorsichtig sein, sage ich mir, denn statt Bergziegen entdecke ich fremdartige Wesen, die auf diesen Gipfeln lauern — uranische Seelen, die in den Körpern von Steinböcken gefangen sind. Wie finde ich sie bloß alle? frage ich mich — diese doppelten Steinböcke oder die Männer mit Sonne, Mond oder Aszendent im Steinbock und einem markanten Saturn oder einem herausragenden 10. Haus? Sind alle Steinbock-Männer so bizarr wie jene, die ich kenne?

Du ließest ein so blendendes Licht aufleuchten, Uranus/r. Wie fest, wie sicher schienen diese Männer! Wie gut sie ihre Eigenheiten versteckt haben! Mit Planeten im Trigon zum Mond und der zarten, sanften Berührung der Fische im Trigon zu Uranus haben sie Neptun zur Dichtung inspiriert. Aber warum der Steinbock, Uranus? (Und warum Uranus, Steinbock?)

Bevor ich mich den Steinböcken widmete bzw. dem als Steinbock verkleideten Uranus, beherrschte das Uranus/Mond-Quadrat mein Horoskop. Schließlich wurde mein Mond von einer Reihe von Gouvernanten großgezogen. Verließ ihn die eine, kam die nächste, nur um ebenfalls in einigen Monaten unversehens zu verschwinden. Die Mutter war ständig krank, lag im Spital, genas von einer Operation, schleppte sich am Rande des Todes dahin. Ihr Pluto auf 9 Grad Krebs bildet eine Konjunktion zu Uranus und ein Quadrat zum Mond, welcher von Neptuns Tränen so überflutet war, daß jeder Ausdruck eines Gefühls ihn auf einer Flutwelle hinwegspülte. Es war leichter, überhaupt keinen Kontakt zu suchen.

Der Mond hat sich gefragt, wie er nach all dem überhaupt noch Frauen nahekommen konnte. Es gab Jahre voll zerbrochener Freundschaften, doch nachdem Uranus/r den Mond mit Licht beschossen hatte, zog dieser Wasserzeichen an, weibliche Fische und Skorpione im Trigon zu Uranus, mit Planeten und Achsen in Konjunktion zum Mond. Aber zuerst mußte der Mond im

Widder überall neu anfangen — eine Familie verlassen, seine planetarische Familie entdecken, neue Freunde, ein neues Heim und sogar einen neuen Namen finden. Der Mond hat jetzt kaum noch Probleme mit Frauen — Uranus zieht es nun vor, sich auf Männerbeziehungen verheerend auszuwirken.

Der wichtigste von allen war ein doppelter Steinbock/Jungfrau-Mann, dessen Sonne und Aszendent in Opposition zu Uranus standen und dessen Mond an der Spitze seines eigenen T-Quadrats eine Konjunktion mit meiner Venus/Saturn-Kombination bildete. Mit ihm fühlte sich mein Mond von den nährenden Wassern der Liebe umspült und begann seinerseits zu lernen, wie er selbst nährend werden konnte. Er und Uranus arbeiteten drei Jahre lang zusammen, nachdem sie in einem Solar am Deszendenten in Konjunktion standen. Zum Schluß war es nicht Uranus, der über den Mond triumphierte, sondern zwei Finsternisse, die unsere beiden T-Quadrate auslösten.

»Und überhaupt, was soll das alles bedeuten?« fragt die Sonne Uranus. »Diese doppelten Steinböcke, der leere Steinbock im 1. Haus? Wir möchten die Beziehungen verstehen, die du uns bringst.«

»He, Mensch, stürz' dich nicht gleich so auf mich,« antwortet Uranus. »Da ist noch eine Katastrophe, mit der wir klarkommen müssen. Die kannst du nicht vermeiden.« Er richtet sein Schellfeuergewehr genau zwischen die Augen der Sonne und schleudert sie dann auf den Boden. »Licht gibt's nicht mehr umsonst,« erklärt Uranus. »Strom ist nicht billig. Wenn wir von jetzt an mit Licht beschossen werden, müssen wir dafür ***bezahlen****, Mensch!«*

Uranus und Mond im Quadrat

»Jetzt kommt das Letzte Gericht!« schreit Mond im Widder, der im Fieber-Delirium ist. Er kreischt wieder los: »Das ist das Ende unserer Welt!«

Feuersbrünste, Überschwemmungen, Erdbeben, Blitze, Windböen, Kometen ziehen ihre Bahn durch das Sonnensystem, speien Feuer über den Himmel, wenden sich gegen den Mond. Er krümmt sich, er schlägt um sich. Neptun weint strahlende Wolken von seiner Höhe, die Erde schwankt auf ihrer Achse hin und her. Sonne in der Waage, nun aus dem Gleichgewicht, verliert das Bewußtsein.

»Uranus!« kreische ich, »hör auf! Hör' sofort auf, unsere Familie umzubringen!«

»Ich bin's nicht,« murrt Uranus, »ich bin's überhaupt nicht. Diesmal ist es Uranus/r.«

Wir haben eine Krankheit, eine, die schwer zu heilen ist. Neptun zögert, sich an so heiklen Angelegenheiten zu beteiligen, aber es ist ganz offensichtlich eine Manifestation unseres T-Quadrats, so daß wir uns über seine Skrupel hinwegsetzen müssen. Oft schütteln unerwartete Krämpfe unseren Körper — Kontraktionen, die, wie man uns sagte, bis zu zehnmal stärker sind und bis zu zehnmal länger dauern als Geburtswehen. Wir wissen nie, wie viele Vorhaben, Unterrichtsstunden und Beratungen abgesagt werden müssen, wie viele Stunden wir, wenn es uns wieder besser geht, brauchen, um die verlorene Zeit wieder wettzumachen. Das alles begann, nachdem Uranus rückläufig wurde. Wir versuchen alle Heilmethoden, aber sie sind nutzlos, und wir ziehen uns in die Passivität der Neptun/Mond-Opposition zurück. Wie oft sehen wir voll Schrecken statt mit Ehrfurcht den Stromstößen entgegen, die durch unseren Körper jagen und ihn auseinanderreißen. Wie oft müssen wir unseren Lebenswillen wieder erneuern.

Das ist kein Ganz-werden. Das ist keine Erleuchtung. Das ist nicht der Preis, den wir für Erleuchtung zahlen.

Die Planeten stöhnen und klagen, wie Wesen aus dem Buch Hiob, nach jedem Zusammenbruch und flehen Uranus/r an:

»Du bist ja wirklich ein teuflischer Lichtträger!« brüllt Uranus und seine Augen sprühen Funken vor Wut. »Wir lassen uns deinen faulen Zauber nicht gefallen!« Uranus/r antwortet nicht.

»Du hast uns betrogen, Uranus/r,« schluchzt Neptun. Uranus/r antwortet nicht.

»Ich bin gut gewesen! Ich bin gut gewesen!« jammert der Mond im Widder. »Ich war nicht böse! Geh' weg, oh geh' doch weg, du Uranus/r!« Der antwortet nicht.

»Sag' uns warum, wir möchten es verstehen!« fleht die Sonne aus ihrem 9. Haus. Uranus/r antwortet nicht.

Uranus feuert in die Luft, wo Uranus/r gerade stand, und beschießt sie mit Licht. Seine Augen funkeln vor Zorn. »Die wird uns nicht helfen,« erklärt Uranus, »wir müssen selber damit klarkommen.« Uranus beginnt, sich durch das Problem durchzuarbeiten. Er überlegt angestrengt, er setzt sich lange damit auseinander, in seinem Gehirn gibt es einen Kurzschluß, und Flammen wüten rund um die T-Quadrat-Familie. Uranus blickt um sich. Er sieht schwelendes Feuer auf der Erde, die Verwüstungen seiner Elektrizität.

»Vielleicht kommt das, weil ich nicht geerdet bin,« sagt er. »Vielleicht, weil wir keinen Steinbock in unserem 1. Haus haben.«

Auszüge aus VORÜBERZIEHENDE WOLKEN von Tracy Marks

Während ich die Bruchstücke von Licht beobachte, wie sie auftauchen und verschwinden, wenn Wolken die Sonne verdecken, beginne ich die Lehre des Wartens zu verstehen. Vorüberziehende Wolken sind außerhalb meiner Kontrolle, ich kann nur reagieren, empfänglich sein. Wie die Wolken, so ziehen die vielen Teile meines Selbstes über mich hinweg, im endlosen Wechsel — Schriftstellerin, Stern, Märchenprinzessin, Mauerblümchen, Einzelgänger, sinnliche Frau, bedürftiges Kind, kreativer Denker, loyale Freundin, liebende Frau. So wie jede Wolke ein integrierter Bestandteil des Himmels ist, stellt jedes Selbst einen integrierten Teil meines Wesens dar. Jedes einzelne Selbst zieht über mich hinweg und macht dann wieder einem anderen Platz, solange ich mich nicht daran klammere, weil ich es mehr schätze als die anderen Teile, und solange ich es nicht bekämpfe, weil ich die Eigenschaften ablehne, die es verkörpert.

Wer bin ich denn nun? — Ich bin die Eine, die vorüberziehenden Wolken beobachtend. ...

... Ich gehörte nicht zu der Gruppe in der Pickney Avenue. Ein Jahr lang lebte ich bei ihnen, und doch verließ ich den Abendbrottisch früh und las in meinem Zimmer, wenn sie unten Parties feierten. Was ist nur los mit mir? fragte ich mich zähneknirschend. Warum muß ich mich fernhalten? Warum kann ich ihre Gesellschaft nicht genießen? Warum bin ich das schwarze Schaf, der einsame Adler, der Schmetterling mit einem Flügel?

Jetzt, drei Jahre später, schaue ich ungläubig auf den Schmerz jenes Jahres zurück, in dem ich das Gefühl hatte, daß es falsch war, mich nicht anzupassen. Das tatsächlich *Falsche* war aber, daß ich die falsche Gemeinschaft gewählt hatte. An dem Tag, als ich beschloß, lieber das strahlende Gelb und Rot meines gesunden Flügels stolz zur Schau zu tragen, statt mit dem Stummel meines gebrochenen Flügels den Räubern in meiner Nähe zu drohen, stolperte ich über neue Freunde. Und sie hießen mich willkommen, die anderen Schmetterlinge mit einem Flügel.

Da wurde mir klar, daß ich nicht überall dazugehören und dennoch mir selbst gehören konnte.

Ich hatte Angst, daß du mein geheimes Selbst nicht akzeptieren würdest, dieses wilde, heftige, zügellose Geschöpf in mir, das aus jeder Bindung ausbricht und an Lärm und Verrücktheiten seine Freude hat. Ich verurteilte mich auch selbst und glaubte, daß ich mich Zwängen unterwerfen sollte, die ich nicht gewählt hatte. Und außerdem würden mich der Lärm und die Niederlage überwältigen; niemals würde ich bereit sein, mich zähmen zu lassen.

Ich fürchtete, daß du mich verdammen würdest, wenn du das erkennst; daß du mich für unwürdig halten würdest, während du deinen Neid vor dir selber verstecktest. Deine Wildheit war geringer als meine.

Und als meine Furcht sich bewahrheitete, verteidigte ich dieses ungestüme Einhorn in mir, dessen verrückte Sprünge aus seiner Box und dessen rauhes Schnauben mich immer erschreckt hatten. Und als ich es offen zeigte und beschützte, wurde mir bewußt, wie sehr ich es liebte, und daß in ihm meine Leidenschaft, meine Macht und jene Wellen der Kreativität lebten, die ein Temperament erfordert, das fähig ist, Boxen niederzutrampeln und aus dem Pferdegeschirr alter Wirklichkeiten auszubrechen, frei herumzustreifen und in verbotene Bereiche einzudringen.

Wir haben unsere Träume ineinander verwickelt und dabei auch unsere Seelen miteinander verwoben. Unser Traum war eine Erweiterung von uns selbst; er schlug Wurzeln und wuchs wie eine Sonnenblume, gewässert von der Hingabe an eine Mission, die über uns hinausging. Wie sehr habe ich nach dieser gemeinsamen Vision gestrebt; wie habe ich diesen fließenden Zauber aufgesogen, in Erwartung des Regens, der die Wasser zu Beginn des Frühlings wieder auffüllen sollte — ohne auf die verheerende Wirkung eines plötzlichen Sturmes vorbereitet zu sein.

Und das Ende dieses Traumes berührte meine tiefsten Wurzeln im Innersten meines Wesens; dieses gewaltsame Herausreißen einer Blume vor dem Sommer war ein größerer Verlust als dein Verschwinden. Denn mit dem Traum zerbrach auch ich.

Ich möchte niemanden mehr in meine Träume verwickeln, und du — der du jetzt mit mir verbunden bist —, pflege deinen eigenen Traum, während ich den meinen nähre! Und wenn unsere Träume sich treffen, laß uns wie zwei Blumen sein, welche sich dieselbe Sonne, denselben Wind und denselben Regen teilen, welche sich zunicken und deren Blütenblätter einander streifen. Wir wollen an unserem Zusammensein Freude haben, unsere Einigkeit bejahen und unser Getrenntsein beibehalten.

Geerdet? Worum handelt es sich dabei, Uranus? Ich beginne gerade damit zu lernen. Wenn du sprichst, breite ich mich zum Schreiben auf dem Boden aus; kein anderer Planet verlangt eine solche Haltung von mir. Jeder Kontakt mit dir wirft mich auf die Erde nieder.

Erdung? Vielleicht ist das endlich der Schlüssel zu dem leeren Raum meines T-Quadrats — dem Steinbock im 1. Haus. Jahrelang habe ich (umgeben von Steinbock-Sonnen und -Aszendenten) versucht, das zu verstehen. Die Qualitäten des Steinbocks fehlen mir, und ich habe mich darum bemüht, sie zu entwickeln — Stabilität, Sachlichkeit, emotionale Kontrolle, Selbstschutz (ein Filtersystem, das einen davor bewahrt, von seinen Gefühlen oder von den Gefühlen anderer Menschen überwältigt zu werden), Ehrgeiz (nicht im Hinblick auf die Erfüllung eines Ideals, sondern in bezug auf unsere Stellung in der Gesellschaft) sowie die Fähigkeit, Prioritäten zu setzen, sich auf eine Aufgabe zu konzentrieren und sie bis zur Vollendung durchzuführen sowie ein Gefühl für Begrenzungen. Jungfrau hat es mir ermöglicht, sorgfältig und produktiv zu arbeiten, verantwortungsvoll, fürsorglich und loyal — aber die Jungfrau ist nicht der Steinbock, und das 9. Haus ist nicht so stabil und auf die Realität gegründet wie das 1..

Ich habe im Laufe der Zeit begonnen, einige — neben den Versuchen der Erdung — der Bedeutungen zu verstehen, die meinem leeren Raum entsprechen. Jahre, in denen ich mich machtlos und ohne Kontrolle über mein Leben fühlte, ließen mich herausfinden, wie ich und andere Menschen mit der Meisterung planetarischer Energien beginnen können und nicht hilflose Opfer bleiben müssen, die nicht bereit sind, die Verantwortung für ihre Handlungen zu übernehmen. Das jahrelange Ringen um Selbsterkenntnis ließ mich endlich die volle Macht des «Ich weiß, wer ich bin» erleben, und zwar abseits aller intellektuellen Klassifikationen, die kein Ersatz für diese Kern-Erfahrung sind.

Ich habe nie gelernt, eine Rolle zu spielen oder mich um meine Wirkung nach außen zu kümmern; ich glaubte (und glaube noch) an die Notwendigkeit, «echt» und aufrichtig zu sein. Aber Aufrichtigkeit war mir weder beim Unterrichten in der High School noch bei der Anpassung an verschiedene gesellschaftliche Situationen jemals eine Hilfe. Außerdem habe ich immer gegen mein «Miami-Milieu» rebelliert — ich lehnte es ab, mich mit Äußerlichkeiten zu befassen, mit «Verpackungen» jeglicher Art, und ich hielt Leute, die ihre Erscheinung pflegten, für oberflächlich. Jetzt weiß ich es besser. Als Jupiter, der Herrscher meines Aszendenten, stationär wurde und ich meinen Mond zu schätzen und zu nähren begann, verlor ich meine 30 über flüssigen Pfunde; als Jupiter direktläufig wurde, schnitt ich mein taillenlanges Haar ab, vertauschte meine Oma-Brille gegen Kontaktlinsen, warf meine Jeans weg und erweiterte allmählich meine lavendelfarbene Garderobe. Ich entdecke, bis zu welchem Ausmaß meine Erscheinung meinen inneren Zustand beeinflußt, indem sie es mir nicht nur ermöglicht, mit mir selbst in Kontakt zu bleiben und meine körperliche Gegenwart zu genießen, sondern ich manchmal die Schönheit auch äußerlich offenbaren kann, um deren Entwicklung im Inneren ich mich mein ganzes Leben hindurch bemüht habe.

Ich verstehe auch den leeren Grad meines T-Quadrats:

Ein Albatros frißt aus der Hand eines Seemanns... die Überwindung der Angst und ihr Lohn... Vertrauen.

Als Kind war mein Lieblingsgedicht Baudelaires *»Albatros«*, in dem der Dichter den Albatros beschreibt, der an Land unbeholfen, in der Luft jedoch großartig ist. Ich habe mich gefürchtet, so sehr gefürchtet, daß die Fenster zitterten, so kraftvoll war meine Stimme, als ich meine Gefühle bei einer Sonne/Pluto-Konjunktion hinauschrie. Ich kannte kein Vertrauen. Venus/Saturn vertrauen nicht, Uranus vertraut nicht. Sie hatten niemals einen Grund zum Vertrauen; sie erkannten schon in der frühen Kindheit, daß nichts außerhalb von uns selbst Rückhalt bietet. Vielleicht kann ich, indem ich Uranus annehme und Steinbock entwickele, über beide hinausgehen und zu vertrauen beginnen — aber ich bin nicht überzeugt davon, daß die Wahrnehmung, die ich als Kind machte, ungültig ist.

Dies sind nicht alle Lektionen meines leeren Raumes; es bleibt noch immer die Lektion der «Erdung». Ich studiere die Elektrizität und erfahre, daß die Erdung einer Leitung eine kontrollierte Entladung überschüssiger Energie erlaubt und verhindert, daß durch eine plötzliche Aufladung ein Teil der Anlage «durchbrennt» oder ein Brand verursacht wird.

Ich studiere Bioenergetik und entdecke, daß ich alle Merkmale einer nicht geerdeten Person habe — kein Gefühl in den Füßen (Fische), hohe Erregung, ein gerötetes Gesicht, angehobene Schultern, einen ängstlichen Ausdruck, hinter dem sich oft Ärger verbirgt. Menschen ohne Erdung werden leicht von hohen Energie-Ebenen überwältigt; sie geben ihre Macht ab; sie hören das ständige Geplapper ihrer planetarischen Stimmen und kennen kaum die innere Stille. Ich beschließe, geerdet zu werden.

Ich beginne mit Tanzunterricht; ich lerne bioenergetische Übungen, die das Erden erleichtern. Aber ich leiste Widerstand; ich widersetze mich heftig, vermeide die leiseste Anstrengung. Ich verfluche meine Waage-Sonne, meinen Mars im 12. Haus; ihr Sextil verstärkt ihre Abneigung gegen körperliche Übungen, besonders die eher schmerzhaften, die mir zur Erdung verhelfen. Ich erinnere mich daran, daß ich in jedem körperlichen Leistungstest versagt habe, rufe mir die schlechte Bewertung im Gymnastik-Unterricht ins Gedächtnis. Hat damals alles begonnen?

Gegen einen Widerstand anzukämpfen ist, als ob ich mit meinem Kopf gegen eine Wand schlagen würde; ich muß zurücktreten und die Wand überblicken, mit ihr sprechen, ihr Wesen ergründen und lernen, wie ich um sie herumgehen oder über sie drüberspringen kann. Ich blicke tiefer. Angst steigt in mir hoch. Wenn ich geerdet wäre, würde ich dann die Inspiration, das erleuchtete Denken verlieren? Würde Neptun aus seinen Höhen herabfallen? Ich schaue noch tiefer. Furcht überwältigt mich — Furcht vor meiner eigenen Kraft. Ich habe mit meiner Stimme Fenster zerschmettert, ich hatte tagelang Schüttelfrost, nachdem Chopin sich durch mich äußerte, ich habe während eines Transits von äußeren Planeten (Mars, Pluto) über mein MC innerhalb und außerhalb von mir furchterregende Erscheinungen entfesselter Kraft erlebt. Ich habe allen Grund, die Macht zu fürchten, die meinem Körper innewohnt; aber weil ich mich nicht dazu entschließen kann, diese Kräfte zu erfahren und anzunehmen, zerstören sie mich, schwächen mich, Monat für Monat, Jahr für Jahr.

Ich weiß, daß ich die Fähigkeit erweitern muß, diese Kraft zu handhaben, um nicht von ihr zerstört zu werden. Ich muß geerdet werden. Aber die Planeten meines Horoskops rebellieren gegen die Übungen; keiner will sich anstrengen. Das kann nicht mein Weg sein. Nur das Selbst, das in mir aufzutauchen beginnt, das jedes planetarische Selbst in mir transzendiert und einschließt, kann meinen Weg auf die Erdung hin enthüllen. Alle meine Planeten müssen mit der Erdung einverstanden sein, müssen sich dieser Aufgabe verpflichten, bevor das Selbst erkennen lassen wird, wie diese Erdung stattfinden wird.

Ich beginne, meinen Willen zu stärken. Ich unterziehe mich Ernährungs-Tests und entdecke Mangelerscheinungen, die mit dem Steinbock und den Fischen zusammenhängen. Das Zeichen Fische, mein aufsteigender Mondknoten, geschwächt durch seine Opposition, ist der Herrscher meiner Füße. Die Energie muß durch meine Füße fließen, wenn ich geerdet sein soll.

Mit einem progressiven Mond im Stier werde ich ins Zentrum der Erde hinuntergezogen. Der Mond im Widder hat versucht, mich im Feuer zu erden, doch das Feuer verbrennt die Erde; dennoch mußte ich durchs Feuer gehen, um den Nadir (Tiefpunkt) meines Seins zu erreichen. Du stehst doch in der Mars/Pluto-Halbsumme, nicht wahr, Mond? Welche Geheimnisse bewachst du am Nadir? Liegt Erde unter deinem Feuer? Wird es mich erden, wenn ich dich akzeptiere und ausdrücke?

Ich beginne, die Erde zu erfassen und anzunehmen. *»Das ist die Erde, das Königreich, nach dem ich gesucht habe --«* ich zitiere ein halbvergessenes Monument. Denn welchen Wert haben die Höhen, solange meine Füße nicht fest auf dem Boden stehen?

Aber in meinem Inneren schluchzt Neptun. »Neptun,« sage ich zu ihm, »vielleicht wird der Mond nun ein inneres Zuhause haben und braucht sich dann nicht mehr an sein äußeres Heim zu klammern, die Sonne in der Waage wird ihr Gleichgewicht wiedergewinnen und Uranus sein Quintil zu Saturn aktivieren und uns alle mit geerdeter Elektrizität aufrütteln.«

Neptun schluchzt noch immer. Seine Tränen fließen in Strömen als Regen, die Erde wird grau und düster ohne seine Musik. »Werde ich auch weiterhin singen?« fragt er mich zitternd.

»Ja,« sage ich zu ihm, und nochmals »ja,« mit mehr Nachdruck und mit unendlicher Zärtlichkeit, denn ich ziehe Neptun vor allen anderen planetarischen Wesen vor. »Du wirst mit viel reicherem Klang, viel voller und mit mehr Resonanz singen, und sowohl die Erde als auch die Höhen werden von deinem Lied widerhallen.«

Uranus/Saturn

Saturn. Uranus. Ihr seid meine Lehrer; ich muß euch beide in mein Leben einbauen. Ich berechne mein «Navamsa-Horoskop» (das Horoskop, das den Pfad der Seelen-Evoluton enthüllt) und finde Uranus in der Jungfrau auf 24 Grad 0 Minuten, was der Position meines Radix-Saturns entspricht. Ich frage die Astro-Würfel: »Was muß ich aus meinem T-Quadrat zu Uranus lernen?« — und würfele Saturn im Steinbock im 7. Haus. »Wie kann ich es am besten ausdrücken?« — Saturn im Steinbock im 5. Haus. »Wie entwickele ich meinen leeren Raum?« — Saturn in der Jungfrau im 1. Haus. »Ist es meine derzeitige Aufgabe, mich zu erden?« — aufsteigender Mondknoten im Stier (1. Haus). »Wie kann ich alle meine planetarischen Persönlichkeiten integrieren?« — Uranus im Steinbock (7. Haus).

Ich habe erlebt, wie mein negativer Saturn zu einem negativen Uranus führt — frühe Verluste und Entbehrungen führten mich zur Auflehnung und zur Entfremdung von anderen Menschen. Ich habe erfahren, wie ein negativer Uranus einen negativen Saturn verursacht — eine derartige Rebellion beschränkte meine Möglichkeiten so sehr, bis nichts mehr übrigblieb und ich alleine und nutzlos zurückblieb, eingeschlossen im Gefängnis meiner Psyche. Ich erlebe jetzt, wie ein positiver Uranus einen positiven Saturn und wie der positive Saturn einen positiven Uranus zur Folge hat. Ich spreche mit Saturn und Uranus und frage sie, welche Lektion sie mich lehren wollen.

Saturn ist groß, etwas älter. Er steht hoch aufgerichtet oder sitzt gerade auf einem Stuhl — der Stuhl steht unter Strom, wenn Uranus in der Nähe ist, aber Saturn wird durch die Elektrizität niemals verletzt. Fest und unveränderlich hält er seine Füße sicher am Boden verankert, ein wahrer Felsen der Zuverlässigkeit. Wenn er spricht, ist seine Stimme tief, klangvoll, oftmals feierlich.

»Du bist gerade dabei, die Lektion des Geerdet-Seins zu lernen,« teilt mir Saturn mit, »in Lektion zwei geht es um die Sicherheit.«

»Die gibt's nicht!« unterbricht Uranus, während er Saturns Stuhl unter höchste Spannung setzt. »Alles ist Veränderung, Mensch, alles nimmt seinen Lauf. Du mußt loslassen, Mensch, denn wenn du dich überhaupt auf 'was verlassen kannst, dann darauf, daß du morgen 'was anderes sein wirst als du heute bist. Jedenfalls nicht, wenn ich in der Nähe bin.«

»Richtig,« fährt Saturn fort, »doch es gibt eine wichtige Ausnahme. Wenn du in den tiefsten Schichten deines Wesens diese elementare Unsicherheit erfährst, wenn es dein Ziel ist, dich zu entwickeln und wenn du darauf vertraust, daß jede Veränderung — sei sie nun groß oder klein — deinen Charakter stärken wird, dann bist du im gleichen Augenblick sicher.«

»Gut gesagt, Saturn!« lobt Uranus, »und nun schau', was ich tu', Mensch! Jedes Mal, wenn ich meine Elektrizität sprühen lasse, jedes Mal, wenn ich deine Elektronen in den Raum zerstreue, mußt du dich wieder zusammenreißen, mußt du deinen Charakter aufbauen. Ist das nicht toll, Mensch?« Uranus glüht vor Licht. »Kaum erscheine ich auf der Szene, Mann, dann heißt's lernen, Saturn.«

Ich schaue sie beide an und bin irgendwie geblendet. »Das hat es also mit all den uranischen Steinböcken auf sich,« sage ich. »Weil ich mich nicht auf sie verlassen kann, entwickele ich Sicherheit in mir selbst. Ich lerne die Lektionen Saturns.

»Und schau doch, wie unabhängig du dabei wirst, Mensch!« fügt Uranus hinzu.

»Lektion drei,« erläutert Saturn, »handelt vom Gesetz — « »Nenn's doch Freiheit, Mann!« unterbricht Uranus » — Es ist die Lektion der Freiheit. Es gibt Gesetze in dir, die über deine vielen Selbste hinausgehen, die dich mit dem universellen Selbst verbinden. Wenn du diese Gesetze befolgst, bist du augenblicklich frei.«

»Aber du kannst dich nicht selbst austricksen!« unterbricht Uranus, »du kannst keine Kunststücke mit deiner planetarischen Familie machen und so tun, als ob einer von ihnen für alle sprechen würde. Nee, das ist nicht der richtige Weg, Mensch!«

»Gehe über jeden Planeten hinaus,« rät Saturn, »in der Stille zwischen den Stimmen ist die Stimme des Selbstes, die alle deine Wesensteile einschließt. Es ist das Gesetz in dir, und du wirst es erkennen, weil alle deine Planeten ihm zustimmen werden und weil es zu den Gesetzen um dich herum nicht im Widerspruch steht.«

»Es ist die Wahrheit, Mensch,« verkündet Uranus, »es ist deine eigene, persönliche Wahrheit und es ist die **universelle** *Wahrheit. Es gibt keine größere Freiheit, Mensch, als das, was du fühlst, wenn du darauf hörst und danach lebst und den Mumm hast, diesen Weg zu gehen.«*

»Um in dieser Welt zu leben,« ermahnt dich Saturn, »paßt du dich an. Aber du paßt dich an **das** *an, was deinem inneren Gesetz entspricht.«*

»Du kannst es tun!« fügt Uranus hinzu, »Mensch, du kannst es! Du kannst es tun und dem treu sein, der du bist.«

»Ich lerne diese Lektion,« sage ich ihnen. »Aber in diesem Jahr stelle ich die Gesetze meines Seins in Frage. Ich befolgte diese Gesetze, aber sie führten mich dazu, Tag und Nacht zu arbeiten — ohne zu essen, ohne zu schlafen, ohne Kontakt zu Freunden. Und selbst dann konnte ich in dieser Welt nicht überleben. Ich frage mich, ob ich nur auf die Stimme von einem oder zweien meiner Planeten hörte und nicht auf die Stimme, die über sie alle hinausgeht. Aber ich weiß,« bestätigte ich, »ich weiß es und alle meine Planeten wissen, daß es das Selbst ist, das mich leitet, und daß das Selbst mich zum Schreiben bestimmt.«

»In diesem Sommer,« erkläre ich Saturn, »hat Merkur eine Liste gemacht, welche Bücher er zu schreiben wünscht, welche Ideen er ausdrücken möchte, und er verlor die Hoffnung, weil viele davon nicht durchführbar waren. Zu wenige Leute würden die Bücher lesen; zu wenige folgen den selben Wahrheiten. Das Selbst führte uns dann zur Bücherei. Wir betrieben Marktforschung; wir erfuhren, was die Leute kauften. Wir entdeckten Bücher, die wahrhaftig sind und viele Menschen ansprechen. Sie wenden sich an die gesamte Menschheit, zu vielen Selbsten und nicht nur an Uranus, nicht nur in einer Fachsprache, die nur einige wenige verstehen können. Neptun hat einen Traum,« erkläre ich Saturn, »er träumt davon, des Nachts einen anderen «Kleinen Prinzen» zu schreiben.«

»Du lernst Lektion vier,« verkündet Saturn, »die Lehre von der Gesellschaft. Denn wo deine Gesetze die Gesetze der Gesellschaft kreuzen, da liegt deine Befreiung.« Saturn zeigt mir ein Diagramm, das Merkur und Venus gezeichnet haben, und teilt mir mit: »Wenn ich jetzt zu dir spreche, so ist es die Zeit meiner Wiederkehr. Ich stehe Auge in Auge mit dem Transit-Saturn. Gemein-

sam sagen wir dir, daß es dort, wo du der Gesellschaft entgegentrittst, einen Kreis gibt, der euer Treffen feiert — das ist der Zyklus deiner Befreiung. Denn zwei Saturne, die Auge in Auge stehen und ein Kreis, der sich daran erfreut, bringen einen ...«

»Mensch!« schreit Uranus und reißt Saturn das Diagramm aus den Händen, während er dessen elektrisierten Stuhl zur Decke hinauf und wieder auf den Boden katapultiert. »Das bin ich! Das ist Uranus!«

»Zwei Saturne bringen einen Uranus hervor,« fährt Saturn fort, »die Lehren des Saturns sind die Lehren der Befreiung.«

»Ich fühle mich jetzt befreit,« sage ich zu Saturn, »das Alleinsein, die Konzentration, ein klarer Sinn für Prioritäten, Monate der Ausbildung — ich habe so vieles aufgegeben, doch zugleich gewinne ich unvergleichlich mehr.«

»Das ist Lektion fünf. Laß dir Zeit!« ermahnt Saturn. »Bevor wir Lektion fünf bearbeiten, mußt du dir Lektion eins nochmals vornehmen.« Saturn winkt Merkur und Venus heran, die das Horoskop unserer planetarischen Familie zeichnen. »Das ist Neptun,« er zeigt auf das 10. Haus, »und hier ist Neptun im Transit, schlafend im 12. Haus. Er beginnt langsam zu erwachen, den Aszendenten zu überqueren und sich dem leeren Raum zu nähern. Aufgrund der vielen Jahre, die er geschlafen und von seiner Musik geträumt hat, kann es sein, daß dich sein Gesang fortreißt.« Saturn knallt seine Füße auf den Boden: »Es sei denn, du bist geerdet.«

»Du mußt irdisch sein,« fährt Saturn fort, »um für die Erde zu schreiben. Du mußt von der Erde sein oder, Neptun wird dich in die Höhen fortreißen.«

»Deshalb bist du hier. Um mich auf den Übergang von Neptun vorzubereiten. Ich fühle mich so frei, wo du hier bist,« sage ich zu Saturn.

»So ist es richtig, Mensch!« ruft Uranus aus, »mach nur so weiter, genau so!«

»Lektion fünf,« erklärt Saturn, »ist die Lehre von den Begrenzungen. Wenn du dein Gesetz entdeckst, wenn du deine Wahrheit findest, wirst du sie bestätigen. Du tust dies, indem du ***nein*** *sagst zu den anderen Möglichkeiten, den anderen Wahrheiten, die dich von der Verwirklichung dessen abhalten, was dein Selbst gewählt hat. Denn die Macht eines* ***nein*** *ist die Macht deines* ***ja*** *zu den Gesetzen deines Wesens — und in der Befolgung dieser Gesetze mußt du dir Grenzen setzen.«*

»Ich habe versucht, alle und alles zu sein,« sage ich zu Saturn. »Jupiter und mein 9. Haus — sie wachsen, sie dehnen sich in alle Richtungen aus. Aber ich bin dabei zu lernen, welche Richtung meinem inneren Gesetz entspricht.«

»Du lernst gerade, den Gesetzen deines Wesens zu folgen,« antwortet Saturn, »du entdeckst deine Aufgabe. Sobald du deine Aufgabe erkannt hast, mußt du dein Zentrum darum herum aufbauen. Du mußt dein Selbst auf eine innere Grundlage ausrichten, du mußt für deine Handlungen eine Struktur und eine solide Basis schaffen. Nur dann kannst du dein Gleichgewicht aufrechterhalten, nur dann bist du frei.«

»Schau dir nur die Elektrizität an!« Uranus funkelt vor Aufregung, »dein ganzer Körper, Mensch, und die ganze Welt um dich herum und die Elektrizität auch — überall geht's um die Protonen und Elektronen und wie sie im Gleichgewicht bleiben. Diese Elektronen, Mensch, die wirbeln um ein Zentrum im Kreis herum. Diese Kreise sind ihre Grenzen und ihre Ordnung. Sie machen, daß du lebst, Mensch — und sie geben dir Licht. Ich weiß das, er grinst breit, »weil — nicht nur der Saturn hat Ringe — ich hab' auch welche.«

»Deine Ringe sind deine Grenzen« belehrt ihn Saturn, »wenn du das Wesentliche deines Lebens erkennst, entwickelst du Ringe, um das Unwesentliche auszuschließen. Die Lehre der Begrenzungen ist die Lehre des Schließens ...«

»Strom braucht einen geschlossenen Kreislauf,« unterbricht Uranus, »oder du kriegst kein Licht. Wenn du für das Licht offen sein willst, mußt du die Füße am Boden behalten, Mensch, damit dich das Licht nicht verbrennt — und ab und zu mußt du den Stromkreis schließen, damit das Licht anbleibt. Weil — es kann finster werden, wenn du alles um dich 'rum mit 'reinnimmst, Mensch, echt finster.«

»Sogar bei den Menschen,« fährt Saturn fort, »mußt du wissen, wie du dich abschließen kannst. Du mußt dich um dein Zentrum herum einrichten. Denn nur so kannst du dich öffnen, wenn du dich zum Öffnen entscheidest, und nur dann kannst du eine Quelle des Lichtes sein.«

»Einst wurde mir gesagt, ich sei wie eine Blume, die sich gerade öffnet. Seit damals habe ich mich geöffnet. Nun muß ich auch noch lernen, mich zu schließen.«

»Die Blume muß ihre Blütenblätter schließen,« erklärt Saturn, »wenn sie eine Blume bleiben will.«

»Wenn sie sich dabei des Lichtes bewußt bleibt,« fügt Uranus hinzu.

»Denn nur mit Begrenzungen und durch Abschließen kannst du die Wahrheit deines Seins ins Leben rufen. Und nur, indem du diese Wahrheit in ein System bringst, kannst du sie festigen — und nur durch das Verfestigen kannst du sie in der Welt konkret ausdrücken. Die Lektion der Begrenzungen führt zu den Lektionen der Konzentration und der Vollendung,« lehrt Saturn.

»Denn, was nützt einem die Wahrheit, wenn sie nicht gelebt wird; was nützt ein Gesetz, wenn es nicht befolgt wird, und was nützt ein inneres Zentrum, wenn du es nicht nach außen lenkst, um deine Aufgabe in der Welt zu erfüllen?«

»Ich bin dabei zu lernen. Ich lerne langsam. In diesem Jahr habe ich meine Lebensbereiche auf das Wesentliche beschränkt. Mein Zentrum erwachte, und mein Selbst trat in Erscheinung und lenkte alle meine planetarischen Selbste. Sie widmeten sich einer Aufgabe. Durch diese eine Aufgabe festige ich mein Zentrum, ich konkretisiere die Wahrheit, ich stelle meine Verbindung zu mir selbst und zur Welt wieder her.«

»Du beginnst, Lektion sechs zu lernen,« bestätigt Saturn, »die Lektion der Verpflichtung. Man kann sich einer Aufgabe und auch einem Menschen verpflichten. Um dich einer Person zu widmen, mußt du wissen, wann du dich nicht verpflichten darfst, sondern dich von nicht lebensfähigen Verpflichtungen freimachen mußt. Doch eine Verpflichtung, die das Selbst eingeht, wird immer lebensfähig sein, denn das Selbst wird dich die Lektion der Geduld und die Lektion des Wartenkönnens lehren.«

»Zu warten,« fährt Saturn fort, »heißt nicht, untätig zu verharren oder deine Pflicht zu vernachlässigen, weil du in den Prozeß des Schauens verwickelt bist. Zu warten heißt, dich deiner Aufgabe zu widmen in dem Bewußtsein, daß dieses Tun dich zur rechten Zeit mit Leuten zusammenführen wird, die ähnlichen Aufgaben folgen — Aufgaben, die ihre Selbste gewählt haben. Nur zwischen solchen Menschen kommt es zu einem Treffen zwischen Selbst und Selbst. Und nur wenn ein Selbst das andere trifft, ist eine Bindung wirklich lebensfähig. Bei einer lebensfähigen Bindung« erklärt Saturn, »handelt es sich nicht um eine Verpflichtung zwischen zwei Personen, sondern um eine Bindung an das höhere Selbst, das jedes einzelne kleine Selbst umfaßt und einschließt und um die Bindung an eine größere Aufgabe, die diese beiden Menschen miteinander teilen.«

Uranus schweigt während des Vortrages von Saturn. Er spielt mit den Hebeln an Saturns elektrischem Stuhl herum, wobei er die Spannung erhöht und vermindert und damit versucht, Saturns Gleichmut zu erschüttern. Doch stattdessen wird er selbst aufgerüttelt.

»Mensch!« schreit er »Das ist es! Das ist die Freiheit, Mensch! Das ist nicht 'rumrennen und suchen, wo's Aufregung gibt. Weil — wenn du einfach so losgehst und tust, was du willst und die anderen, die machen auch, was sie wollen, Mensch, das ist echt nicht gut — weil, dann mußt du dich mit den ganzen Problemen herumschlagen, die dabei auf dich zukommen, und wenn du die alle in Angriff nimmst, kommst du ganz von deiner Aufgabe ab. Aber,

wenn sich zwei Leute treffen, die innerlich frei sind — wenn sie diese Freiheit haben, die man bekommt, wenn man auf das Selbst hört und seine Pflicht erfüllt, dann sind sie loyal und verantwortungsvoll und können sich aufeinander verlassen. Sie wissen nämlich, daß es sie freier macht, wenn sie ihrem Selbst folgen. Und je mehr sie ihrem Selbst folgen, Mensch, um so mehr Selbst bekommen sie und je mehr Selbst haben sie dann, das sich mit anderen treffen kann, ja, und je mehr sich ihre Selbste finden, Mensch ...« — Uranus feuert sein Schnellfeuergewehr geradeaus in die Luft, und Licht beleuchtet ihn, Saturn und mich. »Ich hab' keine Worte, ich kann euch nicht sagen, was für ein Licht dann da ist.«

»Aber es muß der richtige Mensch sein,« verkündet Uranus, »und das kann heißen, daß du lange warten mußt. Und es muß das Selbst sein und nicht nur einer von uns Planeten, mit dem dein Selbst zusammentrifft. Nicht mal Uranus. Du brauchst da draußen keinen Uranus, Mensch, außer du triffst irgendeinen Gecken, der auch so einen Uranus hat wie ich es bin. Aber du brauchst nicht mal das, Mensch,« fügt Uranus hinzu, »weil, du hast mich, genau hier.«

»Ich gebe mich geschlagen, ich anerkenne dich jetzt,« sage ich zu Uranus. »Ich verändere mich. Ich bringe dich in meinem 1. Haus zum Ausdruck. Jetzt bin ich keine «wischi-waschi»-Waage mehr. Ich bin stark. Ich bin zäh. Ich bin frei. Ich bin eine selbständige Persönlichkeit.«

Ich wende mich an Saturn. »Ich habe vieles über die Lektion der Verpflichtung und Bindung gelernt,« sage ich zu ihm, »aber ich war in der Vergangenheit so sehr hinter Aufregungen und Bindungen her, daß ich niemals auf die Stimme meines Selbstes gehört habe. Ich habe die Lektion des Abwartens nicht gelernt.«

»Ich lerne sie jetzt,« sage ich ihnen. »Es ist nicht nur, daß ich bereit bin zu warten. Es ist so, daß ich mir selbst genug bin, daß ich erfüllt bin, daß ich ganz bin. Was ich von außen möchte — habe ich jetzt auch in mir. Wo ich sein möchte — da bin ich. Wo ich hingehen möchte — da befinde ich mich bereits.«

»Du gewinnst Macht in deinem 1. Haus,« teilt Saturn mit. »Hab' keine Angst vor dieser Macht. Gib sie nicht ab, weil du sie fürchtest. Eine Macht wie diese kann sogar die Höhen fest und wirklich machen. Macht,« so lehrt Saturn, »ist nicht der gewaltsame Einfluß, den wir auf andere ausüben — Wenn Macht so benutzt wird, ist sie in Wahrheit eine Schwäche. Wirkliche Macht erweckt das Selbst in dir und in deinen Mitmenschen.«

»Macht,« fährt Saturn fort, »ist das Geschenk, das ich dir bei meiner Wiederkehr gebe, nicht weil du sie nicht besitzt, denn du hast sie bereits jetzt,

sondern weil du bereit bist, dich zu ihr zu bekennen, sie zu leben und mit der Welt zu teilen.«

»In einem Jahr wird meine Wiederkehr enden. Mache dich nicht von ihr abhängig, indem du sie als Schlüssel zu deiner Macht ansiehst. Ich werde immer bei dir sein. Aber führe deine Macht nicht auf uns zurück. Du bist dein Selbst und nicht nur deine Planeten. Du bist deine eigene Quelle der Kraft. Du selbst bist der Ursprung des Lichtes in dir.«

»Na klar, Mensch!« fügt Uranus hinzu, »du selbst bist deine Befreiung!«

DEIN T-QUADRAT...

... Es ist deine Schwäche und deine Stärke, dein Laster und deine Tugend, es ist die Quelle deiner Konflikte, und es zeigt dir den Weg zu Wachstum und Vollendung.

... Es ist deine Macht und deine Motivation, deine Inspiration und deine Befreiung, der Zugang zu deinem Selbst, das dich mit den anderen Selbsten verbindet, das dich mit der universellen Weisheit in Einklang bringt und es dir ermöglicht, alle deine planetarischen Energien zu leiten.

...Benutze es. Liebe es. Respektiere es. Behandle es liebevoll. Es ist du, und du bist ***wunderschön****.*

Anhang

DAS STELLIUM

Definition: Üblicherweise besteht ein Stellium aus mindestens vier Planeten (oder fünf, falls Sonne, Merkur oder Venus darunter sind), wobei jeder Planet vom nächsten nicht mehr als 8 Grad entfernt ist und sich alle innerhalb desselben Zeichens befinden. Die Bedeutung des Stelliums kommt jedoch auch zum tragen, wenn:

— vier Planeten beteiligt sind (auch wenn drei davon zu den inneren Planeten gehören),
— alle in demselben Haus, jedoch nicht in demselben Zeichen stehen.

Eine Konfiguration wird wie ein Stellium wirken, jedoch mit verminderter Intensität, wenn:

— drei statt vier Planeten in enger Konjunktion stehen,
— eine Konjunktion von vier Planeten besteht — jedoch nicht im selben Zeichen oder Haus,
— der Orbis zwischen zwei Planeten etwas mehr als 8 Grad beträgt,
— drei Planeten mit einem Mondknoten oder einem Achsenpunkt des Horoskops in Konjunktion stehen.

Ein Stellium ist besonders stark, wenn mehr als vier Planeten daran beteiligt sind oder wenn Sonne, Mond oder ein Planet in seinem eigenen Zeichen oder Haus steht.

Interpretation: Die positiven Merkmale eines Stelliums umfassen: geballte Energie, Konzentration, Genie, Talent, innere Motivation, ein Gefühl für Absicht, Richtung und Zielstrebigkeit. Die negativen Eigenschaften sind unter anderem: Beschränktheit, Besessenheit, Überbetonung, Ungleichgewicht, Unausgewogenheit, Ich-Bezogenheit, Schwierigkeiten mit Kompromissen und ein Mangel an Objektivität.

Die Planeten eines Stelliums handeln normalerweise als Einheit und geben dem Zeichen oder Haus, in dem sie stehen, ein außerordentliches Gewicht. Die Bedeutung der Kombination von Zeichen und Haus sollte vor der Interpretation der einzelnen Konjunktionen des Stelliums untersucht werden.

Betrachte das Stellium als eine enge Familie. Wenn der Vater seine Arbeit verliert, ist jeder in der Familie davon betroffen. Wenn die Tochter in der

Schule eine Auszeichnung erhält, teilen alle ihr Glück. In einem Stellium werden jene Planeten einander am meisten beeinflussen, die am engsten zusammenstehen; aber selbst die entfernteren werden die Auswirkungen erfahren. Normalerweise ist der Planet in der Mitte oder der der Mitte des Stelliums am nächsten Stehende den Einflüssen der anderen Planeten gegenüber am empfindlichsten.

Aspekte, die das Stellium zu anderen Planeten oder zu den Eckpunkten des Horoskops bildet, geben einen Hinweis, wie das Stellium in bezug auf andere Energien des Horoskops wirkt. Weil Transite und Progressionen eine Kettenreaktion hervorrufen, die auf alle Planeten des Stelliums eine auslösende Wirkung hat, erfahren Menschen mit einem Stellium Perioden der Ruhe, die von Zeiträumen intensiver Umwälzungen und Wandlungen abgelöst werden.

DAS GROSSE TRIGON

Definition: Das große Trigon umfaßt drei Planeten, die — normalerweise im selben Element — alle im Trigon zueinander stehen — der erste bildet ein Trigon zum zweiten, der zweite zum dritten und der dritte zum ersten. Ein großes Trigon ist stark, wenn mehr als drei Planeten des selben Elementes daran beteiligt sind, und es ist schwach, wenn es mehr als ein Element umfaßt.

Interpretation: Die positiven Eigenschaften eines großen Trigones beinhalten: freies Fließen von Energie, Glück, man erlangt mit Leichtigkeit Vorteile und gute Gelegenheiten, Selbst-Motivation, Unabhängigkeit und Begabung — alles das in bezug auf ein besonderes Element. Die negativen Eigenschaften umfassen: Faulheit, Untätigkeit, Flucht vor oder Vermeidung von Herausforderungen, man dreht sich im Kreis, ist an Gewohnheiten oder vergangene Verhaltensmuster gebunden, wirkt verschlossen, fern, lebt in seiner eigenen Welt.

Große Trigone sind am besten beschrieben worden von Noel Tyl, der sie als einen «geschlossenen Kreislauf der Autarkie» bezeichnet. Menschen mit einem Großen Trigon sind motiviert, unabhängig und begabt, wenn sie auf der Ebene jenes Elementes arbeiten, das von diesem betont wird. Sie neigen aber dazu, «steckenzubleiben» oder sich in den durch das Große Trigon betonten Teil ihres Wesens zurückzuziehen. Ein Mensch mit einem großen Feuer-Trigon wird ständig voller Energie und Vitalität sein, jedoch Schwierigkeiten haben, zur Ruhe zu kommen, den Standpunkt eines anderen zu verstehen oder seine Energie in Reaktion auf die Bedürfnisse eines anderen

Menschen zu kanalisieren. Eine Person mit einem Großen Luft-Trigon kann intellektuell und sozial in einer Welt für sich leben und dabei sich selbst geistige Anregung bieten — oftmals ist sie jedoch unfähig, ihr Denken abzuschalten und emotionale oder praktische Angelegenheiten auf unmittelbare Weise in Angriff zu nehmen. Ein Mensch mit einem Großen Erd-Trigon wird fähig sein, sich erfolgreich seinem Beruf zu widmen, und es wird ihm leichtfallen, materielle Hilfsquellen anzuziehen und zu verwalten. Doch kann er durch Ehrgeiz und weltliche Angelegenheiten zu sehr gefesselt sein und sich dadurch anderen Quellen verschließen, die seinem Leben Sinn und Bedeutung geben könnten. Einem Menschen mit einem Großen Wasser-Trigon wird ein aktives Gefühlsleben und ein hoher Grad an Sensitivität zu eigen sein, doch besteht vielleicht eine Unfähigkeit, seine Gefühle mit anderen zu teilen oder sich über seine Gefühle zu erheben und sich selbst objektiv zu betrachten.

Wenn du ein Großes Trigon interpretierst, achte nicht nur auf das Element, das durch das Große Trigon betont ist, sondern betrachte auch das Wesen der Planeten und Häuser, die an dieser Konstellation beteiligt sind. Falls einer der Planeten des Großen Trigons auch ein zentraler Planet ist, der diesem mit einer anderen Aspekt-Konfiguration verbindet, wird dieser Planet der Schlüssel zum wirkungsvollen Ausdruck der Kräfte beider Konfigurationen sein. Ein enges Quadrat oder eine exakte Opposition zu einem Großen Trigon ist ebenfalls bedeutsam, denn es motiviert den Menschen, seine Feuer-, Erd-, Luft- oder Wasser-Kräfte in anderen Lebensbereichen anzuwenden. Ein Großes Trigon, bei dem ein Planet zu einem anderen in Opposition steht, wird als «Drache» bezeichnet; der Oppositions-Planet kann zu einem erhöhten Bewußtseinszustand führen und ist ein machtvoller Kanal für den Ausdruck der Energien des Großen Trigons.

DAS YOD ODER «DER FINGER GOTTES»

Definition: Das Yod besteht aus zwei Planeten im Sextil, von denen jeder einen 150-Grad-Aspekt zu einem dritten Planeten bildet. Kein Orbis darf mehr als 5 Grad betragen. Der Planet, welcher die beiden 150-Grad-Aspekte empfängt, ist der Planet im Brennpunkt oder der «Aktions-Planet».

Interpretation: Das Yod erfordert eine emotionale oder mentale Neuordnung und Regeneration. Der Planet im Brennpunkt zeigt an, welche Kräfte regeneriert werden müssen; sein Zeichen weist auf die Art und Weise der Korrektur oder des Wiedererlebens hin, und das Haus zeigt uns, in welchem Lebensbereich diese Umwandlung stattfinden wird. Der Planet im Brennpunkt ist sehr sensitiv, weil seine Quinkunx-Aspekte (Aspekte des 6. und 8. Hauses) eine unterschwellige Spannung erzeugen, die physische oder psychische Probleme zur Folge haben kann. Diesem Planeten wird die «Lebensaufgabe» zugeschrieben, er stellt den «Finger Gottes» dar, das Schicksal, die endgültige Bestimmung und einen Fingerzeig des Himmels. Seine negativen Erscheinungsformen müssen ausgetrieben werden, wie man die Teufel austreibt, und seine höchste Ausdrucksform muß aktiviert werden. Als in der Halbsumme der Sextil-Planeten stehend (diese sind je 150 Grad entfernt), stellt dieser Planet den Mittler dar, welcher die dynamische kreative Energie und die günstige Gelegenheit nutzen kann, die durch das Sextil gegeben ist, um eine neue Seinsweise hervorzubringen; er ist im Horoskop der Planet der Umwandlung, der alchimistische Wirkstoff, der ein völlig neues Muster des Denkens und Fühlens erzeugen kann.

Menschen mit einem Yod erfahren im allgemeinen Wendepunkte in ihrem Leben, in denen sie Krisen gegenüberstehen, die durch einen Wandel des Bewußtseins aufgelöst werden, was oftmals als eine scheinbar schicksalhafte Richtungsveränderung im Leben erlebt wird. Diese Umwandlung führt im Idealfall zu einer Erhöhung der spirituellen Empfindsamkeit und Bewußtheit, zum Fließen neuer Energien, zum Aufbau eines inneren Zentrums und zur Entdeckung einer konkreten Ausdrucksform für die eigene Kreativität. Befinden sich in einem Yod auch in der nahen Halbsumme des Sextils Planeten (30 Grad von jedem Sextil-Planeten entfernt), werden sie «Vierer-Yod» genannt und erfordern in besonderem Maße eine Transformation, die zu konkreten Handlungen und zum praktischen Ausdruck der Kreativität führt.

DAS GROSSE KREUZ (DAS KOSMISCHE KREUZ)

Definition: Das große Kreuz besteht aus mindestens vier Planeten, vier Quadraten und zwei Oppositionen. Der erste Planet bildet ein Quadrat zum zweiten, der zweite zum dritten, der dritte zum vierten und der vierte zum ersten. Oppositionen verbinden den ersten Planeten mit dem dritten sowie den zweiten mit dem vierten. Normalerweise sind alle Planeten im Zeichen derselben Qualität plaziert, und kein Orbis übersteigt 8 Grad.

Schwächere Varianten des Großen Kreuzes beinhalten Planeten von zwei verschiedenen Qualitäten (z.B. kardinal und veränderlich), oder etwas zu große Orben (10-12 Grad). Konfigurationen, die zu den Achsen der Mondknoten, von MC/IC oder AC/DC im Quadrat stehen, können wie ein schwaches Großes Kreuz wirken.

Interpretation: Die positiven Eigenschaften eines Großen Kreuzes umfassen: innere Kraft und Stärke, Entschlossenheit, Zielstrebigkeit, Produktivität, Sammlung und Kanalisierung verschiedener Energien und die Fähigkeit, alle Dimensionen der eigenen Erfahrung zu integrieren sowie Ideale und Werte in eine konkrete Form umzusetzen. Die negativen Eigenschaften umfassen: Stagnation, Untätigkeit, Zersplitterung von Energien, enorme innere Spannung, Resignation, das «Atlas-Syndrom» (man trägt die Last der ganzen Welt) und ein ablehnendes, zerstörerisches Verhalten sich selbst gegenüber.

Menschen mit einem Großen Kreuz fühlen sich im allgemeinen in vier Richtungen gezerrt und von den Forderungen überlastet, die sie selbst und andere Menschen an ihre Zeit und Energie stellen. Sie leben, als wären sie in einem Raum gefangen, der vier versperrte Türen hat — und häufig versuchen sie nun, die einzelnen Türen mit Gewalt zu öffnen, indem sie dagegenhämmern, bis sie erschöpft sind. Dennoch ist ihre Lage nicht hoffnungslos, denn wenn sie sich in die Mitte des Raumes stellen, werden sie dort eine Treppe finden, die sie auf das Dach und ins Freie führt.

Diese Menschen fühlen sich oft festgefahren und gelähmt von ihren Lebensproblemen, die ihnen unlösbar erscheinen, bis sie sich nach innen wenden und ihr eigenes inneres Zentrum entdecken — bis sie fähig sind, einen spirituellen oder kreativen Bewußtseinszustand zu erreichen, der es ihnen erlaubt, sich über ihre irdischen Konflikte zu erheben und ihr Leben mit Klarheit und Objektivität zu betrachten. Sie müssen die Polaritäten ihres Lebens untersuchen und scheinbar widersprüchliche Seiten ihrer Erfahrung (die durch die Planeten, Zeichen und Häuser der Oppositionen gekennzeichnet werden) integrieren und in Synthese bringen, indem sie einen Zweck oder ein Ziel in den Mittelpunkt stellen, das alle Teile ihres Wesens miteinbezieht. Sie müssen ihre Energie sammeln und nach außen richten, um dort das gewählte Ziel zu erreichen. Die Lektionen, die uns das Große Kreuz lehren will, sind Bewertung, Sammlung, Integration und Anwendung von Energien.

Wenn du ein Großes Kreuz interpretierst, achte auf die Natur der beteiligten Planeten, auf ihre Qualität und auf die Häuser, in denen sie im Geburtshoroskop stehen. Die Opposition oder das Quadrat mit dem kleinsten Orbis ist ein Schlüssel zum dringendsten Problem im Hinblick auf Bewußtsein oder Handlungen, und es muß aufgelöst werden, um die Energien sammeln und wirkungsvoll konzentrieren zu können. Schau auch auf das genaueste Trigon oder Sextil zu Planeten des Großen Kreuzes, denn der Planet, der an diesem Trigon oder Sextil beteiligt ist, wird bei der Klärung der Lebenssituation und beim Finden einer sinnvollen Kanalisierung für die zersplitterten

Energien ein wichtiger Helfer für die Persönlichkeit sein (manchmal gilt das auch für ein Quintil).

Die Schwierigkeiten, die uns ein Großes Kreuz bringt, stehen mit der Qualität der Zeichen in Verbindung, in denen es sich befindet; die Lösung der Konflikte muß durch diese spezielle Qualität erfolgen, die sowohl über die Begabungen der Person Aufschluß gibt als auch über ihre Probleme. Ein Mensch mit einem Großen Kreuz muß sich an Aktivitäten beteiligen, die für ihn von persönlicher Bedeutung sind. Weil er jedoch immer des Guten zuviel tut und sich leicht auf krampfhafte Weise in zu viele Richtungen zersplittert, muß er lernen, seine Energien zu konzentrieren, bevor er sich in die Tat stürzt. Eine Person mit einem fixen Kreuz baut langsam einen hohen Grad innerer Spannung auf, die aus unerfüllten Bedürfnissen und Wünschen stammt und explodiert dann machtvoll in gewaltsamer und manchmal zerstörerischer Handlung; sie hat einen starken Willen, ist starrköpfig und kann außerordentlich viel leisten — wenn sie Ventile findet, über die sie ihre aufgestauten Energien ablassen kann. Ein Mensch mit einem beweglichen Kreuz ist wahrscheinlich so leicht von seinen Beziehungen und von äußeren Umständen zu beeinflussen, daß er dazu neigt, sich wie ein Chamäleon seiner wechselnden Umgebung anzupassen; für ihn ist es notwendig, daß er seine Identität definiert — seine Bedürfnisse, Wünsche, Ziele, und daß er in seinen Handlungen sich selber treu bleibt, während er gleichzeitig ein befriedigendes Netzwerk persönlicher Beziehungen aufrechterhält.

Anmerkungen

1 Nähere Informationen über rückläufige Planeten bietet Bil Tierneys Buch »Dynamics of Aspect Analysis« oder der Artikel »Retrograde Planets in Detail« von Tracy Marks, der in ihrer Sammlung »Turning Squares into Trines« enthalten ist.

2. Nähere Informationen über die Sabischen Symbole findet man in »Astrologischer Tierkreis und Bewußtsein« von Dane Rudhyar, Hugendubel Verlag.

3 Der Titel »The Art of Chart Interpretation« erscheint 1991/92 in deutscher Übersetzung im Verlag Hier & Jetzt.

4 Obwohl der Herrscher des leeren Zeichens und der Herrscher des leeren Hauses in bezug auf das T-Quadrat beide von Bedeutung sind, spiegelt der erstere für gewöhnlich mehr die Unzulänglichkeiten des leeren Raumes wider.

5 In »Recent Advances in Natal Astrology«, zusammengestellt von Geoffrey Dean, werden die Entsprechungen von Planeten, Zeichen und Graden zu Musikinstrumenten und Tönen behandelt.

6 Näheres zu Astrologie im Zusammenhang mit Ernährung und Gesundheit siehe: »Astrology, Nutrition and Health« von Robert Jansky.

7 Das Buch von Alexander Ruperti «Kosmische Zyklen», erschienen im Verlag Hier & Jetzt, gibt Aufschluß über die Zyklen der Planeten, des Mondes und der Mondknoten.

8 »Die Seelenfresser« von Colin Wilson, erschienen im Rowohlt Verlag, ist ein ausgezeichneter okkulter Roman mit einem ähnlichen Thema (vergriffen).

9 Als der progressive Uranus rückläufig war, veränderte sich das Muster meiner Beziehungen ganz deutlich. Mein Leben zwischen meinem 30. und 40. Lebensjahr ist von Krebs/Fische-Männern und -Frauen — dem Gegenpol von Steinbock/Jungfrau — beherrscht. Ein Faktor, der diese Veränderung beeinflußte, ist eine therapeutische Erfahrung, durch die ich mit meinem Mond und mit den eingeschlossenen Energien meines 7. Hauses besser zurechtkomme. Als progressive Planeten im Skorpion ein Trigon zu meinem Uranus bildeten, hat sich auch der Brennpunkt meiner Beziehungen vom 7. in das 11. Haus verlagert.

Tracy Marks

Astrologie der Selbst-Entdeckung

Eine Reise in das Zentrum des Horoskops

»Ein Reiseführer zu einigen vernachlässigten Bereichen in der Astrologie, die jedoch höchst bedeutungsvolle Konsequenzen für diejenigen von uns haben, die versuchen, sich von einschränkenden Mustern der Vergangenheit zu befreien.«

Tracy Marks

Erstmalig erscheint mit diesem Buch eine ausführliche Betrachtung des Mondes, der Mondknoten, -zeichen und -phasen aus weiblicher Sicht, mit der Betonung auf eine psychische und spirituelle Entwicklung.

Tracy Marks bleibt nicht dabei stehen, einzelne Aspektfiguren zu beschreiben, sondern bietet konstruktive, praxisnahe Lösungen auch für problematische astrologische Aspekte an. Sie geht tief in die Arbeit mit den äußeren Planeten hinein. Immer liegt die Betonung auf bewußtem Umgang mit den Energien, die sich uns durch die Astrologie offenbaren. Tracy Marks weist immer wieder auf die verschiedenen Möglichkeiten hin, die es dem einzelnen erlauben, selbstverantwortlich und bewußt mit astrologischen Einflüssen umzugehen. Sie führt den Leser auf ihre sensible und poetische Art und Weise entlang einer Spirale immer tiefer in das Zentrum des eigenen Horoskops.

Tracy Marks verbindet ihre psychotherapeutischen Ausbildungen mit vielen Jahren astrologischer Praxis. Sie gehört in den USA zu den bekanntesten Schriftstellerinnen der modernen Astrologie.

314 Seiten, broschiert
ISBN 3-926925-01-9
32,– DM

Karen M. Hamaker-Zondag

Elemente und Kreuze als Basis des Horoskops

Eine grundlegende Einführung in die Natur der vier Elemente und der drei Kreuze. Ein Buch über die Zusamenhänge und Energien, die der Astrologie im allgemeinen und jeder Horoskopinterpretation im besonderen zugrundeliegen.

Mit einem ausführlichen Anhang über das Wie und Warum astrologischer Berechnungen. Jeder einzelne Schritt wird so erklärt, daß die Berechnung *wirklich* nachvollziehbar ist.

Dieses Buch ist Band I eines fünfbändigen methodisch aufgebauten astrologischen Lehrwerkes von Karen Hamaker-Zondag. Die weiteren Bände erscheinen voraussichtlich ebenfalls im Verlag Hier & Jetzt.

ca. 200 Seiten, br.
ISBN 3-926925-05-1